전국 임진왜란 유적 답사여행 총서 ❷

남해안 임진왜란 유적

이 책 소개

  이 책은 목포에서 부산까지 남해안 일대에 있는 임진왜란 주요 유적지를 글과 사진으로 해설한 답사 여행 안내서입니다.
  책에는 이순신이 처음으로 수군 장수가 되어 근무했던 고흥 **발포성**, 전라 좌수사로 근무하면서 임진왜란 초기를 맞았던 여수 **진남관**, 거북선을 만들었던 **선소 유적**, 조선군 최초의 승전지 **옥포 대첩지**, 임진왜란 3대 대첩 중 하나인 한산 대첩의 현장 **한산도**, 조선 수군 최초·최대 패전지 **칠천량**, 조·명 연합군 7,000~8,000명이 하루아침에 죽어 이총耳塚의 단초를 낳았던 사천 **선진리성**, 세계 전쟁사의 기적으로 알려진 명량 대첩의 **울돌목과 벽파진**, 이순신 장군의 마지막 전투지인 **노량**, 이순신 장군이 전사한 **관음포**, 이순신 장군이 '내가 믿고 의지하는 사람'이라고 공언했던 정운 녹도 첨사를 기려 세워진 **정운 순의비**, 조선 수군 승리의 역사와 이순신 장군의 애환이 서려 있는 **당포**, **당항포**, **고하도**, **고수대**, **고금도**, 이순신 장군의 어머니가 살았던 **자당 공원**, 조선 수군의 피땀을 잊어서는 안 된다는 교훈을 말해주는 **흥국사와 자산 공원** 등 모두 50곳(현장 사진 122매 첨부)이 소개되어 있습니다. (남해안에 있지 않으면서 본문 안에 등장하는 다른 지역의 임진왜란 유적에 대해서도 사진과 간략한 설명을 붙여 두었습니다. 해당 유적을 답사할 때 참고가 될 것입니다.)
  일반적으로 잘 사용되지 않는 한자어에는 청소년 독자들이 알기 쉽도록 작은 글자로 설명을 덧붙여 두었습니다. 예를 들면 '행재소行在所(임금이 임시로 머무는 곳)', '파비破碑(부서진 비석)' 식입니다. 그리고 '墮淚碑타루비'처럼 원문이 한자인 경우에는 앞에 한자, 뒤에 한글 발음을 써서 당시 분위기를 살리기도 했습니다.

책에 실린 유적과 유적지들은 사건이 벌어진 시간 순서대로 배치하였습니다. 따라서 책을 처음부터 끝까지 순서대로 읽으면 임진왜란의 역사를 상당 부분 이해할 수 있습니다. 다만 임진왜란이 남해안에서만 일어난 것은 아니므로, 책 끝의 **임진왜란 연표**와 **임진왜란 약사**를 먼저 본 뒤 본문을 읽으면 1592년부터 1598년에 이르는 7년 전쟁의 흐름을 더욱 정확하게 헤아릴 수 있을 것입니다.

우리나라 반만 년 역사에서 가장 크고, 길고, 피해가 막심했던 전쟁이 임진왜란입니다. 그 전쟁을 겪고도 우리는 일본의 식민지가 되었고, 급기야 분단마저 되었습니다. 1950년에는 전쟁까지 치렀습니다. 역사를 잊은 민족에게는 미래가 없다고 했는데 정말 그렇게 되었습니다.

임진왜란부터 분명하게 기억해야 합니다. 이어서 독립 전쟁과 6·25전쟁에 대해 알아야 합니다. 그래야 나라를 살리고, 후대의 미래를 밝힐 수 있습니다. 저자가 붓과 사진기를 들고 전국 방방곡곡을 5년 동안 누빈 것은 그 때문이며, 이 책은 남해안의 임진왜란 유적을 다루었지만 전국의 임진왜란 주요 유적 모두를 동해안 편, 부산·김해 편, 충남 편, 충북 편, 수도권·강원 편, 전라도 내륙 편, 대구 편, 경북 서부 북부 편, 경남 서부 편으로 나누어 모두 10권에 이르는 총서로 발간한 것도 그 때문입니다.

이 책에 소개되지 않은 임진왜란 유적이나 인물을 clean053@naver.com으로 알려주시면 고맙겠습니다. 증보·개정판을 더욱 충실하게 가꾸고자 합니다. 독자 여러분의 건승을 기원합니다.

명량 대첩 420주년(음력 9월 16일)을 앞두고
저자 *정만진*

남해안 임진왜란 유적

여수 중앙 네거리
이순신 장군 동상[1]

임진왜란 연표·약사·298

이순신의 수군 첫 근무지
전남 고흥 **발포성, '이 충무공 머무시던 곳' 비**·9

전쟁이 터졌다…… 이순신의 분노와 고민
전남 여수 **진남관**·26

이순신의 파격 승진, 조선의 행운 됐다
전남 여수 **선소 유적, 거북선 체험관**·52

조선군의 첫 승리, 전세 역전의 시작
경남 거제 **옥포 대첩 공원**·74

전쟁 초기 유적이 즐비한 부산
부산 **송공단 등**·98

거북선이 처음으로 투입된 사천 해전
경남 사천 **선진리성, 조명 군총**·104

이토록 아름다운 성이 전쟁 유적이라고?
경남 통영 **당포성**·119

두 차례에 걸쳐 왜군을 격파한 승리의 현장
경남 고성 **당항포**·129

---

1) '종일 비가 왔다. 배의 뜸(비나 해를 가리는 거적) 아래에 웅크리고 앉아 있었다.' -《난중일기》1593년 2월 30일자 전문

평화로운 섬, 그러나 임진왜란 3대 대첩지
경남 통영 **한산도** · 141

이순신이 믿고 의지했던 인물, 정운
부산 **오륙도, 정운 순의비** · 161

조선 수군 최초의 패전, 최대의 패전
경남 거제 **칠천량** · 177 경남~전남 **이순신 순례길** · 185

고대 이래 진도의 항구, 외적 항전의 역사
전남 진도 **벽파진, 충무공 전첩비** · 192

세계적 승전의 현장, 물이 울부짖는 바다
전남 해남-진도 **울돌목** · 203

일제 강점기, 일본인들은 충무공 비에 총을 쐈다
전남 목포 **고하도** · 218

나의 죽음을 아무에게도 알리지 마라
경남 남해도 **관음포 이락사, 노량 충렬사** · 231

승려들의 수군 활동을 증언해주는 이 사찰
전남 여수 **흥국사** · 254

임진왜란 수군들의 고된 역사를 기리는 공원
전남 여수 **자산 공원** · 266

생각하면 늘 눈물이 나는 사람
전남 여수 **고소대** · 279

충무공의 기발한 계책, 영산강을 지킨 포구
전남 목포 **노적봉, 목포진 터** · 289

[바탕 사진] 조선 수군이 무수히 왕래했던 거제도와 내륙 사이 바다

남해안 임진왜란 유적 답사 순서

* 목포에서 부산으로

목포 01. 노적봉 측후동 5-17
02. 목포진 터 문화재자료 13호, 만호동 1-55
03. 고하도 이충무공 기념비 기념물 10호, 달동 230
진도 04. 벽파정, 충무공 전첩비 고군면 벽파리 663-2
05. 정유재란 순절 묘역 문화재자료 216호, 고군면 도평리 산111-4
06. 진도 타워 전망대 울돌목 조망, 군내면 녹진리 산2-80
07. 녹진항 이순신 동상 아래 울돌목 물살 감상, 진도군 녹진항
해남 08. 명량대첩 해전사 기념 전시관 문내면 학동리 1021
09. 명량 대첩비 보물 503호, 문내면 동외리 955-6
완도 10. 고금도 충무사, 월송대 사적 114호, 고금면 덕동리 산58
장흥 11. 회령진성 회진면 회진리 965-1
고흥 12. 서동사[송희립, 송대립] 문화재자료 155호, 대서면 화산리 16
13. 쌍충사[정운] 기념물 128호, 도양읍 봉암리 2202
14. '이 충무공 머무시던 곳' 비 도화면 발포리 558
15. 발포 만호성 발포리 968, 충무사 발포성 뒤
16. 발포 역사전시체험관 발포리 547-45, 송씨 열녀 동상 체험관 뒤
순천 17. 순천 왜성 기념물 171호, 해룡면 신성리 산1
18. 충무사[이순신, 정운, 송희립] 문화재자료 48호, 해룡면 신성리 산28-1
19. 검단 산성 사적 418호, 해룡면 성산리 산48
여수 20. 선소 유적 사적 392호, 시전동 708
21. 자당 공원 웅천동 1799-4 옆, 이순신 어머니 사시던 곳
22. 거북선 체험관 돌산읍 우두리 813-10

23. 무술목 해변 돌산읍 평사리 1271-3
24. 방답진 선소 돌산읍 군내리 987-6
25. 향일암 돌산읍 율림리 산7
26. 돌산공원 전망대 돌산읍 우두리 산1
27. 이순신 광장 중앙동 385-6, 거북선, 이순신 동상, 야외 전시물
28. 진남관 국보 304호, 군자동 472
29. 고소대 보물 비석 2기, 고소동 620
30. 임진란 호국 수군 위령탑, 이순신 동상 자산 공원
31. 충민사 사적 381호, 덕충동 1808, 석천사 의승당
32. 흥국사 중흥동 17, 의승 수군 유물 기념관
남해 33. 노량 충렬사 사적 233호, 설천면 노량리 350
34. 이락사 사적 232호, 고현면 차면리 107, 관음포 내항
35. 창선도 왕후박나무 천연기념물 299호, 창선면 대벽리 669-1
사천 36. 사천 읍성 기념물 144호, 사천읍 선인리 580-2
37. 조명 군총 기념물 80호, 용현면 선진리 402
38. 선진리성 사적 50호, 용현면 선진리 746
고성 39. 당항포 고성군 회화면 당항리 '당항포 관광지'
통영 40. 통영 충렬사 사적 236호, 명정동 179
41. 조선 군선 체험장 중앙동 236
42. 착량묘 기념물 13호, 당동 8
43. 당포성 산양읍 삼덕리 175
44. 한산도 사적 113호, 도남동 634 '유람선 터미널'
거제 45. 옥포 대첩지 옥포동 산1-1
46. 칠천량[원균, 배설] 하청면 연구리 418-2, 칠천량 해전 공원 전시관
47. 장문포 왜성 문화재자료 273호, 장목면 장목리 130-43
부산 48. 정운 순의비 기념물 20호, 사하구 다대1동 산144
49. 영도 영도구 동삼동 산29-1 '태종대 전망대'
50. 오륙도 해운대구 중동 957-8 '해운대 유람선'

전남 고흥 도화면 발포성은 이순신의 첫 수군 근무지이다. 이순신은 37세이던 1580년 7월 발포 만호로 부임한다. 이곳에서 쌓은 18개월의 수군 장수 경험은 12년 후 임진왜란을 맞아 왜적을 격퇴하는 데 큰 도움이 되었을 것이다.

고흥군 교육회가 1955년 발포리 558에 세운 「이 충무공 머무시던 곳」 비석에도 '여기 와 머무신 1년 반 동안 괴로운 시련과 어려운 박해 속에서 젊은 시절의 한때를 보내셨으나 여기서 뜻을 기르고 힘을 닦아서 뒷날 임진란 7년 국난에 민족과 역사를 주검에서 건지신 것'이라고 새겨져 있다.

다만 궁금한 것은 충무공이 젊을 때 이곳에서 어떤 '괴로운 시련과 어려운 박해'를 당했나 하는 점이다.

전남 고흥 발포성, '이 충무공 머무시던 곳' 비
이순신의 수군 첫 근무지

이순신은 1545년(인종 1) 음력 3월 8일(양력 4월 28일)에 태어났다. 서울특별시 중구 초동 18-5 명보 아트홀 앞 인도에는 「충무공 이순신 생가터」2) 표지석이 세워져 있다. 장군이 출생한 곳에 생가가 복원되어 있지 못한 현실이 안타깝지만, 표지석에 '생가지'라 쓰지 않고 '생가터'라고 새겨둔 것이 그나마 위안을 준다. 표지석의 글을 읽는다.

충무공 이순신 생가터 忠武公李舜臣生家址
Site of Yi Sunsin's Birthplace
　이순신(1545~1598)은 조선 중기의 명장이다. 선조 25년(1592) 임진왜란 당시 옥포, 한산도 등에서 해전을 승리로 이끌어 국가를 위기에서 건져내었다. 선조 31년(1598) 노량에서 전사하였으며, 글에도 능하여 《난중일기》를 비롯하여 시조와 한시 등을 많이 남겼다.

---

　2) 전남 보성 「방진관」에는 서울 중구 인현동 1가 40으로 게시되어 있다.

이순신의 생가 가까운 곳에 류성룡이 살았다. 1597년 1월 27일자 《선조실록》을 보면 이순신보다 세 살 많은 류성룡은 '신의 집은 이순신과 같은 동네였기 때문에 그의 사람됨을 깊이 알고 있습니다.'라고 선조에게 말한다.

이순신 생가터 표지석

류성룡은 《징비록》에도 '이순신은 어릴 때 영특하고 활달했다. 다른 아이들과 모여 놀면서 나무를 깎아 만든 화살로 전쟁놀이를 했다. 마음에 거슬리는 사람이 있으면 그 눈을 쏘려고 해 어른들도 이순신을 꺼려 감히 아이들이 노는 앞을 지나가려 하지 않았다. (중략) 말 타고 활쏘기를 잘 했으며 글씨를 잘 썼다.'라는 증언을 남겼다. 마음에 들지 않는 어른의 눈을 쏘려고 했다는 대목은 사실의 묘사라기보다 이순신의 강직한 성품을 나타내는 데 지나치게 매몰된 과장으로 보인다.

이순신의 가족은 그가 어릴 때에 충남 아산으로 이사를 간다. 아산은 이순신의 어머니 초계 변씨의 고향이다. 이순신 가족이 서울에서 멀리 떨어진 아산으로 내려간 데 대해서는 집안이 경제적으로 몰락한 때문이라는 추정이 많다. 증조할아버지인 이거李琚는 병조 참의(정3품) 등을 지냈지만 할아버지 이백록李百祿과 아버지 이정李貞은 관직을 맡은 바가 없다는 사실에 근거를 둔 추론이다.

2대에 걸쳐 벼슬을 못했다고 하여 반드시 그 가문이 경제적으로 몰락한다는 법은 없다. 김대현은 경제적으로 몰락한 탓에 이순신 집안이 아산으로 이주했다는 추론과 반대되는 견해를 밝힌다. '이순신이 서울에서 태어나 언제 아산으로 왔는지는 아직까지 알 수가 없다. 다만 어려서 집안이 몰락하여 외가가 있는 아산으로 갔다는 설은 사실이 아닌 것으로 보인다(《충무공 이순신》).'

이순신 가족이 살았던 아산 현충사 경내의 '옛집'

　　김대현은 '오히려 어머니인 초계 변씨가 이순신을 비롯한 네 형제에게 재산을 나누어준 문서(「초계 변씨 별급문기」)를 보면 이순신 집안은 전국에 걸쳐 적지 않은 노비와 농토가 있어 상당히 부유했음을 짐작할 수 있다.'면서 경제적 몰락설과 반대되는 근거를 제시하고 있다. 이순신 가족의 아산 이주는 조선 중기까지 일반적으로 실행되었던 남귀여가혼男歸女家婚(남자가 결혼 뒤 상당 기간 처가에서 거주하는 풍습)의 한 사례로 여겨진다는 해석이다.

　　충남 아산시 염치읍 백암리 357 현충사 경내에는 이순신이 유년 시절부터 32세(1576년)에 등과하여 함경도 동구비보童仇非堡(삼수) 권관權官(종9품, 국경 지대의 가장 작은 군대 주둔지인 진보의 책임자)으로 발령을 받아 떠날 때까지 유·청년기의 상당 기간을 보낸 '옛집'이 복원되어 있다. 이순신 가족이 사용했던 우물 '충무정'과 충무공이 활을 쏘고 말을 달리던 연습 장소가 있다. 경내 끝까지 들어가면 충무공의 셋째아들 이면李葂의 묘소도 있다. 이면은 남해안 일대에서 줄곧 근무하는 아버지를 대신하여 할머니 변씨를 모시고 아산

본집에 거주하던 중 기습 공격을 해온 왜군과 싸우다가 전사했다.

1597년 10월 14일자 《난중일기》는 '사경(새벽 2시 전후)에 꿈을 꾸었다.'로 시작한다. 언덕 위의 길을 가던 중 말이 발을 헛디뎌 냇물 가운데로 굴러 떨어지는 꿈이었다. 다치지는 않았으나 꿈속에서 막내아들 면을 끌어안은 모습이었던 것 같아 잠이 깨고 나자 이순신은 온갖 걱정에 휩싸였다.

저녁에 천안(당일 일기의 표현)에서 누가 왔다. 그가 편지를 전하는데 봉함을 뜯기도 전에 살이 떨리고 뼈까지 떨렸다. 마음이 조급하고 머리도 어지러웠다. 겉봉을 여니 차남 열의 글씨 '慟哭통곡'이 나타났다. 내용을 보지 않아도 면이 죽었다는 소식이 분명하다. 이순신은 자신도 모르게 간담이 떨어져 목을 놓아 통곡한다.

> 하늘은 어찌 이다지도 인자하지 못하단 말인가. 내가 죽고 네가 사는 것이 마땅한데 네가 죽고 내가 살아 있으니 세상에 이런 잘못된 이치가 어디에 있단 말이냐. 천지가 캄캄하고 해까지도 검게 변했구나. 슬프다, 내 아들아! 나를 버리고 너는 어디로 갔느냐.
>
> 네가 영특하여 하늘이 일찍 데려간 것이냐. 내가 지은 죄가 많아 그 화가 너에게 미친 것이냐. 내가 비록 살아 있으나 누구를 의지하고 지낸단 말이냐. 너를 따라 나도 죽어 저세상에서 같이 지내고 함께 울고 싶지만, 네 어미, 네 형, 네 누이가 남아 있으니 아직은 참고 연명할 도리뿐이구나.
>
> 내 마음은 이미 죽었다. 몸만 남아 울부짖고 있을 따름이다. 하룻밤은 지내는 것이 한 해를 흘려보내는 것만 같구나.

19일에도 이순신은 저물 무렵 코피를 한 되나 흘렸다. 밤에는 혼자 앉아 죽은 막내아들을 생각하며 눈물을 흘렸다. 이순신은 일기에 이렇게 썼다. '이미 죽은 영혼이 되었으니 이렇듯 막심한 불효를 저지른 줄을 아이가 어찌 알겠는가.'

> **옛집**
> Admiral Yi's Home
> 故居 旧家屋
> 이 집은 충무공 이순신 장군께서 무과에 급제하기 전부터 사시던 집으로 종손이 대대로 살았으며, 일부는 개수되어 오늘에 이르고 있습니다. 집 뒤편에는 충무공의 위패(돌아가신 분의 이름을 적은 작은 나무패)를 모신 가묘(집안 내 사당)가 있어 매년 기일(돌아가신 날 : 음력 11월 19일)에 제사를 지내고 있습니다. (괄호 안의 작은 글씨도 현지 안내판의 설명임)

현충사 경내에는 이순신 옛집, 활쏘기 연습 터, 이면 묘소, 우물 '충무정' 외에도 사당 본전, 구 사당, 「충무공 이순신 기념관」 등 둘러볼 곳이 많다. 특히 기념관 안에는 임진왜란 전반을 이해할 수 있는 다양하고 충실한 게시물과 유물·유품들이 있으므로 꼼꼼하게 살필 일이다.

하지만 이순신이 과거 급제 후 처음으로 근무했던 함경도 삼수의 동구비보는 아무리 충무공을 존경하는 마음을 가지고 있다 하더라도 찾아볼 길이 없다. 멀고 험해서가 아니다. 김성일金誠一이 「동구비보를 지나며過童仇非堡」에서 '골짜기가 갈라져 하늘은 틈이 생겼고峽坼天成罅, 강이 깊어 땅은 저절로 나뉘었네江深地自分'라고 그 험난한 지형을 찬탄했고, 김소월 또한 「삼수갑산」에서

　　삼수갑산 내 왜 왔노 삼수갑산이 어디뇨
　　오고가니 기험타 아하 물도 많고 산 첩첩이라 아하하
　　내 고향을 도로 가자 내 고향을 내 못 가네
　　삼수갑산 멀더라 아하 촉도지난(촉으로 가는 길이 매우 어렵다)이 예로구나 아하하
　　삼수갑산이 어디뇨 내가 오고 내 못가네

불귀不歸(못 돌아감)로다 내 고향 아하 새가 되면 떠가리라 아하하
님 계신 곳 내 고향을 내 못 가네 내 못가네
오다가다 야속타 아하 삼수갑산이 날 가두었네 아하하
내 고향을 가고지고 오호 삼수갑산 날 가두었네
불귀로다 내 몸이야 아하 삼수갑산 못 벗어난다 아하하

하고 노래한 것처럼, 새가 되어야 갈 수 있을 만큼 험악한 산맥 가운데에 숨어 있는 오지이기 때문이 아니다. 남북으로 분단되어 있어서 그렇다. 류근삼은 「단풍」에서

개마고원에 단풍 물들면
노고단에도 함께 물든다.
분계선 철조망
녹슬거나 말거나
삼천리 강산에 가을 물든다

라고 했지만 '지구상 유일의 분단 국가'를 사는 우리는 충무공이 첫 관직 생활을 했던 유적지 동구비보에 가볼 수가 없다. 소월은 '삼수갑산이 날 가두었네'라고 한탄했지만 우리는 '분단이 우리를 가두었네'라고 절규해야 하는 시대를 살고 있다. 충무공은 죽음으로 지킨 강산이 이렇게 허리가 두 동강 난 채 피 흘리는 신세가 될 줄은 차마 짐작도 하지 못했으리라. 《난중일기》의 표현을 빌면 '이미 죽은 영혼이 되었으니 (후대 사람들이) 이렇듯 막심한 불충을 저지른 줄을 충무공이 어찌 알겠는가.'

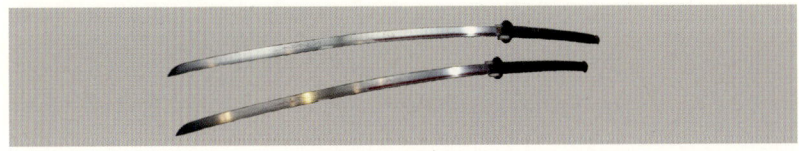

현충사 「충무공 이순신 기념관」의 충무공 장검

충남 서산 해미읍성 1651년까지 충청도 육군의 본부였다.

이순신은 동구비보 권관 임기를 마친 뒤 1579년 2월부터 서울에서 살게 된다. 훈련원 봉사(종8품)로 승진한 덕분이었다. 하지만 서울 생활은 겨우 몇 달로 끝나고, 그해 10월 충청 병영(서산 해미읍성)의 군관(종8품)으로 발령을 받는다.

이순신이 지방 근무로 밀려난 것은 정4품 병조정랑 서익徐益이 자신의 친지를 규정을 어기고 특별 승진시키려 하는 데 반대하다가 보복을 당한 결과였다. 이 일과 관련하여 류성룡은 《징비록》에 흥미로운 표현을 실어 두었다. '식자識者들이 이 일로 이순신을 차츰 알게 되었다.' 관리와 선비들이 이순신의 존재에 대해 알게 되었고, 관심을 가지기 시작했다는 뜻이다.

발포성 이순신을 모시는 사당 충무사는 성 끝 산비탈에 있다.

해미 읍성에서 종8품 군관 생활을 하던 이순신은 열 달 지난 1580년 7월 발포 만호로 발령을 받는다. 발포 만호는 종4품 수군 지휘관이므로 종8품 군관에 비해 8계급이나 뛰어오르는 놀라운 특진이었다. 이순신이 어째서 이토록 엄청난 파격 승진을 할 수 있었는지는 확인되지 않고 있지만, 추측을 하자면 서익 사건이 전화위복의 도움을 주었을 개연성이 높다.

이순신은 발포 만호 때에도 서익 사건과 비슷한 일을 겪는다. 자신의 직속 상관인 전라 좌수사 성박이 '내가 거문고를 만들려 하니 발포 뜰의 오동나무를 베어서 보내시오.'라는 연락을 해왔다.

이 충무공 유적 기념비 '이 충무공 머무시던 곳'이 새겨져 있다.

　이순신은 '이 나무는 나라의 물건입니다. 여러 해에 걸쳐 키워온 나무를 하루아침에 벨 수는 없습니다.' 하고 답장을 적어서 보냈다. 성박은 화가 머리끝까지 치솟았지만 이순신의 성품을 잘 알고 있었으므로 어떻게 해볼 도리는 없었다.
　성박의 후임으로 이용이 부임했다. 성박이 후임자 이용에게 이순신에 대해 아주 나쁘게 평가하는 말을 남겼는지도 모른다. 이용은 전라 좌수영 관할의 5개 수군 해안 진지를 순찰한 후 발포진의 근무 상태가 가장 나쁘다고 조정에 보고하려 했다. 이순신이 알아본 결과 발포진의 결석자는 4명으로 5개 진지 중 가장 적었다.
　분개한 이순신은 다른 4개 진지의 결석자 명단을 확보한 다음 조

사당 충무사에서 내려다 본 발포 포구의 모습

정에 이의 신청을 하겠다고 나섰다. 당황한 이용은 이순신에게 해를 끼치려던 행위를 중단했다.

이용이 진심으로 마음을 바꾼 것은 아니었다. 이용은 매년 6월과 12월에 실시되는 정기 근무 평가를 활용하여 재차 해를 입히려 했다. 이용은 이순신의 성적이 가장 나쁘다는 보고서 초안을 작성했다. 최종 보고서는 감사와 수사가 합의해서 완성하도록 되어 있었다. 뒷날 임진왜란 충청 의병장으로 활동하는 조헌이 이때 전라감사를 보좌하는 도사都事(종5품)로 있었다. 조헌이 고함을 쳤다.

"이순신이 일등이라면 모르겠지만 꼴찌라니 말이 되는 소리요?"

조헌의 강력한 항의는 이용의 음모를 물거품으로 만들었다.

하지만 이순신은 만호로 일한 지 18개월 된 1582년 1월 결국 관직에서 쫓겨난다. 왕명을 받아 지방의 실태를 조사하는 군기경차관軍器敬差官이 이순신이 무기를 엉망으로 관리한다고 보고하자 조정은 이순신을 파직했다. 군기경차관은 서익이었다.

이순신은 넉 달 뒤 종8품 훈련원 봉사로 복직된다. 1576년 12월 종9품 동구비보 권관으로 발령받아 관직 생활을 시작했고, 그 후 종8품 훈련원 봉사와 충청 병영 군관으로 1년여를 보낸 다음 무려 8계급이나 승진하여 종4품 발포 만호가 되었던 이순신이 도로 종8품 훈련원 봉사로 내려앉은 것이다.

앞으로 이순신의 관직 생활은 어떻게 전개될 것인가? 이순신은 어떤 과정을 거쳐 전라 좌수사가 되고, 임진왜란을 맞아 일본군을 무찌르게 되는 것일까? 자못 궁금하다.

궁금증을 달래며 「이 충무공 머무시던 곳」 비석과 나란히 거대 고목 아래에 서서 잠시 쉰다. 도로변인 탓에 이 나무가 없으면 오롯이 땡볕일 자리이지만 큰 그늘이 나그네의 몸을 식혀준다. 이순신도 고위 관리들의 모함에 줄곧 시달릴 때 이 나무 그늘에 들어 고단한 마음을 달랬으리라.

성벽 아래를 따라 사당 충무사까지 걷는다. 참배를 마치고 돌아서서 외삼문 밖을 나서면 성벽이 앞을 가로막는다. 주차장 끝의 거북선 모양 급수대 옆에 성곽 위로 오르는 길이 나 있다. 참새가 방앗간을 어찌 그냥 지나칠 수 있을까! 성벽 위에 올라 바다를 바라본다. 30대 후반의 발포 만호 이순신도 날마다 이곳에서 바다를 응시하였을 것이다. 이곳은 1439년(세종 21) 종4품 만호가 근무하는 만호영이 되고, 1490년(성종 21) 축성이 이루어진 전라남도 기념물 27호 문화재이다.

왼쪽으로 기와집 한 채가 보인다. 벽에 만화가 그려져 있어 호기심을 자극하는 「향토 민속관」이다. 만화에는 「관아의 오동나무는 나라의 것이다」라는 제목이 붙어 있다.

민속관 현판 앞을 지나 '발포 만호 이순신과 오동나무'라는 글자가 새겨져 있는 바위 쪽으로 간다. 바위 주위에는 오동나무들이 자라고 있다. 자생은 아니고 군청에서 뜻한 바 있어 심은 것들이다. 이순신의 고사를 현대에 맞게 변용했다는 안내문이 큰 울림을 준다. 이 정도면 미처 발포성을 답사해보지 못한 분들도 읽어보실 수 있도록 지면에 게재해도 무방하리라. 실감나는 소개를 위해 글자화하지 않고 안내문을 그대로 사진에 담아 싣는다.

『발포만호 이순신 오동나무 터』와 『청렴광장』을 지으며

시대가 변해도 지켜내야 할 청렴정신을 오늘에 새겨 소박하지만 정성을 담아 지음으로 그 정신을 본받고자 합니다.

고흥군 도화면 발포리는 이순신 장군이 발포만호로 재임할 당시 직속상관이었던 전라좌수사가 거문고를 만들 욕심으로 오동나무를 베어가려 하자 **'이 나무는 관청의 재물로 누구도 함부로 베어 갈 수 없다'**고 한 유명한 청렴일화를 간직한 곳입니다.

이에 고흥군에서는 이러한 역사를 단순히 흘러간 과거의 시간이 아닌 새로운 미래를 여는 창이라는 인식으로 이순신 장군의 청렴 강직했던 정신을 기리기 위해 **「발포만호 이순신 오동나무터 조성」**과 함께 **「청렴광장 조성」**을 추진하게 되었습니다.

그리고 지난 5월부터 전 국민을 대상으로 이순신 장군의 첫 수군과 인연을 맺은 발포만호 부임연도를 상징한 1,580개의 **「청렴 박석(바닥돌)」**을 분양하였고 이를 포함해 총 6,237개의 박석으로 어우러진 청렴박석 광장을 조성하였습니다.

송씨 열녀 동상 발포 포구 안 왼쪽 끝에 '발포 역사 전시 체험관'이 있다. 역사관을 둘러본 후 건물 왼쪽으로 발걸음을 돌린다.

> 봄꽃이 조선 산하에 만발하던 1592년 4월, 평화로운 한때를 보내고 있던 송씨 부인의 가정도 참혹한 전쟁을 비켜갈 수는 없었다. 1592년(선조 25) 악독하고 교활한 일본 풍신수길3)이 살기 좋은 우리 강산을 탐내고 침범하기 시작하였으니 그 때의 난리가 임진왜란이었다.
>
> (중략) 황정록黃廷祿 장군이 발포 만호로 도임되어 부임 초부터 이순신 막하에서 많은 해전에 참전, 전공을 세웠다. 1597년 임란의 상처가 채 가시기도 전에 정유재란의 참혹한 불길이 타오르니 가여운 백성들은 파리목숨처럼 죽어갔다. 나라의 기강은 문란해지고 충무공은 몇몇 간신들의 모함으로 파직된다. 그해 7월 발포 함대를 이끌고 출동한 황 장군은 칠천량 싸움에서 적탄에 맞아 장렬히 전사하고 말았다.
>
> 남편이 출동한 후 가슴을 태우던 송씨 부인은 이 비보를 듣고 '남편이 왜놈들 총탄에 맞고 죽음을 당하였는데 상차 우리도 더러운 왜적의 손에 죽음을 당할 것이거늘 우리만 살아서 무엇 하겠느냐?' 하고 말하고 마음을 결연히 하였다.
>
> 그 일이 있은 후 얼마 지나지 않아 송씨 부인은 두 아이와 함께 마을 동쪽에 있는 우암 절벽에서 깊은 바다로 몸을 던져 남편의 뒤를 따라 순절하고 말았다.
>
> 지금도 우암 절벽에 오르면 후세 사람들은 그녀의 슬픔이 담긴 사연을 전하고, 그곳을 '열녀 절벽'이라 일컫는다.

---

3) 이 책은 본문에 임진왜란 당시 일본인이 등장하면 처음에는 '소서행장 小西行長(고니시 유키나가)'으로, 그 후에는 '소서행장'으로 적습니다. 외래어 표기법은 '고니시 유키나가'를 원칙으로 하지만 임란 당시 조선인은 그를 "고니시 유키나가"로 부르지 않았다는 역사의 사실을 감안하기 때문입니다.

'송씨 열녀 동상'이 발포 앞바다를 바라보고 있다.

열녀 절벽으로 가는 길 입구는 붉은 빛은 아니지만 상단에 '열녀 송씨 동상' 글자가 뚜렷한 홍살문이 있어 찾기가 쉽다. 홍살문을 지나 50m가량 걸으면 이내 바다로 떨어질 듯 아슬아슬하게 느껴지는 커다란 바위가 벼랑에 걸쳐져 있다.

「진명盡命의 열녀 송씨의 순절」 제목의 기록화 네 점이 바위 앞에 있고, 벼랑 끝에 아이와 함께 이곳을 찾은 어머니의 동상이 있다. ……나는, 동상 옆에 서는 것조차 이렇듯 무섭구나!

황정록은 견내량(한산)에서 왜군을 처부순 데 대한 이순신의 보고서 「견내량파왜병장見乃梁破倭兵狀」에 '발포 만호 황정록은 층각선 1척을 처부수었고, 왜적의 머리 2개를 베었습니다.'라고 기록되어 있다. 송씨 동상은 전설이 아니라 눈물겨운 실화인 것이다.

진남관 현존 국내 단층 목조 최대 건물
국보 304호, 여수시 군자동 472

이라는 말을 일삼았다는 점에서는 혁신적 사상가였고, '목자木子(李이씨)가 망하고 전읍奠邑(鄭정씨)이 일어난다.'라고 사람들을 선동한 점에서는 체제를 뒤엎으려는 혁명가였다. 그가 실제로 임금이 되려고 했는지에 대해서는 아직도 논란이 여전하지만, 당시 현실에서는 정여립이 반란을 도모하고 있다는 고발이 1589년 10월 선조에게 들어간다. 그를 따르던 세력의 일부가 체포된다. 정여립은 죽도에서 자살한다.

사건 처리의 전반적 권한을 가지게 된 사람은 서인 정철이었다. 정철은 선조의 지원을 받아 임진왜란 직전까지 거의 3년에 걸쳐 동인 세력 1,000여 명을 죽인다.

죽도마을 정여립 활동 장소, 전북 진안군 상전면 수동리

'3년이 채 못 되어 이 일과 연루되어 죽은 사람이 거의 1,000명에 이르렀다. 정여립 등의 시체는 백관이 늘어선 곳까지 끌려와 머리가 잘렸고, 그 머리는 철물교 밑에 걸렸다. 그의 처자는 주륙되었고, 아버지와 할아버지는 무덤이 파헤쳐졌다. 그의 집은 더러운 연못으로 만들어버렸고, 그가 살았던 금구군은 (군에서 격하되어) 전주에 소속되었다. (사건 처리가) 거의 마무리되자 임진왜란이 일어나 세상이 뒤집어졌다.(류성룡 《운암잡록》)'

'정여립의 난은 선조 22년(1589) 10월 황해 감사의 비밀 보고로부터 발단되어 (수많은 이들이 죽고 투옥되는) 기축옥사로 발전되었는데, 당쟁과 결부되어 연좌의 화가 사족에게 많은 영향을 미쳤고 무고한 사람들과 일반 서민들까지 많이 연루되어 그 파장은 전국적으로 임진년(1592)까지 계속되었다.(국사편찬위원회 《신편 한국사》)'

충북 진천 문백면 봉죽리 531
송강사 정철 사당

기축옥사보다 몇 년 전에 벌어진 '옥비의 난'도 민심을 나라로부터 떨어지게 만든 사건이었다. 《선조수정실록》 1583년 4월 1일자에 비교적 자세하게 실려 있는 이 난은 '반란'이라기보다는 '나라의 혼란'에 가까웠다. 이 일은 양민으로 지내고 있는 예전의 노비를 찾아 본래 소속되었던 곳에 되돌려 보내는 쇄환령刷還令이 1583년 들어 더욱 엄격하게 시행되면서 빚어진 사회 혼란이었다.

세종 시대, 조정은 두만강 하류에 육진을 개척하면서5) 그곳으로 옮겨가서 살 사람들을 모집했다. 지원자에게는 곡식 종자, 농기구, 집, 살림살이를 관에서 마련해 주었다. 노비인 자는 양민으로 풀어 주고, 양민인 자는 녹봉은 주지 않지만 농사지을 땅을 제공하면서 지방 관청의 토관土官으로 삼았다. 그래서 무뢰한들과 실업자들이故內地無賴失業之流 모두 그곳으로 갔다皆歸之.

성종 시대 이후 육진 일대 수령과 장수들의 탐욕과 횡포가 심해지자 그곳에 이주하여 살고 있던 자들 중에 견디지 못하고 도망쳐 나오는 사람들이 생겨났다. 조정에서는 도망자를 영원히 역졸驛卒(역의 노비)로 삼는 조치를 강구했다. 도망자들은 역졸이 되어도 좋

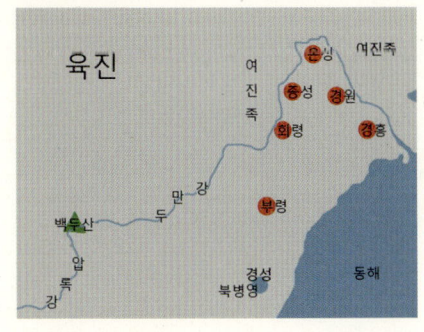

다는 태도를 취했다. 할 수 없이 조정은 쇄환령을 엄중하게 적용했고, 그 결과 중앙과 지방에 소요가 일어나 완호完戶(8명 이상의 인원으로 구성된 완전한 가구)까지 피해를 입게 되었다.

---

5) 육진은 두만강 하류 동북쪽 일대의 여진족을 방어하기 위해 설치한 국방 요새를 말한다. 종성, 온성, 회령, 경원, 경흥, 부령의 여섯 개 진지를 구축하는 일은 세종 16년인 1434년부터 세종 31년인 1449년까지 진행되었다. 김종서, 이징옥 등을 앞장세워 육진을 개척함으로써 세종은 우리나라의 북방 국경선이 현재와 같이 확정되도록 하는 큰 업적을 남겼다.

1583년, 영남 지역에 살다가 80여 년 전 사망한 옥비玉婢라는 여성이 두만강 아래 경원에서 탈출해온 신분인 것이 밝혀졌다. 조정은 그 자손들을 모두 경원으로 돌려보내 다시 종으로 삼기로 결정했다. 옥비는 양인 행세를 하며 살았기 때문에 수백 명의 자손들이 양반 신분이었고, 심지어 왕족과 결혼한 경우도 있었다.
　전국에는 옥비 후손들처럼 쇄환령의 대상이 된 사람들이 많았다. 이 일을 맡은 관리 최옹崔顒은 철저하게 쇄환령을 적용했고, 그 과정에서 억울하게 두만강으로 끌려가 노비로 전락한 사람도 다수 생겨났다. 많은 여인들이 자결했고, 한강 일대는 끌려가면서 통곡하는 울음소리로 가득 찼다. 사람들은 이 일을 '옥비의 난'이라 불렀고國中稱爲玉婢之亂, 얼마 뒤 최옹이 피를 토하면서 갑자기 죽자 '죄값을 받은 것'이라고 했다人以爲報應.

만주에서 바라본 두만강 건너 풍경

경제적으로도 나라는 지배층의 부패와 백성 침탈로 무너져가고 있었다. 건국(1392년), 계유정난(1453년, 수양대군의 권력 찬탈), 중종반정(1506년) 등 여러 계기를 통해 발생한 공신들에게 지급된 토지가 세습되고, 양반 관료들의 세금을 면제받는 땅이 늘어나면서 나라 재정은 악화일로를 걸었다.

관리들이 일반 백성들의 토지를 계속 빼앗고, 세금과 특산물 징수 부담은 나날이 높아지고, 봄에 빌려주었다가 가을에 돌려받는 정부의 환곡 제도까지 부패로 말미암아 고리대금화하자 농민들의 삶은 걷잡을 수 없이 자꾸만 어려워졌다.

엎친 데 덮친 격으로, 15세기 이래 가뭄과 홍수의 발생, 전염병의 창궐, 풀무치 떼가 몰려와 농작물을 먹어치우는 황재蝗災의 습격이 해마다 되풀이되면서 농민들은 살던 곳을 떠나 유랑민이 되었다. 그들은 어쩔 수 없이 도적떼로 변신하기도 했다. 나라 경제의 근간인 농업이 그 지경이 되자 중종 시대에 203만 석에 이르렀던至於二百三萬石之多 정부 보관 쌀이 임진왜란 직전에는 그 1/4에도 못 미치는 50여만 석에 지나지 않게 되었다所儲僅五十餘萬石.

나라 사정이 전반적으로 부서진 상태였으므로 군인들의 근무 태도도 풀어질 대로 풀어졌다. 1587년에는 녹도(고흥 도양읍 봉암리) 만호 이대원이 왜구의 침입에 맞서 싸우다가 죽임을 당하는 사건이 발생했는데, 이 일도 관군의 기강 해이에서 빚어진 비극이었다.

전사 이전에 이대원은 왜구의 전선 20여 척을 격파하고 적장을 사로잡아 수군 절도사 심암에게 넘기는 큰 공을 세웠다. 심암은 이대원에게 모든 공로를 자신의 것으로 조정에 보고하자고 제안했다.

이대원이 거절했다. 앙심을 품은 심암은 왜구들이 재차 쳐들어오자 군사를 100명만 주면서 이대원에게 막으라고 했다. 너무나 중과부적이라 이대원은 이내 곤경에 빠지지만 심암은 구원병을 보내지 않았다. 결국 이대원은 전사했다《선조수정실록》 1587년 2월 1일자).

병사들도 마찬가지였다. 《선조수정실록》 1578년 4월 5일자는 지휘관의 명령에 복종하지 않고 병사들이 집단으로 저항하는 일을 '흔히 있는 일近來常事'이라고 기술한다. 대표적인 사건은 경상도 병영에서 발생했다. 우후(부사령관) 신익申翌이 군대 규율을 바로세우기 위해 엄하고 혹독하게 독촉하자 불만에 사로잡힌 병사들이 한밤중에 성문을 열고 나가 진을 치고 난을 일으키려 했다. 어쩔 수 없이 신익이 직접 사과하자 병사들은 해산했다.

이 일로 신익은 문책을 받았다. 소식을 들은 다른 장수들은 '장수에게 좋지 않은 감정을 가진 군사들이 밖에 나가 진을 치고 항의하는 것은 근래에 흔한 일'이라고 탄식했다. 실록을 기록하는 사관조차 '당시 군사 행정이 이토록 문란했다.'라고 평가했을 만큼 그 무렵 조선의 군대는 무질서하기 짝이 없었다.

조선은 이처럼 나라 형편이 어려웠지만 일본은 달랐다. '팔도의 인심이 크게 이반되고 (백성들이 조정을) 원망하는 소리가 하늘에 사무친(안방준 《은봉 전서》)' 조선과 달리, 100년에 걸친 내전을 끝내고 전국을 통일한 풍신수길豊臣秀吉(도요토미 히데요시)6)은 대륙 침략의 의지를 불태우고 있었다. '지배층의 편당(편을 나누어 당을 만듦), 정치 기강의 해이, 세제의 문란 등의 폐단으로 민심이 이반되어(국사편찬위원회 《신편 한국사》)' 조선은 나날이 나라의 힘이 약해지고 있었지만 일본의 전쟁 도발 야욕은 점점 커지고 있었던 것이다.

이윽고 조선은 통신사를 일본에 파견하여 정세를 살폈다. 정사

---

6) 《남해안 임진왜란 유적》을 포함하여 '전국 임진왜란 유적 답사여행 총서' 총 10권은 도로명 주소가 아닌 동명 위주의 구주소를 사용한다. 조선 시대를 비롯해 우리나라의 전통적 지명은 본래가 마을 위주였기 때문이다. 이순신이 수군으로 처음 근무한 곳을 설명할 때 구주소 '발포리 968'을 쓰는 것이 신주소 '발포성촌길 2-1'를 사용하는 것보다 훨씬 실감이 난다는 뜻이다. 이는 임진왜란 당시 일본인의 인명을 외래어 표기법에 따르는 '도요토미 히데요시'로 하지 않고 '풍신수길'로 표기한 것과 같은 맥락이다.

황윤길과 부사 김성일이 1590년 3월 일본으로 떠났다가 1591년 3월 돌아왔다. 문제는, 그 두 사람이 정반대의 보고를 했다는 사실이다. 서인인 황윤길은 일본이 전쟁을 일으킬 가능성이 매우 높다고 했고, 동인인 김성일은 풍신수길이 그럴 만한 위인이 못 된다고 했다. 《선조실록》 1592년 5월 3일자에 실려 있는 선조의 '황윤길은 염려된다可憂고 했고, 김성일은 염려할 것이 없다不足憂고 했다.'라는 말은 두 사람의 상반된 보고를 간략히 요약해 준다.

당시 집권 세력인 동인은 김성일의 보고를 채택했다. 그러나 무관으로 일본에 함께 다녀왔던 장수 황진은, 같은 동인이면서도 전쟁이 일어날 것이라고 했다. 끝내 조선 조정은 '국론이 분분하여 적극적인 대비책을 마련하지 못했다.(《신편 한국사》)'

조선통신사 역사관 부산 동구 범일동 326-36

그러나 이순신은 달랐다. 조선과 일본의 지도부가 전쟁을 준비하는 자세에서 너무나 다른 모습을 보여주었던 것처럼, 조선 조정과 이순신도 그 이상으로 판이했다. 《난중일기》는 가장 첫날 일기인 1592년 1월 1일자부터 전쟁에 대비하는 이순신의 면모를 확인시켜준다. '(전라)병사의 군관 이경신이 장전長箭(긴 화살), 편전片箭(짧은 화살) 등 여러 가지 물건을 가져왔다.'

이순신은 1월 3일 별군別軍(포병)을 점검하고, 11일 채석장에서 큰 돌 열일곱 덩어리에 구멍을 뚫었다는 보고를 받는다. 쇠사슬을 박기 위해 돌에 구멍을 뚫는 쇄석鎖石 이야기는 16일, 17일, 2월 2일자 일기에도 연이어 나타난다. 이순신은 울돌목 전투 때 바닷물 속에 쳐서 왜군 전선들을 침몰시키는 데 위력을 발휘한 것으로 전해지는 쇠사슬을 매달기 위한 용도로 쇄석을 제작한 듯 여겨진다. 3월 27일자 일기에는 '쇠사슬 건너 매는 일을 감독했다.'라는 내용도 나온다.

이순신이 포병부터 점검한 내용 또한 주목을 끈다. 《신편 한국사》는 '일본 수군이 옥포의 서전에서부터 연전연패할 수밖에 없었던 또 하나의 요인'으로 '전선과 화력의 열세'를 든다. 《신편 한국사》는 '일본 선박은 선체가 좁고 낮았을 뿐 아니라 매우 취약하여 풍랑을 만나면 곧장 해체될 위험성을 내포하고 있었으며 돛대 또한 순풍이 아니면 사용하기 어려운 문제점을 안고 있었다. 조선 측의 판옥선과 비교할 경우 마치 완구와 실물의 차이 정도로 비유될 만큼 현격한 차이가 있었다.'면서 '양측 화력의 우열도 현저하였다. 일본 수군이 전선이라기보다는 차라리 경쾌한 유람선이라고 해도 좋을 선박에 조총을 주무기로 한 데 비하여 조선 수군의 판옥선은 선체가 높고 크고 육중한데다가 선상에 대구경大口徑(포탄이 발사되는 큰 아가리)의 각종 화포를 설치하였다. 그리하여 조선 수군은 원격전에서는 화포를 이용하여 적을 공격하고 근접전에서는 전선으로 적의 전선을 부딪쳐 깨뜨리는 전법을 구사하였다.'라고 설명한다.

천자총통(조선 시대 최대 화포) **발포 체험**

    천자총통은 임진왜란 당시 가장 큰 화포였다. 다음은 지자총통, 현자총통, 황자총통으로, 《천자문》의 '천지현황' 순서에 따라 이름을 붙였다. 천자총통은 무게가 약 420kg이나 되었다.

    천자총통을 직접 쏘아볼 수 있는 곳이 있다. 노적봉이 있는 여수 유달산 중턱에 천자총통 한 대가 위엄을 뽐내며 놓여 있다. 토요일·일요일·공휴일·축제 기간의 10시~13시에 가면 발포 체험을 할 수 있다. 다만 하루에 다섯 팀만 참가할 수 있으며, 팀당 인원은 5명이다. 발포 이후 '발사 인증서'와 기념 사진을 준다. 참가비는 팀당 5만 원이다. 현장에서도 참가 신청을 받지만 정원이 넘쳐 접수가 불가능할 수도 있으므로 목포시청 누리집에 미리 신청하는 것이 좋다.

일본군이 쳐들어 왔을 때 경상 좌수사 박홍과 경상 우수사 원균은 싸우지도 않고 바다를 떠났다. 《선조수정실록》 1592년 4월 14일자 기사는 '박홍은 (왜적이 쳐들어오자) 즉시 성을 버리고 달아났다卽棄城退走.'라고 말한다. 1592년 6월 28일자 《선조실록》에 실려 있는 경상우도 초유사招諭使(임금을 대신하여 의병과 관군을 독려하는 직책) 김성일의 보고서도 대동소이하다. 김성일은 '박홍은 화살 한 개 쏘지 않고不發一矢 먼저 성을 버렸고首先棄城 (중략) 원균은 군영을 불태우고 바다로 나가焚營下海 배 한 척만 보전하였습니다只保一船. 한 도道의 주장主將인 병사와 수사가 이 모양이었으니 그 휘하의 장졸들이 어찌 도망하거나 흩어지지 않겠습니까?'라고 증언한다.

두 명의 경상도 수사가 싸워 보지도 않고 바다를 떠났다면, 역시 싸워 보지도 않은 이순신은 어떻게 일본 수군을 제압할 수 있다고 판단했을까? 이 궁금증에 대해서는 《세종실록》 1430년(세종 12) 4월 14일자에 실린 병조참의 박안신의 글이 답변을 해준다. 박안신은 '나라를 위하는 도리는 지난 일을 거울삼아 뒷일을 염려함으로써惟當鑑於前 而慮於後 오래 편안하기를 도모하는 데 있습니다以圖其長治久安也.'라고 정의한다.

박안신이 거론한 '지난 일'은 최무선 등 고려 말의 장수들이 왜구를 크게 물리친 업적을 가리킨다. '왜적이 크게 배를 몰고 와서 곤남昆南(경남 사천시 곤양면)에 닿았을 때 정지·최무선·나서 등이 병선 10여 척을 거느리고 막아서자, 적들은 저희가 많고 우리는 적어 상대가 안 된다며 신나게 덤볐습니다. 우리 배들이 분연히 공격하여 화포를 던져投以火炮 적선을 태워버리자焚滅賊船 적들은 도망쳤고賊乃遁避, (중략) 그 이후로는 우리 병선에 대항하지 못했으며莫與兵船抗拒 이따금 해변을 침범하였으나往往雖或寇邊 좀도적에 지나지 않았습니다有同鼠竊.' 바다로 쳐들어 온 대규모 왜구를 불과 10여 척의 우리 수군이 화포(대포)를 활용하여 대파했고, 그 후 왜적들은 감히 군대를 일으켜 바다로 공격해오지 못했다는 내용이다.

최무선 초상, 과학관, 추모비 경북 영천시 금호읍 원기리 277

박안신은 '육병陸兵(육군) 수십 만으로 적을 방어하는 것이陸兵數十萬之禦賊 병선 몇 척으로 적을 다스리는 것보다 못하다는不若兵船數隻之制賊 (최무선이 증명해준) 밝고 큰 경험을 거울로 삼아야합니다其明效大驗爲可鑑矣.'라고 결론을 내린다.

최무선이 화포를 동원하여 대규모 왜구들을 크게 격파한 가장 중요한 전투는 1380년(고려 우왕 6)과 1383년(우왕 9)의 일이다. 즉, 박안신의 상소는 최무선의 대승보다 50년가량 뒤인 1430년에 작성되었다. 50년이라는 시간은, 왜적을 상대할 때에는 육군 수십만보다 몇 척의 전함이 더 요긴하다는 역사의 교훈을 잊어버릴 만큼 그렇게 오랜 세월은 아니다.

그런데 원균과 박홍만이 아니라, 박안신의 지적에 견줘 불과 27년 뒤인 1457년의 조선 지도부도 황당한 판단력을 보여준다. 《세조실록》 1457년(세조 3) 1월 16일자의 기록이다. 실록은 '남쪽 변방에 수군은 많이 설치하고 육병은 너무 적게 배치했다. 도이島夷(섬오랑캐)는 수전水戰에 능숙한 반면 기전騎戰(말 타고 싸우는 육지 전투)에 서툴고, 우리나라는 기진에 장점이 있어도 수전에는 단점이 있다.'라고 진단한다.

실록은 놀랍게도 '적들이 비록 수전을 잘하지만 우리가 전함으로 맞싸우지 않고 지는 체하며 그들을 육지에 끌어들인 다음 기병으로 공격하면 거의 물리칠 수 있다.'라고 결론을 내린다. 일본이 쳐들어오면 바다에서 싸우지 말고, 육지에 상륙시킨 후 제압해야 한다는 논리이다. 박안신의 판단과 놀라울 만큼 정반대의 인식이다.

그 결과, 임진왜란이 일어나기 전에 수군 해체령이 수사水使들에게 떨어졌다(1592년 4월 14일자 《선조수정실록》).7) '해도海道(바다를 끼고 있는 도)의 주사舟師(수군)를 없애고 장사將士(장수와 병사)들은 육지에 올라와 싸우고 지키도록 명했는데, 전라 수사 이순신이 "수륙水陸의 전투와 수비 중 어느 하나도 없애서는 안 됩니다." 하고 반대하여 호남의 주사만 홀로 온전히 남았다.'

《세종실록》 1430년 4월 14일과 《선조수정실록》 1592년 4월 14일, 약 160년의 시간 차이는 있지만 기이하게도 날짜조차 같다. 조선 수군은 매우 강하다는 1430년의 인식이 1592년까지 줄곧 이어졌더라면 선조를 비롯한 조선 지도부가 수군을 폐지한다는 결정을 내리지도 않았을 것이고, 경상 우수사 원균과 경상 좌수사 박홍 등이 스스로 밑창을 뚫어 전함을 바닷물에 침몰시킨 뒤 도주하는 사태도 벌어지지 않았을 것이다.

또 하나, 박안신의 상소문은 고려 수군이 화포의 위력 덕분에 대규모 왜구들을 격파할 수 있었다는 사실을 말해준다. '화포를 던져 적선을 태워버리자 적들은 도망쳤다投以火炮 焚滅賊船 賊乃遁避.'라는 표현은 그 단적인 증거이다. 그런데 어째서 임진왜란 발발 초기 경상좌도와 우도의 수군들은 '적들은 저희가 많고 우리는 적어 상대

---

7) 실록에 실린 날짜와 명령이 하달된 날짜가 반드시 일치하는 것은 아니다. 저자 및 간행 연대 미상의 《선묘宣廟(선조 시대) 중흥지》에는 1591년 7월 조정이 수군 해체령을 내리자 이순신이 거부했다는 내용이 나온다. 이 책의 기록은 수사들에게 조정의 수군 해체령이 내려간 날이 1592년 4월 14일은 아니라는 또 다른 증거일 수도 있다.

가 안 된다고 흥겨워하며 도전한' 왜적을 화포를 쏘아 무찌른 고려 말 수군들의 역사를 까맣게 잊었을까. 오직 이순신만이 그렇게 싸울 줄 알았다는 것이 임진왜란 초기 조선 수군의 비극이었다.

조선 수군의 연전연승을 기록하고 있는 《선조실록》 6월 21일자 기록은 이순신이 우리 전함과 화포의 장점을 꿰뚫고 있었음을 보여준다.

5월 6일, 적선 26척을 불살랐다焚賊船二十六艘.
5월 29일, 적선을 모두 불살랐다盡燒其船.
6월 2일, 적선 밑을 들이받아 부수었다直衝其下撞破其船.
6월 5일, 적선 1백여 척을 불살랐다焚賊船一百餘艘.
7월 6일, 적선 63척을 불살랐다焚賊船六十三艘.

5회의 승전을 설명하는 데에 분焚이 3회, 소燒가 1회, 충衝이 1회 등장한다. 焚과 燒는 '불사르다', 衝은 '박아서 부수다'이다. 실록의 기록들은 화력이 우세하고 배가 훨씬 견고한 조선 수군의 장점을 이순신이 정확하게 전투에 활용했다는 사실을 말해준다. 이순신이 《난중일기》를 쓰기 시작한 1592년 1월 1일보다 불과 이틀 뒤인 1월 3일에 대포 쏘는 군사들부터 점검한 것은 결코 우연이 아니라는 뜻이다.

과학자 최무선의 놀라운 업적과 교훈은 200여 년 만에 실종되고 만다. 화포의 성능에서도 물론이지만 풍신수길 등 일본 지도부는 '세계 최초의 함포(배에 설치한 대포) 해전'(경북 영천 최무선과학관의 게시 표현)을 창조해낸 최무선의 상대가 될 수 없었다. 그러나 이순신 이외의 대부분 조선 지도부는 최무선의 교훈을 잊은 채 육지에서 싸워야 일본군에게 이길 수 있다는 오판을 근거로 수군 폐지령까지 내렸고, 전쟁에 대한 대비도 거의 하지 않아 결국 7년이나 되는 긴 세월 동안 백성들을 죽음과 고통으로 몰아넣고 말았다.

전쟁 발발에 대해 대비한 이순신의 또 다른 면모는 《난중일기》에 나오는 거북선 관련 기록이 보여준다. 1592년 2월 8일자 일기에 이순신은 '거북선의 돛을 만드는 데 쓸 베 29필을 받았다.'라고 적었다. 3월 27일자 일기에는 '거북선에서 대포 쏘는 것을 시험했다.'라고 썼다. 4월 12일에는 '배를 타고 거북선의 지자포와 현자포를 쏘았다.'라고 기록했다. 4월 12일은 일본의 전함들이 부산 앞바다에 몰려드는 4월 13일의 바로 하루 전이다.

4월 15일, 이순신이 포병의 준비 상태와 거북선의 성능을 점검하느라 바쁜 중에 경상 우수사 원균, 경상 좌수사 박홍, 경상 감사 김수가 각각 보내온

龜船귀선(거북선) 그림

거북선은 실물이 남아 있지 않다. 거북선 조선소는 여수 선소船所 유적(사적 392호, 여수 시전동 708)을 볼 수 있지만 실제 거북선은 아무도 볼 수가 없다. 가장 오래 된 거북선 그림도 1795년(정조 19) 임금의 명을 받은 유득공 등이 《이충무공전서》를 편찬, 발간하면서 책 속에 그려 넣은 그림이다. 거북선이 1413년(태종 13) 이전에 처음 만들어졌다는 사실에 견주면 이 그림은 그보다 380년 이상 뒤에 그려진 것이다.

전쟁 발발 소식이 도착한다. 다음 날인 16일에는 원균에게서 '부산의 거진巨鎭(큰 군사 진지, 부산진이 14일, 동래가 15일에 함락되었음)이 이미 함락되었다.'라는 공문이 도착한다. 이순신은 '분하고 원통함을 이길 수 없다.'라고 일기에 쓴다. 동래가 함락되었다는 원균의 연락을 받은 18일 일기에도 이순신은 '분하고 원통함을 이루 다 말할 수 없다.'라고 쓴다.

하지만 이순신은 즉각 수군을 이끌고 출전하지는 못했다. 왜 이순신은 전쟁 발발 즉시 경상도 바다로 나아가지 않았을까?

이에 대해서는 사천 해전이 벌어지는 5월 29일까지도 전라 우수영 전함이 싸움터에 도착하지 않았다는 사실을 참조할 만하다. 그보다 훨씬 이른 시기인 4월 15일~18일 경에는 전라 좌수영의 수군들도 곧장 경상도 바다로 달려갈 수 있는 처지가 못 되었다. 특히 조정의 출전 지시가 없었다. 경상도 바다는 전라 좌수사가 마음대로 전함들을 몰고 다닐 수 있는 해역이 아니다.[8]

조정에서 온 공문들도 문제였다. 4월 26일에야 '경상도와 서로 의논하여 조처하라.'는 지시가 내려왔다. 4월 27일에는 '급히 출전하라.'면서도 '원균과 힘을 합쳐 적선을 부순다면 왜적을 물리칠 수 있을 것이다. 다만 천리 밖이라 뜻밖의 일이 있을지도 모르니 알아서 하라.'고 했다. 좋게 말하면 '생각대로 하라'는 뜻이고, 나쁘게 말하면 '결과에 대해 책임질 각오를 가지고, 그것도 원균과 의논하여 실행하라'는 뜻이다.

당시에는 삼도수군통제사라는 직책이 없었다. 경상 우수사, 전라 좌수사, 전라 우수사가 제각각 지휘권을 행사했고, 조정 공문의 표현대로 '서로 의논하여' 전쟁을 치러야 했다. 이미 원균의 지원 요청이 있었으니 그만큼은 의논이 되었다고 할 수 있겠지만, 조정의 지시 자체는 긴급 상황과 어울리지 않는 어성성한 수준이었다. 어쨌든 이순신은 출전 준비를 계속 가다듬고 있었다.

이윽고 5월 1일, 이순신은 전라 좌수영의 수군들을 모두 여수 앞바다에 모았다. 흐렸지만 비가 오지는 않았고, 남풍이 세차게 부는 날씨였다. 이순신은 방답 첨사 이순신, 홍양 현감 배흥립, 녹도 만호 정운 등을 진해루(진남관의 전신, 전라 좌수영 본부)로 불렀다. 왜적이 쳐들어와 부산진성, 동래성, 다대포진을 점령했다는 소식에 모두들 격분했다. 이순신은 일기에 '격분하여 모두들 자기 한 몸을 생각하지 않으니 실로 의사들'이라고 썼다.

---

[8] 《징비록》은 원균의 원병 요청에 이순신이 "각자 분담 지역이 있으니 조정의 명령 없이는 경계를 넘을 수 없다."며 거절했다고 증언한다.

5월 2일, 이순신은 배를 타고 바다로 나아가 진을 쳤다. 여러 장수들과 대책을 의논했는데 '모두들 기꺼이 싸울 뜻을 나타내었다.'
 5월 3일 오후, 이순신은 광양 현감 어영담과 흥양 현감 배흥립을 불러 대화를 나누었다. 두 사람은 '모두 분한 마음을 나타내었다.' 조금 뒤 녹도 만호 정운이 왔다. 정운은 '왜적이 점점 서울 가까이 다가가고 있으니 통분한 마음을 참을 수가 없다. 만약 기회를 놓치면 후회해도 소용이 없을 것'이라고 했다. 어서 전라도 수군을 이끌고 왜적들이 있는 경상도 바다로 진격하자는 주장이다.
 이순신은 중위장 이순신을 불러 내일 새벽에 출정할 테니 준비하라고 일렀다. 이때 이순신은 출전 결행을 보고하는 장계를 써서 조정으로 보낸 뒤, 집으로 도망간 수군 황옥천黃玉千을 잡아 와 군중들이 보는 앞에서 목을 베어 효시했다. 군율의 엄중함을 모든 장졸들에게 분명하게 인식시키려는 대장의 의지 표현이었다.
 5월 4일, 이순신은 먼동이 틀 때 전함들을 출발시켰다. 배들은 이내 남해도 최남단 미조포(남해군 미조면)에 도착했다.

정운 충신각, 사당 전남 해남군 옥천면 대산리 534-1, 전남 기념물 76호

남해도 남쪽 끝 미조 포구를 통과한 전라 좌수영 수군은 한산도 아래를 지나 거제도 동쪽 옥포까지 나아갔다. 여기서 일본 전함과 마주쳤다. 1592년 5월 7일, 이순신과 그가 이끄는 징졸들은 조선 수군 최초의, 아니 조선군 최초의 승리를 이루었다. 사진은 이순신 사당에서 바라본 **옥포 대첩** 바다.

국보 304호, 현존 단층 최대 목조 건물 진남관

흔히 '진남관鎭南館'으로 알려져 있는 여수의 조선 시대 역사 유적을 답사한다. 여수시 군자동 472의 진남관 정문 앞에 세워져 있는 현지 안내판을 읽는다. 「전라 좌수영·삼도수군통제영·진남관」이라는 제목이 붙어 있다. 진남관만이 아니라 이름 셋이 한꺼번에 적혀 있다. 이 셋은 어떤 관계가 있는 것일까?

> **전라 좌수영** 조선 시대에 남해안 방위의 전략적 요충지였던 여수에 자리잡고 있던 수군영이다. 479년(성종 10) 처음으로 설치되었고, 1895년(고종 32)에 없앴다. 현재 그 모습을 거의 잃은 채 성곽의 극히 일부와 진남관만 남아 있다. 조선 후기 기록에 따르면 당시 전라 좌수영 성 안에는 건물 80여 동, 민가 2,024호, 우물 9곳, 연못 1곳 등이 있었다고 한다. 봄이면 주변에 매화가 만발하여 매영성梅營城이라는 별칭으로 불리기도 하였다.
>
> **삼도 수군 통제영** 이순신 장군이 임진왜란 당시 전라 좌수영의 수군을 이끌고 경상도 해전에서 여러 번 승리를 거두어 1593년(선조 26) 전라도, 경상도, 충청도 수군을 다스리는 삼도수군통제사를 겸직함으로써 전라 좌수영이 1601년(선조 34)까지 삼도 수군 통제영의 본영이 되었다.
>
> **진남관** 임진왜란 때 이순신이 지휘소로 사용한 진해루鎭海樓가 있던 자리에 세워진 수군의 중심 기지였다. 여수 지역에서 목재를 조달하여 건축했으며, 정면 15칸, 측면 5칸으로 현재까지 남아 있는 단층 목조 건물 중 가장 크다. 국보 304호이다.

종합해서 요약하면, '이곳에는 본래 전라 좌수사가 근무하는 전라 좌수영이 있었는데, 이순신이 삼도수군통제사가 됨으로써 한동안 통제사가 집무를 보는 삼도수군통제영의 역할까지 겸하게 되었다. 성곽 등 당시의 자취는 거의 사라지고 없지만 이순신의 지휘소였던 진해루 터에 다시 세운 진남관은 지금도 남아 있다. 진남관은 현존 단층 목조 건물 중 가장 크며, 국보 304호이다.'

대략 가늠이 되지만, 진남관은 처음 건립된 1598년(선조 31) 당시에는 수군 본부가 아니라 전라 좌수영의 객사客舍(손님 숙소)였다. 지금 보는 68개 기둥의 거대하고 웅장한 진남관은 전라 좌수사 이제면李濟冕이 1718년(숙종 44)에 중창한 것이다.

이순신은 임란 발발 1년 전인 1591년 2월에 여수에 왔다. 전라 좌수사 이순신은 왜란에 대비해서 만든 최초의 거북선을 여수 선소船所(사적 392호)에서 건조했고, 여수 앞바다에 처음으로 띄웠다.

이순신을 기려 나라 안에 처음 세워진 사당 충민사忠愍祠(사적 381호)도 여수에 있다. 임진왜란 전투가 없었던 목포와 달리, 이곳 여수는 이순신 및 수군 관련 역사 유적이 말 그대로 즐비하다.

안내판 왼쪽의 망해루 아래를 지나 계단을 오른다. 진남관 영역 안으로 들어가는 통제문이 활짝 웃으면서 나그네를 맞이한다. 삼문이 웃고 있는 듯 느껴진 것은 아마도 유형문화재 33호인 석인石人이 통제문 안 바로 오른쪽에서 기다리고 있다는 사실을 미리 알고 있기 때문일 것이다.

　석인은 돌로 만든 사람이다. 진남관의 석인 역시 여수가 보여주는 임진왜란 유적 중 한 가지이다. 석인 앞 안내판에는 '전하는 이야기에 따르면, 이순신이 거북선을 제조하느라 한창 바쁠 때에 왜적들이 쳐들어 왔다. 이순신은 돌사람 7개를 만들어 사람처럼 세워 놓았는데, 이로써 적의 눈을 속여 결국 전쟁을 승리로 이끌게 되었다.'라고 적혀 있다.

　물론 이순신이 왜군과의 전투에서 이긴 것이 석인을 세운 덕분이라는 설명은 아니다. 이순신의 연이은 승전 덕분에 생명과 생활을 지키게 된 이곳 주민들의 마음이 만들어낸 전설, 지난날 할머니들이 무릎 위에 손자손녀를 눕혀놓고서 옛날이야기를 들려주었듯, 안내판은 답사자들에게 속삭이고 있다.

석인은 본래 7기가 있었는데 지금은 하나만 남아 있다. 머리에는 두건을 쓰고, 손은 팔짱을 꼈다. 도포자락은 늘어져 있고, 시선은 유유히 적을 바라보는 듯 그윽하다. 석인 옆에 서서 전라 좌수영성 담장 너머로 저 아래 시가지를 바라본다. 중앙동 네거리의 이순신 장군 동상이 망해루 지붕 위로 우뚝 솟아올라 문득 나를 돌아볼 것만 같다.

진남관을 둘러보며 정말 기둥이 68개 맞나 세어보다가, 문득 이곳에서 임진왜란을 맞이하던 때의 이순신을 떠올린다. 1592년(선조 25) 4월 17일, 경상 우병사 김성일이 공문을 보냈는데 왜적이 부산을 점령한 뒤 그대로 머물러 있다고 했다. 늦은 오후 들어 이순신은 활 50순을 쏜다. 순巡은 사람마다 순서대로 활을 다섯 대씩 쏘고 다시 자기 차례가 돌아오는 것을 말한다.

일기의 기록은 이순신 본인이 이 날 화살 250대를 쏘았다는 뜻이다. 이제 전쟁이다. 부산은 이미 적의 손에 들어갔다. 이순신은 분통이 머리끝까지 터졌을 것이고, 그래서 각오와 의기를 다지고 돋우면서 더욱 격렬하게 활을 날렸을 터이다.

진남관 앞 네거리의 충무공 동상

4월 20일, 경상도 관찰사 김수의 공문이 왔는데 대규모의 적들이 맹렬한 기세로 몰려와 대적할 수가 없으며, 적들은 이긴 기세를 타고 전진하는데 마치 무인지경을 달리는 것 같다고 했다. 김수는 이순신이 전선을 정비하여 경상도로 구원 출병을 하도록 해달라고 조정에 장계를 보냈다고 했다. 이순신은 진해루에서 수하 장수들과 함께 대책을 논의했다.

진해루 터에 다시 세워진 진남관을 둘러본 뒤 통제문을 나온다. 망해루까지 가기 전 계단 중간쯤에서 오른쪽으로 가면 이순신의 5대손 이봉상李鳳祥이 빈민들을 구제한 업적을 기려 세워진 선정비 등 모두 14기로 이루어진 「전라 좌수영 비군全羅左水營碑群」과 「이량 장군 방왜 축제비李良將軍防倭築提碑」가 있다. 이량은 임진왜란 당시의 장수는 아니지만, 그가 왜적을 방어하기 위해 둑을 쌓았다니 저절로 호기심이 일어난다.」

> 1497년(연산군 3) 전라 좌수사로 부임해 온 이량이 돌산도 북쪽과 장군도 동쪽 사이 해협에 수중水中(물속) 제방을 쌓아 왜구들의 침입을 막은 업적을 기념하기 위해 후손들이 세운 비석이다.
>
> 원래 1643년(인조 21) 그의 5세손 이배원李培元이 글을 짓고 6세손 이필李泌이 글씨를 써 장군도에 세웠으나, 비석이 훼손되자 1710년(숙종 36) 8세손 이삼李森이 좌수영성 서문 밖(충무동)에 다시 세웠던 것을 1984년 이곳으로 옮겨와 보존하고 있다.
>
> 이량 장군의 행적 및 수중성水中城 축조 사실이 기록되어 있는 비문은 왜구들의 침략과 수중성의 전술적 가치를 살필 수 있는 자료이다.

이량의 수중성 축성에 관한 기사는 여수시 발간《내 고장 여수》에도 실려 있다. 이 책은 '영호남의 목구멍에 해당되는 전라 좌수영 본영의 축성과 함께 알고 넘어가야 할 것은 현 여수와 돌산도 사이에 있는 장군도와 그 왼쪽에 있는 방왜 축제防倭築提'라면서, 전라 좌수영 본영이 축성된 1490년보다 7년 뒤인 1497년(연산군 3)에 전라 좌수사 이량이 장군도와 돌산도 사이에 큰 돌을 집어넣어 약 100m의 물속 성제城提(성둑)를 쌓았다고 설명한다.

이후 왜구들은 드나드는 통로가 차단되어 감히 여수를 넘볼 수 없게 되었다. 사람들은 이량 공적을 기려 섬에 「장군성將軍城」이라는 작은 비석을 세웠고, 섬에도 장군도라는 이름을 붙였다. 흔히 장군도라는 이름이 이순신과 관련하여 작명된 것으로 짐작하지만, 사실은 그렇지 않다는 사실을 알 수 있는 대목이다.

 1516년, 이량이 타계하고 5년이 지난 때에 전라 좌수사 여윤철呂允哲과 보성 군수 송흠선宋欽善이 다시 비를 세웠고, 127년 뒤인 1643년에 황해 감사 이배원李培元이 글을 짓고 함릉 부원군 이해李澥가 글씨를 써서 또 세웠고, 67년 후인 1710년에 전라 좌수사 이삼李森과 정1품 지사 이경설李景說이 또 세웠다. 그 후에도 일제 강점기 때 시민들이 철비鐵碑를 세웠고, 이재기李載驥와 여수청년회의 소가 또 세웠다. 이 중 1710년에 건립된 비석이 지금 진남관 통제문 옆에 옮겨져 자리잡고 있다.

 이량의 수중성 축성에 관한 글을 읽으니 명량 대첩 때 울돌목 물속에 쇠사슬을 설치하여 왜선들을 격파했다는 이야기가 떠오른다. 이량보다 약 100년 뒤의 일이다.

 수중성이 쇠사슬 설치의 원형原型이었을까? 그런 상상을 하면서, 이순신이 거북선을 만든 선소를 향해 발을 옮긴다.

장군도 여수 앞바다, 이량이 1497년에 수중성을 쌓은 곳으로 전해진다.

여수 선소 유적 사적 392호, 시전동 708
계선주 배를 묶어두는 기둥

여수 선소 유적, 거북선 체험관
이순신의 파격 승진, 조선의 행운 됐다

여수시 시전동 708에 '선소 유적'이 있다. 선소船所는 요즘말로 조선소造船所, 즉 배船를 만드는造 곳所이다. 선소 입구에 닿으면 「충무공 이순신과 여수」라는 제목의 안내판이 마중을 한다. 안내문에는 여수 사람들의 자부심이 넘쳐흐른다.

> 임진왜란이 일어나기 1년 전인 1591년에 이순신은 전라 좌수사로 이곳 여수에 부임해 왜적의 침입에 대비하였다. 전라 좌수영의 본영이었던 여수는 거북선을 처음으로 출정시킨 곳인데, 1593년(선조 26) 8월부터 1601년(선조 34) 3월까지 삼도 수군 통제영의 본영이기도 했다. (중략)9) '만약 호남이 없었다면若無湖南 국가가 없었을 것是無國家.'이라는 이순신의 글을 되새기게 하는 이곳 여수는 임진왜란 때 위태로운 나라를 지키는 데 중요한 역할을 한 곳이다.

---

9) '중략' 부분 : 이순신의 수군이 옥포, 합포, 당항포, 율포, 노량, 명량, 한산도 등에서 거둔 승리는 조선이 왜적에게 7년 전쟁에서 승리하는 데 결정적인 역할을 하였다. 여수에는 충무공 이순신의 발자취가 곳곳에 문화 유적으로 남아 있다. 거북선을 최초로 만든 선소, 공의 공적을 새긴 통제 이공 수군 대첩비, 공을 추모하여 세운 눈물의 비석 '타루비', 국내 최초로 세워진 이순신 사당 '충민사'가 있다. 또 나라를 구하는 데 앞장선 승려들의 흥국사도 있으며, 송현 마을에는 효성이 지극했던 공이 전쟁 중에 어머니 변씨를 모셔와 보살핀 곳도 있다.

안내문의 '이순신은 전라 좌수사로 이곳 여수에 부임해 왜적의 침입에 대비하였다.'라는 대목을 꼼꼼하게 생각해 본다. 이순신은 여수에 오기 전에는 어디에서, 어떤 직책을 맡아 일했을까?

이순신은 1545년(인종 1) 음력 3월 8일(양력 4월 28일) 서울에서 태어났다. 28세이던 1572년(선조 5) 8월 무과에 처음 응시하지만 말에서 떨어져 낙방한다. 그 후 4년 동안 부지런히 무예를 연마하여 32세(1576년)에 드디어 합격한다. 그 해 12월 함경도 동구비보 권관權管(종9품)으로 발령을 받아 국경에서 근무한다.

35세(1579년) 때 충남 서산 해미 읍성에서 충청 병영 군관으로 약 10개월 동안 근무하는 등 주로 육군 생활을 하던 이순신은 45세(1589년)에 정읍 현감(종6품)이 된다. 그 후 1590년 7월 이순신은 함경도 고사리진 첨사(종3품)로 크게 승진할 수 있는 기회를 만난다. 우의정 류성룡이 선조에게 적극 추천하여 이루어진 호기였는데, 지나친 승진이라는 여론에 밀려 실제 부임으로 이어지지는 못 한다.

이순신은 한 달 뒤인 8월에 또 다시 압록강 하구의 평안도 만포진 첨사로 임명된다. 그러나 이번에도 부임하지 못한다. 사유는 고사리진 첨사로 가지 못하는 것과 같다.

해미 읍성 충남 서산

이순신은 서울에서 근무하던 중 정4품 병조 정랑兵曹正郞(국방부 인사과장 정도) 서익이 자신의 친척을 특별 승진시키려는 데 반대하다가 미운 털이 박혀 멀리 해미 읍성 군관으로 밀려난다. 이 사건은 원칙에 충실한 그의 강직한 인간됨을 증언해준다. '이순신은 말과 웃음이 적다'라는 류성룡의 《징비록》과, '이순신은 얼굴이 후덕하지도 풍만하지도 않다.'라는 고상안의 《태촌집》의 기록은 이순신의 성품을 후대에 전해주는 사례들이다.

1591년 2월, 이순신은 진도 군수(종4품) 발령을 받는다. 군수는 종3품인 첨사보다는 한 등급 아래이지만 종6품인 현감보다는 두 등급 높은 직책이다. 하지만 이순신은 이번에도 임지에 가지 못한다. 고사리진 첨사와 만포진 첨사로 부임하지 못한 때처럼 조정의 반대 여론이 드셌기 때문이 아니다. 진도로 가기도 전에 가리포진(전남 완도) 첨사로 일하라는 새로운 인사 명령이 떨어진 탓이다.

　이 무렵 조정은 전라 좌수사 자리를 놓고 오락가락하고 있었다. 조정의 이해할 수 없는 인사는 1월 29일에 원균이 전라 좌수사로 임명을 받으면서 시작된다. 며칠 뒤인 2월 4일에 사간원이 이의를 제기한다.

　《선조실록》 당일 기사에 따르면 사간원은 '전라 좌수사 원균은 전에 고을 수령으로 있을 때 근무 평가에서 나쁜 점수를 얻었는데 考績居下 겨우 반 년 만에 좌수사에 임명되었습니다. 이는 격려와 징계를 목적으로 실시하는 黜陟勸懲 근무 평가의 의의를 망가뜨리는 조치라는 비판을 받고 있습니다 物情未便. 원균에게 다른 벼슬을 주고 전라 좌수사에는 젊고 무략武略(군사적 지혜)이 있는 사람을 각별히 선택하여 보내소서.'라고 선조에게 요구한다. 선조는 '그렇게 하라.'고 내답한다.

　원균에 이어 유극량劉克良이 전라 좌수사로 임명된다. 이번에는 사헌부가 이의를 제기한다. 2월 8일 사헌부는 '전라 좌수영은 직접 적과 마주치는 지역이기 때문에 방어가 매우 긴요한 곳입니다. 따라서 수사는 잘 가려서 보내야 합니다. 유극량은 쓸 만한 인물이나 (중략) 지나치게 겸손해서 부하 장수들은 물론 무뢰배들과도 "너, 나" 하고 지내어 相爲爾汝 체통이 문란하고 명령이 시행되지 않습니다. 위급한 상황을 맞이하면 대비하기 어려울 것입니다. 바꾸소서.' 하고 요구한다. 선조는 이렇게 대답한다. '수사는 이미 바꿨다 則已遞矣.' 왜적의 침입에 맞설 최일선 지휘관 중 한 명인 수사 임명을 이토록 허술하게 진행할 만큼 당시 조선 조정은 '엉망'이었다.

경기도 파주 화석정에서 바라본 임진강

[류극량을 위한 변명] 4월 30일 밤, 선조는 화석정 아래 임진강을 건너 개성으로 가고, 도원수 김명원의 관군이 임진강을 지킨다. 며칠째 강을 못 건너던 일본군이 막사를 불태우고 후퇴하기 시작한다. 아군 장수들이 강을 건너 공격하려 했다. (《징비록》은 왜적이 아군을 유인했다면서, 실록 1591년 2월 8일자와 다르게 유극량을 평가할 수 있는 내용을 전해준다. 작은따옴표 안의 내용은 《징비록》의 표현이다.)

조정으로부터 도원수의 명령을 받지 말고 독자적으로 행동하라는 지시를 받은 한응인은 '멀리 와 피곤하고 밥도 못 먹었으며, 적이 유인책을 쓰는지도 모르니 내일 상황을 보아가며 싸웁시다.'라고 건의하는 군사들 몇 명을 참수했다. 도원수는 아무 말도 하지 않았다. 나이도 많고 전투에도 익숙한 유극량이 나서서 '지금은 군사를 움직일 때가 아닙니다.' 하자 부원수 신할이 그를 죽이려 했다.

유극량이 '나는 어려서부터 싸움터에 다녔소. 어찌 죽음을 두려워하리오. 나랏일을 그르칠까 보아 말릴 뿐이오.' 하고는 군사를 이끌고 앞장섰다. 하지만 강을 건너 아군이 적을 뒤쫓았을 때는 이미 기습을 당하기 좋은 매복진 안으로 들어선 상태였다. 말에서 내린 유극량은 '이곳이 나의 무덤이로구나!' 하고 탄식하고는 달려드는 적병들을 여럿 죽인 후 마침내 전사했다. 신할도 죽었다. 후퇴하던 아군 병사들은 '바람에 날리는 나뭇잎처럼' 강에 빠져 죽었다.

새로 이순신이 전라 좌수사에 임명된다. 고위 관료들은 이순신의 전라 좌수사 임명에도 찬성하지 않는다. 선조가 2월 13일 '진도 군수 이순신을 전라 좌수사에 제수하라.' 하고 결정을 내리자 사간원은 '(정읍)현감 이순신은 (진도 군수로 발령을 받아) 아직 군수에 부임하지도 않았는데 좌수사에 임명할 수는 없습니다. 아무리 인재가 모자라는 상황이라 해도 이렇게 지나친 승진을 있을 수 없습니다. 이순신에게는 다른 벼슬을 주소서.' 하고 반대한다.

그런데 선조의 이순신 인정은 각별하다. 아니, 놀랍다. 선조는 '이순신을 지나치게 승진시켰다는 것은 나도 안다.'면서 '다만 지금은 일반적인 인사 규칙에 매일 형편이 아니다. 인재가 모자라니 파격적인 승진도 하지 않을 수가 없다. 그 사람(이순신)이면 충분히 (전라 좌수사의 임무를) 감당할 것이다. 벼슬의 높고 낮음을 따질 일이 아니다.'라며 밀어붙인다.

선조의 이순신 발탁을 두고 '놀랍다'라고 한 것은 《선조실록》 1597년 1월 27일자의 내용 때문이다. 선조가 '나는 이순신의 사람됨을 자세히 모르지만 성품이 지혜가 적은 듯하다.'라고 말하자 유성룡이 '신의 집이 이순신과 같은 동네에 있기 때문에 신이 이순신의 사람됨을 깊이 알고 있습니다.'라고 대답한다.

선조는 다시 이순신이 '경성京城(한양) 사람인가?' 하고 묻는다. 류성룡이 '그렇습니다. 성종 때 사람 이거李琚의 자손인데, 직책을 감당할 만하다고 여겨 당초에 신이 조산 만호造山萬戶로 천거했었습니다.' 하고 대답한다.

선조가 또 묻는다. '글을 잘하는 사람인가?' 류성룡이 대답한다. '그렇습니다. 성품이 굽히기를 좋아하지 않아 제법 취할 만하기 때문에 그 사람이 어느 곳 수령(정읍 현감)으로 있을 때 신이 수사水使(전라 좌수사)로 천거했습니다.'

선조와 류성룡이 위의 대화를 나누고 있을 당시 이순신은 삼도 수군 통제사였다. 그 점이 '놀랍다'는 말이다.

선조는 이순신이 해군 사령관인데도 불구하고 그의 고향도 모르고, 글을 잘하는지 여부도 모른다. 스스로 '나는 이순신의 사람됨을 자세히 모른다.'라고 실토(?)한다. 그런 선조가 어째서 6년 전에는 현감에 불과한 이순신을 전라 좌수사로 엄청나게 승진시키는 일에 그토록 적극적이었을까? 그것도 '이순신은 좌수사의 임무를 잘 감당할 것'이라는 전폭적 믿음까지 내보이면서······.

이순신을 추천한 사람이 류성룡이었기 때문에 선조가 그렇게 판단했을 수도 있다. 두 사람의 대화 속에 그런 기미가 엿보인다. 류성룡이 먼저 '직책을 감당할 만하다고 여겨' 이순신을 조산 만호에 추천했었다고 말하고, 선조가 화답을 하듯이 '그 사람이면 충분히 감당할 것'이라면서 이순신을 전라 좌수사에 임명한다. 물론 그 사이에 류성룡이 선조에게 이순신을 전라 좌수사로 추천하는 과정이 있었고, 그때도 류성룡은 이순신이 수사 임무를 훌륭하게 수행할 능력을 갖췄다고 아뢰었을 터이다.

《성호사설》의 이익은 류성룡의 가장 큰 공로는 이순신을 천거한 것이라고 평했다. 사진은 안동 하회마을의 류성룡 종택 충효당.

선조는 '류성룡은 군자이다. 나는 그를 오늘날의 큰 현인이라 할 만하다고 여긴다. 그와 함께 대화를 나누다 보면 깨닫지 못하는 사이에 마음으로 감동할 때가 많다.(《선조실록》 1585년 5월 28일자)'라고 공언한 바까지 있다. 그만큼 선조는 류성룡을 존경하듯이 믿었다. 그래서 선조는 류성룡이 천거한 인물인 만큼 이순신에 대해 잘 알지 못하면서도 막연한 신뢰를 가졌던 듯하다.

류성룡이 일개 현감 이순신을 전라 좌수사로 추천하고, 선조가 고위 관료들의 끈질긴 반대에도 불구하고 마침내 그 자리에 앉힌 것은 임진왜란 당시 조선의 천운이었다. 그것도 전쟁 1년 2개월 전에 수사가 됨으로써 이순신은 수군에 대해, 수군의 주력 전함인 판옥선에 대해, 천자총통 등 화포에 대해 충분히 파악할 수 있었다. 새로 거북선을 만들 시간도 있었고, 바다 싸움에서 이길 수 있는 전술을 연구할 겨를도 있었다. 전라도 일대 바다의 특성과 해안의 지형도 숙지할 수 있었다.

또 1580년 7월부터 1582년 1월까지 약 18개월 동안 바닷가 수군 진지를 지휘하는 발포(전남 고흥군 도화면 발포리) 만호를 역임하여 수군 장수로서의 경험을 쌓은 것도 큰 자산이 되었다. 단 13척의 배로 적선 133척을 격파해낸 명량 대첩의 신화는 그 모든 것의 총화였다.

1592년 5월 4일 전라 좌수영 장졸들과 함께 경상도 바다로 나아갈 때 이순신은 판옥선板屋船 24척, 작은 협선挾船 15척을 거느리고 있었다. 그 외 포작선鮑作船도 46척 있었지만 그것은 군량 등을 수송하는 고기잡이배이므로 전함에 포함할 정도는 아니다. 그러나 판옥선 24척은 이순신이 처음 여수에 왔을 때와 견주면 엄청나게 발전한 규모였다. 부임해서 전라 좌수영을 점검한 결과로는 쓸 만한 판옥선이 겨우 5척뿐이었다. 장부에는 30척을 보유한 것으로 적혀 있었지만 나머지 배들은 거의가 폐선 수준이었다.

59

이는 전함 관리를 제대로 하지 않아 빚어진 사태였다. 배는 오랫동안 물에 떠 있으면 자연히 밑바닥에 해초가 달라붙고 조개와 굴 껍질 등이 눌러 붙게 된다. 밑바닥이 형편없이 상하는 것이다. 부식을 막으려면 가끔 물 위로 끌어올려 밑바닥을 깨끗하게 청소해 주어야 한다.

건조한 지 5년이 경과하면 정성껏 관리를 해온 배마저도 밑바닥을 완전히 갈아주어야 한다. 10년이 지난 배는 수명을 다한 것으로 간주해서 아예 퇴역시킨다. 이순신이 수사로 부임했을 때 전라좌수영 안에 쓸 만한 판옥선이 5척뿐이었다는 것은 임진왜란 발발 당시 조선 수군이 장부상으로만 배가 많이 보유했지 실제 전함 출동 능력은 수준 이하였다는 사실을 말해준다.

또 선조와 조정의 수군 철폐령이 전쟁 발발 직전에 떨어졌고, 이순신이 육군도 수군도 모두 유지해야 한다고 장계를 올린 결과 전라도 수군만 온전히 살아남았다는 실록의 증언(1592년 4월 14일《선조수정실록》)도 수군 장졸들이 전함 관리에 큰 노력을 기울이지 않

2층 구조의 판옥선

았으리라는 추정을 가능하게 한다. 수군 자체가 언제 없어질지 알 수 없고, 그렇게 되면 전함도 운용하지 않게 될 것이 자명한 상황에 무슨 애정이 남아 정성껏 배를 손질할 것인가.

전함 관리가 제대로 되지 않은 데에는 수군 병사의 부족 문제도 겹쳐 있었다. 육군은 1년에 석 달을 복무하지만 수군은 그 두 배인 여섯 달을 복무시켰다. 그것으로도 모자라 수군은 배를 타지 않을 때면 궁궐 수축, 축성 등 온갖 잡역에 동원했다. 군량미도 직접 생산해야 했으므로 둔전을 개발하고 쉼 없이 밭일을 했다.

수군 군역은 기피 대상이 되었고, 수군 병사로 동원되는 바닷가 백성들은 도망쳐서 떠돌이 생활도 서슴지 않았다. 재물이나 힘이 있는 자들은 뇌물을 쓰고 권세를 이용해 수군 징집 대상에서 빠져나가고, 가난한 백성들은 병역을 피해 집을 버리고 떠돌아다니는 판이었으니 배를 건조하고 관리할 수군을 충당할 수가 없었다.

조정에서는 1594년 8월 23일 수군 충원 대책을 마련했다. 핵심은, 사변 발발 후 경상도 백성으로서 다른 지방으로 떠도는 자를 우선적으로 수군에 넣는다는 것과, 왜적에게 잡혔다가 도망한 자를 수군에 넣는다는 방침이었다. 그런 자들만 해도 몇 천 명을 웃돌았기 때문이다. 하지만 탁상공론이었을 뿐 시행되지는 못했다.

판옥선 모형

수군 부족 문제에 대한 기록은 《난중일기》에도 실려 있다. 녹도 만호 송여종은 1594년 1월 21일 '병들어 죽은 214명의 시체를 거두어서 묻었습니다.' 하고 이순신에게 보고한다. 바로 다음날인 1월 22일에도 '병들어 죽은 217명의 시체를 거두어 묻었습니다.' 하고 보고한다. 줄곧 물에서 사는 까닭에 수군은 유난히 돌림병에 약했다.

각 수영에서는 이곳저곳 읍을 다니며 사람들을 강제로 연행하여 수군에 편입시키는 수밖에 없었다. 그 와중에 이순신이 전라도의 병방兵房 한 명을 참수하는 사태가 벌어졌다. 군관10)을 파견하여 수군을 모집하던 중 현縣의 군사 담당 아전이 징집 대상자를 빼돌렸다가 발각되었는데, 이순신이 일벌백계로 그의 목을 베어 성문에 내건 것이었다.

병방 효수 사건은 수군 모집과 관련하여 조정과 이순신 사이에 빚어져 있던 갈등이 마침내 폭발한 사례였다. 처음부터 조정은 '각 고을에서 도망간 군사가 있어도 사변이 평정될 때까지 친족이나 이웃으로 대신 충원하는 것은 일절 하지 말라'는 원칙을 정했다.

그러나 이순신은 1592년 12월 10일 '친족을 대신 충원하지 말라는 명령을 중지하여 남쪽 변방 회복의 기초가 온전해지도록 해 주십시오.'라는 보고서를 올렸다. 1594년 4월 10일에도 '지금은 나라를 회복할 시기'라면서 '대신 충원하는 폐단을 중지하는 것은 사변 평정 후에 해도 늦지 않으니 조정에서는 적의 침략을 막고 백성을 보호할 수 있도록 조치해 주시기 바랍니다.' 하고 장계를 올렸다. 수군 병력이 절대적으로 부족했던 수사의 입장이 잘 드러난 장계였다.

---

10) 군관은 중앙과 지방의 군사 기관에 소속된 무관으로, 임기는 1년이었다. 병사가 머물고 있는 각 도의 주진(병영)마다 각각 5명씩 배치되었다. 수군을 남해안 쪽에 더 많이 배치한 것처럼 육군 군관은 북방의 함경도와 평안도 양계兩界의 주진에 각 10명씩 배치하여 외적의 육로 침범에 대비했다.

이순신이 거북선을 만들었던 선소 유적

1592년 5월 4일 경상도 바다를 향해 처음으로 출전하여 5월 7일 옥포 앞바다에서 임진왜란 발발 이후 조선군 최초의 승리를 거두는 판옥선 24척과, 5월 29일 사천 해전 이래 일본 전함들을 무찌르는 전투에서 한 몫을 한 거북선을 만들고 수리했던 조선소, 즉 여수 선소 유적을 찾아간다. 도시 가운데로 깊숙하게 들어온 포구 끝자락, 여수시 시전동 708에 있는 선소 유적은 사적 392호로 지정된 문화재이다.

여수 선소 유적 전경

여수 선소 유적

충무공 이순신이 배 만드는 기술이 뛰어났던 군관 나대용과 함께 거북선을 만든 곳으로 알려져 있다. 가막만의 최북단 후미진 곳에 자리잡고 있었으며, 입구에 가덕도와 장도가 방패 역할을 하고 뒤로는 망마산을 등지고 있어 그야말로 천연의 요새였다. 원래 명칭은 순천부 선소이다. 거북선은 이곳과 함께 인근의 본영 선소, 방답진 선소 세 곳에서 건조된 것으로 추정된다.

순천부 선소는 임진왜란 전에 생겨 임진왜란 중 전라 좌수영 산하 순천부 수군 기지였던 것이 확실하나 만들어진 연대는 알 수 없다. 주변의 마을은 예로부터 선소마을로 불리었고, 고려 시대부터 배를 만드는 곳이 있었다고 한다.

현재 일종의 항만 시설인 굴강掘江(파서 만든 강)이 남아 있으나 주변의 유적과 유물들이 일제 강점기를 거치면서 많이 훼손되었다. 발굴 조사를 통해 대장간 터를 찾았으며, 세검정과 군기고는 최근에 복원하였다.

현지 안내판은 거북선 건조에 나대용의 공이 매우 컸다는 사실, 이곳의 본래 이름이 순천부 선소였다는 점, 여수 선소 외에도 방답진(여수시 돌산읍 사무소 일원) 선소와 본영(전라 좌수영) 선소가 더 있었다는 사실, 고려 시대에도 이곳에서 배를 건조했다는 사실, 지금도 배를 보관하고 또 드나들기 위해 만든 굴강 시설이 남아 있다는 사실, 일제 때 많이 훼손되었다는 사실, 근래 발굴을 통해 대장간 터를 찾았다는 사실, 세검정과 군기고는 최근에 복원한 건물이라는 사실 등 많은 것을 설명하고 있다. 다만 본문은 세 곳 선소 중 이곳 여수 선소가 가장 큰 규모와 뚜렷한 형태를 간직하고 있다는 점에 대해서는 언급을 생략하고 있다.

선소 유적 안으로 들어가는 길은 아주 운치가 있다. 전라 좌수사 이순신은 이곳에서 배를 만들고 수리하느라 구슬땀을 흘렸지만 420여 년 뒤에 찾아온 나그네는 너무나 유유자적하다. 물가를 따라 석축이 쌓여 있고, 그 아래로는 바닷물이 남긴 검은 흔적과, 그 토양분과 수분을 먹고 자라난 풀들이 햇살과 바람을 받아 무성하게 흔들리면서 빛나고 있다. 142m 높이의 망마산이 길게 꼬리를 늘여 세검정(지휘소) 및 군기고(수군 무기고)까지 이어지는 풍경도 군사 유적답지 않게 평화롭기만 하다.

10분가량 천천히 산책로를 걸으니 「굴강」이라는 제목의 안내판이 마중을 해준다. '굴강은 조선 시대 해안 요새에 만든 조그만 군사 항만 시설로 선착장이자 방파제 역할을 하였다. 여기에 배가 머물며 고장 난 곳을 손보거나 군사 물자를 싣고 내렸다. 굴강이라는 이름은 대피한 배를 보호하기 위해 방파제를 작은 만처럼 둥그렇게 만든 데서 유래한 듯하다.' 이곳 여수 선소의 굴강은 '면적 1,338㎡, 직경 42m 안팎의 타원형으로 거북선 두 채가 들어갈 만한 규모이다. 깊이는 돌벽 위에서부터 바닥까지 5~6m 정도로 추정된다. 북쪽으로 폭 9m 정도 되는 자연석과 깬돌로 믹쌓기를 하였고, 남은 돌과 흙으로 뒤를 채운 것으로 보인다. 1980년과 1985년에 한 발굴 조사에서 나온 쇠로 된 화살촉, 못, 쇠붙이 같은 유물 565점은 국립 광주 박물관이 소장하고 있다.'

나대용 생가의 거북선 모형 전남 나주시 문평면 오룡리 472

굴강(거북선 제작 및 보관 장소)

이순신과 나대용, 전라 좌수영 장졸들의 거북선 건조 모습을 상상하면서 굴강 둘레를 한 바퀴 돈다. 거북선이 출입하는 곳은 건너뛸 수가 없으니 걸음을 멈출 수밖에 없다. 세검정과 군기고 쪽으로 걸음을 옮긴다. 두 건물이 어깨를 맞댄 채 ㄱ자를 이루고 있는 모서리에 대장간 터가 있다. 대장간 터는 빈 땅으로 두었으면 찾기가 어려웠겠지만 단야로(쇠를 달구고 벼리는 아궁이) 시설을 갖춘 작은 건물 한 채를 지어놓아 단숨에 눈에 들어온다.

대장간 앞에 안내판이 서 있다. '물을 모으는 집수구와 쇠를 불에 달구어 벼리는 단야로가 있는 것으로 보아 (이곳은) 무기를 만들고 수리하던 대장간이 있었던 곳으로 추정된다. 집수구의 남쪽 면은 자연 암반층이지만 북쪽 면은 인위적으로 만든 흔적이 있다. 암반의 중심 부분에 직경 10~20m의 자갈들이 있는데 여기서 물이 계속 솟아 나와 지속적으로 물이 공급되어야 하는 단야로를 설치하기에 적합했던 것으로 보인다.'

여수 선소의 대장간

대장간 옆에 세검정과 수군기가 있다. 굴강 쪽으로 바라보고 서 있는 세검정洗劍亭은 집무 및 지휘소 기능을 담당했던 곳으로 추정된다. 터에 남아 있는 주춧돌의 간격으로 보아 세검정은 정면의 크기가 최소 7칸에 길이 15.8m 정도였을 듯하다. 안내판에는 '옆면의 크기는 알 수 없다.'라고 적혀 있다. 지금 건물은 1986년에 맞배지붕11)의 앞면 7칸, 옆면 1칸 규모로 복원한 것이다.

군기고軍器庫 또는 수군기水軍器라는 이름의 무기고는 1980년 선소 1차 발굴 때 세검정과 같이 조사한 뒤 복원한 건물이다. 발굴조사 결과 군기고는 외부의 침입을 막을 수 있도록 주춧돌과 주춧돌 사이 벽체를 토담으로 튼튼하게 쌓은 것으로 확인되었다. 이 건물을 무기 창고로 보는 것은 집터 앞에서 쇠로 된 화살촉, 배 못들이 출토되었기 때문이다. 복원한 건물은 앞면 4칸, 옆면 1칸의 맞배지붕으로 서향이다.

거북선 제조창 유적을 둘러보았으니 이제 실물 거북선을 한번 타볼 일이다. 하지만 안타깝게도 거북선은 남아 있는 것이 없다. 크기마저도 박문수朴文秀가 영조에게 '충무공 이순신의 기록을 보니 귀선의 좌우에 각각 여섯 개의 총 쏘는 구멍을 내었는데 지금은 각각 여덟 개의 구멍을 내었습니다(길이 34m, 너비 10m). 거북선이 종전에 비해 지나치게 커졌으므로 개조하지 않을 수 없습니다.' 하고 아뢴 1751년(영조 27) 2월 21일자 《영조실록》 기사에 근거하여 길이 25.4m, 너비 7.6m로 추정할 뿐이다. 조금 전에 안내판에서 본 해설(굴강은 지름이 42m 정도이며 거북선 2대를 수용할 수 있었다)이 이제야 수긍이 된다.

---

11) **맞배지붕** 가장 간단한 모양의 지붕으로, 집의 앞뒤 양면으로 지붕을 경사지게 낸다. 측면에는 지붕이 없다. **우진각지붕** 건물의 사면에 모두 지붕이 있다. **팔작지붕** 사면의 지붕이 우진각지붕 형태이지만 측면의 상부만 맞배지붕 형태로 만들어진, 가장 복합적이고 완비된 지붕.

여수시 돌산읍 우두리 813-10 유람선 선착장 옆에 「거북선 체험관」이 떠 있다. 체험관의 홍보물에는 '본 거북선은 각종 고증을 참고로 통제영 구선(거북선)과 똑 같은 크기로 건조했고, 선내 구조는 2층으로, 단층은 당시 병사들이 전투하는 모습을 (인형) 130개로 재현했습니다. 천자포 등 전투 장비 14문을 복제 배치하고, 하층은 24칸의 각 선실에 병사들의 생활상을 인형으로 재현했습니다.'라고 적혀 있다. ↗

↗ 이곳 외에 여수 진남관 앞 '이순신 광장'과 경남 남해군 노량 포구 등지에도 거북선 복제품이 있다. 아쉬운 것은, 이들 거북선 모형들이 노군櫓軍에 의승군義僧軍을 전혀 배치하지 않았다는 점이다. 이순신 장군은 1593년 3월 10일 조정에 장계를 보내어 '의승 수군들이 관군들보다 두 배 이상 고생하고 있다.'면서 포상해 줄 것을 요청했다. 의승 수군들의 피땀 어린 노고를 잊지 말자는 뜻에서 나는 지금 충무공의 장계를 여기 소개하고 있다.

옥포 대첩 바다 '옥포 대첩 기념 공원' 이순신 사당에서 바라본 풍경
거제시 옥포동 산1-1

경남 거제 **옥포 대첩지**
조선군의 첫 승리, 전세 역전의 시작

1592년 5월 4일 전라 좌수사 이순신은 조선 수군의 주력 전함인 판옥선板屋船 24척, 보조 군선인 작은 협선挾船 15척, 어선인 포작선鮑作船 46척을 거느리고 경상도 바다를 향해 출발한다. 이순신은 5월 8일에야 선조의 몽진(임금의 피란) 소식을 듣지만, 이때는 이미 일본 침략군에게 수도인 한양이 넘어간 뒤였다(5월 3일). 4월 13일 부산 앞바다를 뒤덮었던 일본군은 불과 20일만에 조선의 국토를 걸빈이나 휩쓸었던 것이다.

전쟁 초기, 조선은 일본에 일방적으로 밀릴 수밖에 없었다. 일본은 100년에 걸친 국내 통일 전쟁을 끝낸 뒤 이웃 나라 공격을 차근차근 준비해온 침략자였고, 조선은 1392년 개국 이래 200년 동안 대규모 전쟁 없이 평화를 누려온 무방비 상태의 피침략자였다. 국왕 선조는 일본군이 상륙한 지 17일 만에(4월 30일) 도성을 버리고 피란길에 오름으로써 자신과 조정이 전쟁에 대해 거의 대비를 하지 않았다는 사실을 상징적으로 증언하였다.

절망과 울분을 불러일으키는 소식들만 계속 들려왔다. 그러나 이순신은 일본군을 제압할 수 있다는 자신감을 가지고 있었다. 이순신의 자신감을 확인할 수 있는 자료 중 가장 시간적으로 앞선 것은 1592년 4월 30일자 장계이다. 이순신은 '적이 우리를 업신여기는 것은 그들을 해전에서 막지 못하고 뭍에 오르도록 두었기 때문'이라면서 '부산과 동래의 수군 장수들이 배를 잘 정비한 뒤 바다에 가득 진을 벌여 위세를 보이면서 상황과 병법에 따라 알맞게 나아가고 물러나 적의 상륙을 막았으면 나라를 욕되게 하는 환란이 오늘 같은 지경에까지 이르지는 않았을 것'이라고 지적했다. 한 마디로, 바다에서 적을 막을 수 있다는 뜻이다.

《난중일기》 1592년 5월 4일자에 보면, 전라 좌수영 수군 본군은 여수를 떠난 이래 평산포(경남 남해군 남면 평산리), 곡포(이동면 화계리), 상주포(상주면 상주리)를 수색하고 미조항(미조면 소재지)으로 갔다. 우척후(오른쪽 정찰 대장) 김인영, 우부장 김득광, 중부장 어영담, 후부장 정운 등은 여수에서 서쪽으로 가서 개도(전남 여수시 화정면)를 수색한 후 역시 미조항에서 합세했다. 전군은 소비포(경남 고성군 하일면 춘암리)에서 전투를 앞둔 첫 밤을 지냈다.

다음 날인 5월 5일에는 당포(경남 통영시 산양읍 삼덕리) 바다에 배를 띄우고 숙박했다. 사흘째인 5월 6일 아침 원균 부대가 당포에 도착했다. 이순신과 원균 사이에는 이곳에서 만나기로 사전에 약속이 되어 있었다.

원균 휘하의 경상도 수군은 판옥선 4척과 협선 2척이 전부였다. 같은 수사인 이순신의 전라 좌수영 수군이 판옥선 24척, 협선 15척, 포작선 46척으로 구성되어 있는 데 비하면 원균이 이끌고 온 병력은 수사의 군대 규모가 아니라 첨사나 만호의 군대에 지나지 않는 수준이었다.12) 하지만 부산 앞바다를 지켜야 할 1차 책임자인 경상 좌수사 박홍이 수영성을 버리고 멀리 경상북도 영주 죽령 아래까지 도망간 데 견주면, 비록 몇 척의 전함밖에 가지고 있지 않았지만 자신의 관할 구역 내에 머물러 있다가 수군 연합 전투에 참여한 원균은 상대적으로 전투 의욕을 지녔던 장수로 평가할 수 있을 것이다.

이와 관련, 이순신의 4월 30일자 장계(「부원 경상도 장赴援慶尙道狀」)에 눈여겨 볼 내용이 있다. 이순신은 '4월 29일 정오 무렵에 경상 수사(원균)의 공문이 왔는데, "왜적의 배 500여 척이 부산·김해·양산천(낙동강 지류)·명지도(부산시 강서구 명지동) 등 여러 곳에

---

12) 이순신은 조정에 보낸 「옥포 파왜병 장玉浦破倭兵狀(옥포에서 왜적을 쳐부순 보고서)」에서 '5월 6일 아침 진시(8시경)에 원균이 경상우도 경내인 한산도에서 왔는데, 전선 한 척만 가지고 왔습니다. 그때 경상우도의 장수들인 남해 현령 기효근, 미조항 첨사 김승룡, 평산포 권관 김축 등이 판옥선에 함께 타고 왔습니다. 사량 만호 이여념, 소비포 권관 이영남 등은 각각 협선을 타고, 영등포 만호 우치적, 지세포 만호 한백록, 옥포 만호 이운룡 등은 판옥선 두 척에 나누어 타고 5일과 6일에 연이어 도착했습니다. 두 도(경상도·전라도)의 장수들을 한 자리에 모아 두 번 세 번 거듭하여 작전을 지시한 후 거제도 송미포 앞바다까지 갔는데 날이 저물었습니다. 그래서 그곳에서 밤을 보냈습니다.'라고 옥포 해전 하루 전의 상황을 보고하고 있다.

정박한 후 뭍으로 올라와 제멋대로 날뛰고 있소. 해안의 우리 병영(육군 지역 본부)과 수영(수군 지역 본부)들은 거의 적의 손에 떨어졌고, 성들도 함락되었으며, 봉화까지 끊겼으니 분할 따름이오. 본도(경상 우수영)의 수군을 출동시켜 적선 10여 척을 불태웠으나 적병은 나날이 늘어나고 우리는 수가 적어 대적을 할 수가 없소. 본영(경상 우수영) 역시 이미 함락되고 말았소. 그러나 양 도(경상도·전라도)의 수군이 힘을 합쳐 적을 치면 뭍으로 올라간 적들도 뒤를 돌아보아야 하는 걱정에 사로잡힐 것이오. 귀 도(전라도)의 전선들을 남김없이 거느리고 당포 앞바다로 달려오면 좋겠소."라고 하였습니다. (중략) 신은 수군의 여러 장수들을 데리고 오늘 4월 30일 인시(새벽 4시)에 출발할 계획입니다.' 하고 보고했다.

1592년 5월 7일 임란 당시 조선군이 처음으로 승리한 옥포 바다

이순신의 장계에 나오는 '적선 10여 척을 불태웠다'는 원균의 말이 주목을 끈다. 원균의 공문은 4월 29일 이순신에게 도착했으므로 경상 우수영 수군이 일본 전함을 쳐부순 때는 그보다 이전이다. 조선군이 임진왜란 발발 이후 처음으로 승리를 거둔 것으로 공인되는 5월 7일 옥포 해전보다 대략 10일 전에 원균이 전승을 기록했다?

이 대목은 두 가지 점에서 궁금증을 불러일으킨다. 하나는 김인호의 《원균 평전》이 지적한 것으로, 원균이 4월 29일 이전에 불태운 적선 10척의 실상에 관한 의문이다. 김인호는 '일본군이 침략한 4월에 이미 원균 경상 우수사가 10척 정도의 일본 군함을 분멸焚滅(불태워 없앰)한 기록은, 초기 전투 상황이라 정확한 사정을 파악하기 어렵지만, 10척 정도의 적 수송선이나 세키부네(일본의 중간 전함)를 물리친 사건으로 정리할 수 있다.'라고 기술하였다.

이순신 사당 옥포 대첩 기념 공원 입구

김인호의 견해 중 '10척 정도의 세키부네를 물리친 사건' 부분은 다시 짚어보아야 할 듯하다. 70~80명 정도가 타는 관선關船(세키부네)은 125명 안팎이 승선하는 조선 수군의 주력 판옥선에 비해 크기는 작아도 속도가 빠른, 일본 수군의 주력 전함이다. 원균이 그런 적선을 10척이나, 그것도 연전연패를 거듭하던 전쟁 초기에 부수었다면 임진왜란 발발 당시는 말할 것도 없고 후세의 기록에서도 크게 칭찬을 받았을 터이다. 즉, '10척 정도의 세키부네를 물리친 사건'으로 보기는 어렵다.

그렇다고 원균이 이순신에게 허위 사실을 말했다고 단정할 일은 아니다. 옥포 해전 기록이 실려 있지 않은 《난중일기》를 통해서는 알 수 없지만 이순신은 옥포 승전 후 조정에 보낸 「옥포玉浦 파왜병破倭兵 장狀」에 '5월 6일 아침 진시(오전 8시경)에 원균이 경상우도 경내인 한산도에서 단 한 척의 전선을 타고 왔습니다. 소신은 원균에게 적선의 수와 정박해 있는 곳, 그리고 접전한 과정을 자세히 물었습니다.'라고 적고 있다. 이순신이 원균의 말을 거짓으로 여겼거나 의심한 듯 여겨지는 표현이 아니다. 그런 점에서, 원균이 불태웠다는 적선은 30명 정도가 타는 소조小早(고바야)이거나 김인호의 분석처럼 '수송선'이었을 가능성이 높다.

다른 하나는, '원균이 우수영을 불태우고 바다로 나가서 배 한 척만 보존하였다. 지금 배 한 척만 타고 사천 포구에 붙어 있는데 노 젓는 격군만 수십 명이고 군사들은 한 명도 없다.'라는 김성일의 보고서에 관한 의문이다. 보고서는 《선조실록》 1592년 6월 28일자에 실려 있다. 하지만 김성일이 말하는 '지금'은 5월 7일의 옥포 해전은 물론 4월 19일보다도 이전이다.[13]

---

13) 김성일의 장계에 '수사(경상 우수사 원균)가 지난 4월 19일 고성 성 안으로 들어가서 지낼 요량으로 배를 고을 근처에 대었다가 (중략) 결국 들어가지 못했습니다. 지금 들으니, 수사가 전라도 수사(이순신)와 약속하여 가까운 앞날에 왜적의 배를 쳐부수기로 약속했다고 합니다.'라는 부분이 있다.

임진왜란 당시
조선이 첫 승리를 거둔
옥포 바다를
바라보고 있는
옥포 대첩 기념비

군사도 한 명 없고, 배도 한 척뿐인 원균이 적선을 10척이나 부술 수는 없다. 김성일의 장계 역시 원균이 이순신에게 허위를 말한 것이 아니라면, 전쟁 초기의 부정적 상황을 지나치게 강조한 보고서로 보인다.

전라 좌수영 전함이 경상도 바다로 나아가고 있던 그 무렵, 이순신을 비롯한 수군 장수들은 한양이 적에게 넘어간 줄 알지 못했다. 물론 국왕 선조가 이미 개성을 지나 평양에 머무르고 있었다는 사실도 몰랐다. 그들은 왜적이 지금 한양을 향해 진격 중이라고만 알고 있었다. 가등청정이 한양에 들어간 날이자 전라 좌수군이 출발하기 바로 전날인 5월 3일 정운이 이순신에게 '왜적이 점점 서울 가까이 다가가고 있으니 분하기 짝이 없습니다.'라며 빨리 전함을 몰고 경상도 바다로 나아가자고 재촉한 것도 그 때문이었다.
그들은 개전 초 부산 일원의 패배, 중앙 관군이 처음으로 참전했던 4월 25일 상주 북천 전투의 참패, 조선군 최고위 장군 신립이 4월 28일 충주 탄금대에 배수진을 쳤다가 본인도 자결하고 군사들도 모두 죽거나 흩어졌다는 사실 등만 듣고 있었다.
선조가 평양으로 들어산 5월 7일, 이순신을 중심으로 한 연합수군은 정오 무렵 옥포에 닿았다. 옥포에는 일본 전함 50여 척이 정박해 있었다. 이제 이순신과 그 수하 장졸들은 일본군과 최초의 전투를 벌이게 된다.
「옥포 파왜병 장」에 밝혀져 있듯이 이순신은 원균으로부터 접전 경험담을 들었다. 또 2월 22일자 《난중일기》에 '대포 쏘는 것을 보느라 촛불을 한참 동안 밝혀 두었다.'라고 기록했을 정도로 진작부터 화포 사격 훈련을 해온 이순신이었다. 하지만 실제 전투는 처음이다. 이순신도 내색은 하지 않았지만 마음으로는 무척 긴장이 되었을 터이다. 특히 병사들은 더 말할 것도 없다. 이경석은 《임진전란사》에 '군사들이 겁을 내었다.'라고 기록하고 있다.

조선 연합 수군의 1차 출전 결과는 어떻게 될까? 5월 7일의 옥포·합포 해전과 5월 8일의 적진포 해전이 끝난 후 이순신이 보낸 장계를 통해 일본군과 싸운 첫 전투의 전말을 알아본다.

선봉을 맡아 달려 나갔던 사도 첨사 김완, 여도 권관 김인영 등이 신기전을 쏘아 적선 발견 신호를 보내왔다. 이순신은 '함부로 움직이지 말고 태산같이 무겁게 행동하라!'는 지시를 내린 뒤 옥포 포구로 들어갔다. 옥포 선창에는 등당고호藤堂高虎(도도 다카토라)가 이끄는 50여 척의 왜선들이 여기저기 정박해 있었다. 일본군들은 배에서 내려 노략질을 하느라 여념이 없었고, 마을 곳곳에 불을 지른 탓에 지붕을 흘러넘친 화염이 바다까지 뒤덮고 있었다.

옥포 해전 용사들의 전투 의지를 형상화한 옥포대첩기념탑 앞 조형물

일본 전함들은 한마디로 요란했다. 큰 배는 갖가지 무늬로 수를 놓은 비단 휘장을 사방에 둘렀고, 휘장 주변에 대나무 막대기를 꽂고 있었다. 또 펄럭이는 천과 움직이는 등처럼 생긴 붉고 흰 깃발들을 어지럽게 많이 매달아 놓아 눈이 혼란스러울 지경이었다.

'(하지만 아군도 왜적과 처음 치르는 전투였다.) 군사들이 겁을 내어 망설이자 후부장 정운이 북을 치면서 가장 앞서 적을 향해 배를 몰아 세웠다. 그러자 다른 배들도 서로 뒤지 않으려고 앞을 다투게 되었다.(이경석 《임진 전란사》)'

왜적들은 갑자기 들이닥친 아군 전함들을 보고 당황해서 어쩔 줄을 몰랐다. 적들은 아우성을 치면서 제각각 노를 저어 산기슭 아래 해안선을 타고 달아나기 시작했다. 그들은 감히 바다 가운데로 달려 나와 아군에 대적할 용기를 내지 못했다. 조선 수군의 기습이 너무나 벽력같았기 때문이다. 적선 중 여섯 척이 그나마 조총을 쏘면서 저항했지만 사정거리가 100m 정도에 지나지 않아 200m를 훌쩍 넘는 조선 대포에는 상대가 되지 않았다.

아군은 적을 양쪽으로 에워싸면서 천둥처럼 대포를 발사하고 바람처럼 활을 쏘았다. 적들도 조총과 화살을 쏘아댔다. 적의 저항은 그리 오래가지 못했다. 적들은 배에 싣고 있던 물건들을 바나에 내던졌다. 아군에게 빼앗기느니 물에 집어넣는 것이 낫다고 생각했을 것이다.

화살에 맞은 놈, 바다로 뛰어들어 헤엄쳐 달아나는 놈 등 그 수를 미처 헤아릴 수가 없었다. 적들은 한꺼번에 무너져 각각 바위 언덕으로 기어서 올라갔는데, 서로 뒤질까 봐 두려워하는 듯이 보일 정도였다. 아군의 장수들은 군사들과 함께 왜적의 전선들을 무참하게 격침시켰다.

좌부장 낙안 군수 신호 : 큰 배 한 척 격파
우부장 보성 군수 김득광 : 큰 배 한 척 격파

전부장 흥양 현감 배흥립 : 큰 배 두 척 격파
후부장 녹도 만호 정운 : 중간 배 두 척 격파
중부장 광양 현감 어영담 : 중간 배와 작은 배 각 두 척 격파
중위장 방답 첨사 이순신 : 큰 배 한 척 격파
좌척후장 여도 권관 김인영 : 중간 배 한 척 격파
우척후장 사도 첨사 김완 : 큰 배 한 척 격파
좌부기전통장 순천 대장 유섭 : 큰 배 한 척 격파
우부기전통장 보인14) 이춘 : 중간 배 한 척 격파
유군장 발포 가장 나대용 : 큰 배 두 척 격파
한후장 군관 급제 최대성 : 큰 배 한 척 격파
참퇴장 군관 급제 배응록 : 큰 배 한 척 격파
돌격장 군관 이언량 : 큰 배 한 척 격파
군관 변존서, 전 봉사 김효성 : 큰 배 한 척 격파
경상도 수군 : 큰 배 다섯 척 격파15)

적선을 부수어 물속에 집어넣은 것만도 스물여섯 척이나 되었다. 온 바다가 불꽃과 연기로 뒤덮였다.

적들은 모두 산으로 달아났다. 이순신은 각 배에서 특히 활을 잘 쏘고 용맹한 군사들을 뽑아 산으로 보낼까 하고 생각했다. 그러나 거제도가 적의 소굴이라는 점, 섬 전체가 산이 험악하고 나무가 울창하여 우리 추격 군사들이 발을 붙이기 어렵다는 점, 명사수들을 섬에 올려 보낸 틈을 타 자칫 적들이 배를 기습할 수도 있다는 점 등을 고려하여 그만두었다. 게다가 날도 점점 저물어가고 있었다.

---

14) 보인은 군인이 아니라 군대를 후원하는 민간인이다. 보인 이춘이 옥포 해전에서, 보인 김봉수와 유배 생활 중이던 주몽룡이 적진포 해전에서, 역시 귀양살이 중이던 이응화가 합포 해전에서 공을 세운 것은 전투 능력이 있는 사람이면 누구든지 이순신이 해전에 참전시켰다는 사실을 알게 해준다.

15) 36척(판옥선 24, 협선 15)의 전라 수군이 적선 21척, 6척(판옥선 4, 협선 2)의 경상 수군이 적선 5척을 격파했다. 경상 수군도 선전했음을 알 수 있다.

이순신은 옥포에서 나와 영등포(거제시 장목면 구영리) 앞바다로 전선들을 옮겼다. 이순신은 군사들을 시켜 나무와 물을 구하는 등 밤을 보낼 준비에 들어갔다. 그때(오후 4시) 그리 멀지 않은 바다에 적의 큰 배 다섯 척이 지나가고 있다는 척후의 보고가 들어왔다.

아군은 급히 추격했다. 합포(경남 마산) 앞바다로 도주한 적은 배를 버리고 뭍으로 도망쳤다. 사도 첨사 김완, 방답 첨사 이순신, 광양 현감 어영담이 각각 큰 배를 한 척씩 깨뜨렸고, 방답에서 귀양살이 중인 전 첨사 이응화도 작은 배 한 척을 격파했다. 군관 변존서, 송희립, 김효성, 이설도 힘을 합쳐 큰 배 한 척을 부수었다. 적선 다섯 척을 남김없이 모두 깨뜨려 불태워버린 연합 수군은 남포(창원시 구산면 난포리) 앞바다로 내려와 진을 치고 밤을 보냈다.

옥포 대첩 기념탑
옥포대첩기념공원

옥포 앞바다를 바라보며 서 있는 **옥포루**

　다음날 8일 이른 아침, 진해 고리량(창원시 구산면 구복리 앞바다)에 왜적의 전함이 정박해 있다는 보고가 들어왔다. 아군은 즉시 출동하여 고리량 일원의 섬들을 수색했다. 적선을 발견하지 못한 아군은 돼지섬이라 불리는 저도를 지나 적진포16)까지 갔다. 적선들이 새벽에 고리량에 있었다면 그리 멀리 가지는 못했을 것이다. 아니나 다를까, 적진포 어귀에 13척의 크고 작은 일본 전선이 정박해 있었다. 왜적들은 그곳에서도 노략질 중이었는데, 아군 전선의 규모를 보고는 겁을 먹고 산으로 도망쳤다.

---

　16) 적진포의 위치에 대해서는 경남 고성군 거류면 화당리, 당동리, 신용리, 동해면 내산리 등 여러 견해가 있다.

낙안 군수 신호, 순천 대장 유섭 : 큰 배 한 척
신호 예하의 급제 박영남, 보인 김봉수 : 큰 배 한 척
보성 군수 김득광 : 큰 배 한 척
방답 첨사 이순신 : 큰 배 한 척
녹도 만호 정운 : 큰 배 한 척
사도 첨사 김완 : 큰 배 한 척
군관 이봉수 : 큰 배 한 척
군관 송희립, 전 봉사 이설 : 큰 배 두 척
귀양살이 중이던 전 봉사 주몽룡 : 중간 배 한 척
군관 송한련 : 중간 배 한 척

완벽하게 적을 격파한 후 그제야 아침밥을 먹게 되었다. 그때 왜적에게 포로로 잡혀갔다가 돌아온 향화인向化人 이신동李信同이 우리 수군을 발견하고는 어린 아이를 등에 업은 채 울부짖으면서 산에서 내려왔다. 이순신은 협선을 보내어 이신동을 대장선으로 실어 왔다. 이순신이 직접 그에게 일본군들의 소행에 대해 물었다.

"네가 겪은 일을 말해보아라."

이신동이 눈물을 멈추지 못하는 채로 횡설수설을 하듯이 말했다.

"왜석들이 어제 석진포로 몰려 왔습니다. 적들은 민가에서 닥치는 대로 재물을 빼앗아서는 소와 말로 자기들 배에 옮겨 실었습니다. 그리고는 초저녁부터 소를 잡아 술을 마시고 노래를 부르고 피리를 불렀습니다. 모두 우리나라 노래였습니다(조선인으로서 일본군에 붙은 사람이 많았다는 뜻). 오늘 아침이 밝자 적들은 반은 남아서 배를 지키고, 다른 반은 뭍으로 올라와 고성 쪽으로 갔습니다. 소인의 늙은 어미와 처자식들은 적이 나타났을 때 그만 놀라서 숨을 곳을 잃었는데, 그 후 어디로 갔는지 모릅니다."

이순신은 그가 다시 포로로 끌려갈까 걱정이 되었다.

"우리가 너를 지켜주겠다. 너는 배에 타고 따라 가자."

이신동이 대답했다.

옥포 해전에서 충무공이 사용한 전술은 **충남 아산 현충사 '충무공 이순신 기념관'**의 게시물 「조선 수군의 전술」을 떠올리게 한다. '조선 수군은 돌격선인 거북선을 앞세워 일본군 함대 속으로 돌격하여 적진을 교란시키고, 이어 판옥선에서 총통과 활로 적선을 공격하였다. 조선 수군의 원거리 포격 전술로 인하여 상대의 배 위로 뛰어올라 백병전을 벌이는 일본 수군의 전법은 힘을 발휘할 수 없었다.'

옥포 해전에는 거북선이 사용되지 않았다. 거북선이 처음 전투에 출현한 것은 5월 29일 사천 해전 때였다. 「옥포 파왜병 장」에 거북선 이야기가 등장하지 않는 것도 그래서이다.

따라서 이순신은 「옥포 파왜병 장」의 옥포 전투 첫 장면을 '아군은 적을 양쪽으로 에워싸면서 천둥처럼 대포를 발사하고 바람처럼 활을 쏘았다. 적들도 조총과 화살을 쏘아댔다. (적의 조총은 사정거리가 100m밖에 안 되고 아군의 화포는 200m가 넘었기 때문에) 적의 저항은 그리 오래가지 못했다.'라고 기록했다.

「조선 수군의 전술」이 설명한 것처럼 조선 수군은 일본군보다 월등히 우수한 화포를 멀리서부터 쏘아 적선을 공격한 다음, 적이 우왕좌왕할 때 견고하고 무거운 판옥선을 몰고 가 가볍고 허약한 일본의 주력 전선 관선關船(세키부네)와 대장선 안택선安宅船(아다카부네)을 들이박아撞 부수어버리는破 전술로 싸웠다. 그런데 「옥포 파왜병 장」에는 당파撞破에 관한 언급이 없다. 옥포, 합포, 적진포에서는 거의 정박해 있던 중 아군의 기습을 받은 일본 전선들이 도망가느라 경황이 없어 아군 판옥선이 들이박을 일도 없었던 듯하다.

"장군의 은혜를 어찌 갚겠습니까. 다만 노모와 처자를 찾아야 하니 따뜻하신 마음을 따를 수가 없을 뿐입니다."

이신동이 줄곧 울면서 배에서 내려 뭍으로 돌아갔다. 이 광경을 보던 장졸들은 가슴에 한결같이 분한 마음이 치밀어 올라 당장 부산, 가덕, 천성17) 등지의 왜적들을 섬멸하러 가자고 외쳤다.

오히려 이순신이 말려야 할 만큼 장졸들의 기세는 드높았다. 하지만 적들이 머물러 있는 곳들은 모두 지형이 좁고 바닷물이 얕아 판옥선 같은 큰 배로 싸우기에는 매우 어려운 곳이다. 전라 우수사 이억기의 수군도 아직 도착하지 않았다. 전라 좌수영의 군사들과 전함만으로 적진 깊숙한 곳까지 쳐들어가는 것은 너무나 위험하다. 이순신은 원균과 더불어 좋은 계책을 내어 나라의 치욕을 씻고자 마주 앉았다.

그때 선조가 4월 30일 한양을 떠나 북서쪽으로 피란을 떠났고 한양은 적의 손에 넘어갔다는 공문이 왔다. 놀랍고 분하고 원통한 느낌에 기분에 장졸들은 간장이 찢어질 지경이 되었고, 서로 붙잡고 우느라 군영 안이 온통 수라장이 되었다. 더 이상 전술 회의를 여는 일은 불가능해졌고, 장수와 병사들의 사기도 땅에 떨어졌다.

전라 좌수군은 (좌수영을 출발한 지 엿새만인 5월 9일) 여수로 회항했다. 이순신은 장수들에게 적의 침입에 대비할 수 있도록 전함들을 더욱 잘 정비하여 바다 어귀에 배치하라고 엄중히 지시한 후 진(군대의 전투형 편성)을 파하였다.

---

17) 부산에서 거제도로 들어가기 위해서는 해저 터널을 지난다. 해저 터널 입구 오른쪽에 '가덕 해양파크 휴게소'가 있다. 이곳 지명은 '천수말'로, 오른쪽에 천성항이 있는 만을 끼고 있다. 천성항에서 250m 뒤편에 1544년(중종 39) 축성된 천성진성 성곽 흔적이 약 100m가량 남아 있다. 부산시 기념물 34호인 천성진성은 '가덕도 왜성'이 아니다. 가덕도 왜성의 흔적은 가덕도 바로 북쪽의 작은 섬 눌차도에 남아 있다. 주소는 눌차동 735번지로, 가덕도와 방조제로 이어져 있어 차량으로 답사가 가능하다.

옥포 해전의 승리에는 어떤 의의가 있었을까? '옥포 해전의 전승이야말로 조선 수군으로 하여금 적을 능히 제압할 수 있다는 확신감을 갖게 해준 중요한 일전이었다. 양측의 수군 전력이 노출된 서전에서 대승을 거두었다는 사실은 곧 조선 측의 전력이 상대적으로 우위에 있었음을 말해준다. 반면에 일본 측은 초전에 패전한 충격으로 인해 크게 전의가 손상되었음은 물론 그에 대한 심리적 부담이 그 후의 작전에도 적지 않은 영향을 주었을 것이 분명하다. (국사편찬위원회 《신편 한국사》)'

'1차 출동(옥포·합포·적진포)의 승리는 심리적 파급 효과도 컸다. 조선 수군의 승리는 조선 수군만의 승리가 아니었다. 조선의 육군은 물론이고 민초에게 희망을 가져다 준 승리였다. 육군의 어이 없는 참패로 패배감에 젖어 있던 조선은 해전의

옥포 대첩 기념관

승리로 자신감을 회복하고 항전의 결의를 불태웠다. 성공적인 1차 출동이 가져다준 심리적 자신감은 점차 곽재우 등이 조직하는 의병대 활동의 확산으로 이어졌다.(김태훈 《그러나 이순신이 있었다》)'

임진왜란 7년 전쟁사에서 조선군 최초의 승리라는 역사적 의의를 가지는 옥포 대첩! 과연 그 이름답게 경남 거제시 옥포동 산 1-1에는 기념관, 이순신 사당, 기념탑, 참배단, 옥포루 등 내용성과 구경거리를 두루 갖춘 '옥포 대첩 기념 공원'이 조성되어 있다. 공원에서는 해마다 6월 16일(음력 5월 7일)을 전후하여 사흘 동안 성대한 '옥포 대첩 기념 제전'도 열린다.

공원을 찾으면 기념관이 가장 먼저 답사자를 맞이한다. 기념관의 작은 홍보물「옥포 대첩 기념 공원」부터 읽어본다. 홍보물은 '옥포 대첩 개요', '옥포 대첩 의의', '성웅 이순신' 해설에 각 한 면씩을 할애하고, 그 외 입장 요금(어른 1,000원, 청소년·군인 600원, 어린이 400원, 단체 약 20% 할인), 관람 시간(09:00-18:00), 정기 휴관 안내 (매 월요일, 월요일이 공휴일 또는 연휴인 경우 그 다음날, 추석과 설날 당일), 전화(055-639-8240) 등을 싣고 있다. '옥포 대첩 개요'부터 본다.

> 옥포 대첩은 무방비 상태의 조선이 일본의 수군을 맞아 벌인 최초의 전투이자 승전이다.
> 옥포만은 지형이 복잡한 거제도의 동쪽에 위치한 소규모 어항으로 임진왜란 이후 '구국의 고장'으로 자리했다. 당시 이순신을 위시한 우리 수군이 옥포에서 큰 승리를 거둔 것은 장비나 실전 경험의 우수성에서 비롯된 것이 아니다. 조정은 왜구[18])에 대한 방비를 전혀 세우지 못한 채 당파 싸움으로 혼란스러웠으며, 무기 또한 왜구의 조총에 대적할 만한 것이 조선에는 없었다.
> 그러나 우리 수군은 어려운 상황임에도 '나라를 반드시 지켜야 한다.'는 애국 애족의 충무 정신으로 일치단결하여 전투에 임하였다. 특히 옥포 대첩은 왜군의 통신 및 보급로를 차단해 왜군의 육상 전진을 저지했으며, 아군의 사기 진작에도 기여한 바가 크다.

---

18) 임진왜란 관련 글에서 '왜구'라는 어휘를 사용하면 일본이 명분도 없이 조선을 침략한 데 대한 우리의 감정을 적극적으로 밝힌 표현이 된다. 그러나 일본 출신 해적을 지칭하는 왜구는 임진왜란 때 쳐들어온 적이 해적이 아니라 일본 정규군이라는 사실을 나타내지 못한다. 《삼국사기》 문무왕 10년 (670) 기록에 '왜국이 일본으로 나라 이름을 바꾸었다.'라는 대목이 있다.

이어서 '옥포 대첩 의의'를 읽는다. 한 면 가득 글자가 빼곡하다.

임진년(1592) 4월 14일 부산포에 침입한 왜적은 상주, 충주를 거쳐 5월 2일에는 마침내 서울을 점거하고, 6월 13일에 평양에 이르면서 전국 곳곳에서 살인과 방화와 약탈을 자행하고 있었다.

이때 경상 우수사 원균이 율포 만호 이영남을 전라 좌수사 이순신에게 보내어 구원을 요청하였다. 4월 29일 구원 요청을 받은 이순신 장군은 전라좌도는 경상도와 더불어 일해상접一海相接(하나의 바다로 이어진) 요새라는 명석한 판단으로 출전을 결단, 5월 4일 축시(새벽 1시~3시)에 판옥선 24척, 협선 15척, 포작선 46척을 거느리고 (전남 여수) 전라 좌수영을 출발하여 경상도로 향하였다.

소비포(경남 고성군 하일면 춘암리) 앞바다에 이르러 날이 저물어 하룻밤을 지낸 다음날 5월 5일 새벽 전 함대를 지휘하여 원균과 만나기로 약속한 당포(경남 통영시 산양읍 삼덕리)로 향하였다. 5일 밤을 당포 앞바다에서 보내고 6일 아침에야 전선 1척을 타고 도착한 원균을 만나 왜적의 정세를 상세히 듣고 남해 현령과 경상도의 진장鎭將(바닷가 주둔 군대의 지휘관)들의 전선 6척을 증강 편성하고 거제도 남단을 거쳐 송미포(거제시 남부면 다대리) 앞바다에 이르러 밤을 지냈다.

7일 새벽에는 일제히 송미포를 출발, 왜적이 머무르고 있는 천성(부산시 강서구 천성동)과 가덕도를 향하였다. 오시(오전 11시~오후 1시) 경, 이윽고 이들 91척의 함대가 옥포 앞바다에 이르렀을 때 이순신 장군이 타고 있던 판옥선에 전방의 척후선(정찰선)으로부터 옥포 선창에 적선이 있음을 알리는 (신호로 쏜 화살) 신기전이 날아들었다.

> 이순신 장군은 여러 장병들에게 적선의 발견을 알림과 동시에 전열을 가다듬고 준엄한 목소리로 '가볍게 움직이지 말라. 태산같이 침착하게 행동하라!'는 주의와 함께 공격 개시의 군령을 내렸다. 맹렬한 공격으로 옥포 선창에 정박해 있던 적선 50여 척 중 26척이 격파되니 한창 강성하던 적의 기세가 한순간에 무너졌다. 바로 이것이 옥포 대첩이요, 구국의 대첩이었다.

「옥포 대첩 기념 공원」을 편 채 답사 순서를 짠다. 가장 먼저 기념관부터 둘러보아야 하는 것은 굳이 말할 필요도 없다. 그 후 기념관 왼쪽의 홍살문 아래를 지나 사당을 참배한다.

사당을 둘러싼 담장의 오른쪽에 작은 문이 보인다. 그 협문을 지나면 옥포루, 기념탑, 참배단으로 가는 길이 이어진다. 걷는다. 길의 처음은 솔숲 오솔길이다. 100m가량 느긋이 솔향을 맡으니 이내 포장된 도로가 기다리고 있다. 오른쪽으로 내려가면 기념관 앞 주차장으로 가게 된다. 왼쪽으로 접어든다. 다시 작은 주차장이 나타난다. 이곳까지 자동차를 몰고 올라와서는 안 될 것이다.

언덕을 오르니 옥포루가 바다를 바라보며 서 있다. 누각들에는 흔히 올라가지 말라는 안내판이 놓여 있는데 이곳에는 없다. 누각 2층 마루에 올라 옥포 바다를 바라보는 즐거움을 막는다면 누군들 좋아할까. 특히 이곳은 이순신이 이끄는 연합 수군이 임진왜란 때 처음으로 일본 침략군을 무찌른 민족사의 위대한 옥포 바다가 아닌가.

누각에 올라 멀리 바다를 바라본다. 아, 장승포 쪽 돌출한 곳을 돌아 기세를 떨치며 옥포 앞바다로 들어서는 1592년 5월 7일의 조선 수군이 눈에 들어온다. 판옥선들이 장쾌하게 바다를 가르고 있다. 깃발들이 펄럭인다. 우리 수군들의 숨소리도 들리는 듯하다.

드디어 「옥포 대첩 기념탑」으로 간다. 사진에서 많이 본 웅대한 탑이다. 높이가 무려 30m! 까마득하여 사진을 찍기가 어려울 지경이다.

불교에서 탑은 법당 건물을 짓고 그 안에 불상을 모시기 전까지 소박한 기도처였다. 지금도 본당 뜰에 탑이 세워져 있고, 불자들이 불상에 이르기 전에 탑 앞에서 잠시 합장을 하는 것은 그 때문이다. 마찬가지 이유로, 나는 「옥포 대첩 기념탑」 앞에서 잠깐 묵념을 한다. 기념탑 뒤에 참배단이 별도로 만들어져 있지만 탑을 어찌 그냥 지나칠 수 있을까.

참배단 벽에는 '勿令妄動물령망동 靜重如山정중여산' 여덟 한자가 새겨져 있다. 물론 한글로 뜻도 새겨놓았다. 당연한 일이다. 1592년 5월 7일 옥포 앞바다로 진군하면서 이순신 장군이 했던 '말씀'이기 때문이다.

"가볍게 움직이지 마라. 침착하게, 태산같이 무겁게 행동하라!"

가볍게 움직이지 마라……

침착하게, 태산같이 무겁게 행동하라…….

참배를 하면서 이순신 장군의 목소리를 듣는다. 가볍게 움직이지 마라……. 침착하게, 태산같이 무겁게 행동하라……. 나는 과연 지금껏 살면서 침착하게, 태산같이 무겁게 행동했던가. 가볍게 움직인 것이 대부분은 아니었던가…….

고개가 무겁다.

참배단

[참고 자료] 임진왜란 발발 초 전황과 이순신의 경상도 출전
- 국사편찬위원회 《신편 한국사》

임진왜란이 일어났을 당시 경상·전라도의 수군은 경상 좌수사 박홍·경상 우수사 원균·전라 좌수사 이순신·전라 우수사 이억기에게 그 지휘권이 맡겨져 있었다. 그런데 일본군이 부산진 앞바다에 쳐들어왔을 때 적의 선단을 요격했어야 할 경상 좌수사 박홍이 스스로 성을 버리고 달아나버림으로써 경상 좌수군은 자멸하였고, 경상 우수사 원균은 적과 싸웠으나 수영이 함락되고 얼마 되지 않은 병력과 전선을 보유하고 있었다.

부산 수영성 남문
성주 박홍은 전투 한 번 하지 않고 성을 일본군에게 바쳤지만 성문 앞 좌우의 조선견 두 마리는 오늘도 왜적을 지키고 있다.

경상 우수사로부터 전라 좌수영에 왜란의 급보가 전해진 것은 일본군이 침공한 지 2일 후였고, 그로부터 20일 후인 5월 4일 이순신 휘하의 전라 좌수군이 경상도로 출동하기에 이르렀다. 이들의

출동이 지체된 까닭은 정확한 정보를 얻지 못했다는 점과 경상도의 바닷길에 어두웠으며 도망병이 나오는 등 병사들의 사기가 떨어져 있었기 때문으로 보인다.

어떻든 경상 좌수군이 자멸한 후 영남 해역에서는 경상 우수군 단독으로 일본 수군과 맞서 싸우면서 다른 한편으로는 전라 좌수영에 원군 요청을 거듭하였다. 그러나 이순신은 위와 같은 몇 가지 난점 때문에 경상 우수군의 구원 요청을 즉각 받아들이지 않아서 좀 더 일찍 영남 해역에 출전하지 못하였고, 이는 이후 원균과의 불화를 조성하게 된 불씨가 되었다.

출동하기 이틀 전인 5월 2일까지만 하더라도 전라 좌수군은 경상도 해역에 출전하려는 분명한 뜻을 갖고 있지 못하였다. 그러다가 5월 4일 출전을 결행한 것은 녹도 만호 정운·방답 첨사 이순신·흥양 현감 배흥립·흥양 출신의 군관 송희립 등이 결사적으로 싸울 것을 다짐하면서 급히 출동할 것을 주장하였기 때문이다. 5월 1일 관내의 장수들이 영내 진해루에 회동하였을 때 방답 첨사·흥양 현감·녹도 만호 등은 그들의 결의를 수사 이순신에게 개진하였다.

그리고 일부 장수들이 영남 구원을 반대하고 나섰을 때 군관 송희립은 그 부당성을 논하여, '영남은 우리 땅이 아닌가. 적을 치는 데 있어서는 전라도·경상도에 차이가 없으니 먼저 적의 선봉을 꺾어 놓게 되면 전라도 또한 자연히 보전될 수 있을 것'임을 역설하였다.

출동 여부를 놓고 최후로 이순신과의 면담을 요청한 이는 녹도 만호 정운이었다. 그는 5월 3일 이순신에게 말하기를, '전라 우수군은 오지 않고 있는데 적의 세력은 이미 서울까지 박두하였으니 더없이 통분함을 이길 수 없다. 만일 (해전에서도 제해권 장악의) 기회를 잃게 되면 뒷날 후회해도 돌이킬 수 없을 것'이라고 하여 즉각 출전하는 것만이 최선책임을 강조하였다.

정운과의 면담 직후 영남 해역에 진군할 것을 결심한 이순신은 곧바로 중위장 이순신을 불러 다음날 새벽에 출진할 것을 명령하였다.

이렇게 볼 때 전라 좌수사 이순신이 과감하게 경상도 해역에 출동할 수 있었던 것은 그의 휘하 장수들의 적극적인 전의戰意에서 비롯되었음을 알 수 있다.

배흥립 정려 경북 김천 조마면 신안리

순천 부사 권준·방답 첨사 이순신·광양 현감 어영담·흥양 현감 배흥립·녹도 만호 정운 등은 이순신이 토로하였듯이 그가 특별히 믿어 같이 죽기를 기약하며 매사를 함께 의논하고 계획한 조선 수군의 중추적 인물들이었다. 따라서 전라 좌수군 지휘부에 이와 같은 의기의 장수들이 있었기 때문에 이후 조선 수군의 승첩과 제해권 장악도 가능케 되었다고 할 수 있다.

[참고 자료] 전쟁 초기 유적이 즐비한 부산

1591년 3월 1일, 일본에 갔던 통신사 일행이 부산에 돌아왔다. 그들은 전쟁이 일어날 가능성을 알아보기 위해 1년 전 부산 앞바다에서 배를 타고 일본에 갔었다. 통신사 정사 황윤길은 배에서 내리자마자 조정에 파발마를 띄웠다. 파발마의 손에는 '일본은 반드시 전쟁을 일으킬 것입니다必有兵禍!'라는 내용의 치계(보고서)가 들려 있었다. 하지만 선조와 조정은 전쟁 대비에 별 관심이 없었다. 그들은 3년 내내 정여립 사건 관련자를 색출하고 조작하여 1,000여 명의 목숨을 빼앗는 일에 골몰하고 있었다.

1592년 4월 13일, 전쟁이 시작되었다.

동래읍성 북문

　4월 14일, 일본 침략군의 선봉 소서행장小西行長(고니시 유키나가) 부대는 부산진성(첨사 정발)을 공격하여 함락시켰다. 다음날인 4월 15일에는 동래성(부사 송상현)도 점령했다. 다대포성(첨사 윤흥신)도 예외가 되지 못했다. 경상 좌병사 이각은 부산진성이 함몰되자 동래성 전투에는 참여도 않고 뒷문으로 도주했다. 경상 좌수사 박홍도 일본 전선들이 몰려오자 성을 버리고 경북 영주 죽령 아래까지 달아났다.
　그 후 부산은 임진왜란이 끝날 때까지 7년 동안 일본의 '식민지'가 되었다. 그 탓에, 부산에는 임진왜란 초기 유적지가 많다. 조선 통신사 역사관, 부산진성 전몰 선열들을 기리는 정공단(기념물 10호), 동래성 순절 의사들을 기념하는 송공단(기념물 11호), 다대포 전투 전사자들의 넋을 추모하는 윤공단(기념물 9호) 등이 그들이다.
　특히 임진왜란 초기의 전쟁 상황을 상징하는 동래성 전투 유적은 유난히 많다. 송공단 외에도 임진 동래 의총(기념물 13호), 1670년(현종 11)에 세워진 동래 남문비(기념물 21호), 동래 읍성(기념물 5호) 및 동래 읍성 역사관, 송상현 동상, 동래 향교에서 순절한 양조한 등을 숭앙하여 세워진 삼절사(문화재자료 1호)…… 이 모두가 동래 전투 유적들이다.

그런가 하면, 전투도 없이 적의 손에 넘어간 수영성 관련 유적도 상당수 있다. 수영성 남문(유형문화재 17호), 경상 좌수사 등의 기도처로 알려진 남문 안 곰솔(천연기념물 70호)과 수영 고당(사당), 유격전을 펼친 의병들을 기리는 25 의용단(기념물 12호), 임진왜란 좌수영 무주 망령 천도비壬辰倭亂左水營無主亡靈薦度碑 등이다.

그 외에도 부산에는 사상 9인 의사 연구 제단沙上九人義士戀舊祭壇, 충렬사(유형문화재 7호)의 송상현공 명언비·안락서원 강당 소줄당·여성 전몰 의사들을 기리는 의열각·사당 본전·동래 24 공신 공적비, 시내 중심가에 있는 부산진지성(일명 자성대) 등의 임진왜란 유적이 있다. 이들 중 왜성인 부산진지성을 제외하면 모두 임진왜란 초기와 관련되는 유적들이다.

부산에 있는 임진왜란 유적 중에서 조선군 최초 승전인 옥포 해전보다 뒤에 발생한 일을 기려 세워진 것으로는 정운공 순의비(기념물 20호)가 유일하다. 정운은 이순신과 더불어 부산포 해전을 대승으로 이끌지만 끝내 현장에서 전사한 장군이다.

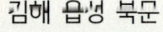

김해 읍성 북문

김해의 임진왜란 유적들도 어서각(문화재자료 30호) 외에는 모두 옥포 해전 이전과 관련되는 것들이다. 4월 20일 함락될 때까지 김해 읍성을 지켰던 최초의 의병군을 기리는 송담서원과 사충단(기념물 99호), 송빈 의병장이 전투 마지막 순간에 스스로 목숨을 버린 서상동 고인돌(기념물 4호), 복원되어 있는 김해 읍성 북문 등이 관련 유적이다. 구천서원에서 모시고 있는 허경윤 의병장도 임란 초기 수로왕을 지킨 것으로 역사에 이름을 남겼다.

임진왜란과 직접 연관되지는 않지만 꼭 들러보아야 할 곳인 산해정(문화재자료 125호) 역시 옥포 대첩, 아니 임진왜란 이전 유적이다. 산해정은 곽재우, 김면, 정인홍 등 무수한 임진왜란 의병장들을 제자로 키워낸 남명 조식 선생이 오랜 세월 동안 강학했던 공간이다.

이 책에는 부산포 해전을 다루면서 정운공 순의비를 언급했을 뿐 그 외의 부산·김해 지역 임진왜란 유적은 싣지 않았다. 이유는 두 가지이다. 하나는, 이 책 《남해안 임진왜란 유적》이 수군 관련 기록인데 반해 부산과 김해 지역 유적들은 대부분 육군 관련 기록이기 때문이다. 다른 하나는, 부산과 김해의 임진왜란 유적 답사기는 그 자체로 책 한 권 분량이어서 함께 묶으면 책이 지나치게 두꺼워지기 때문이다. 결국 부산과 김해 일원의 임진왜란 유적에 대해서는 이 총서의 《부산·김해 임진왜란 유적》편으로 별도 편집했다.

거북선이 처음 출전한 사천 해전
선진리성 앞바다는
거북선이 처음으로 전투에 참가한
1592년 5월 29일 **사천** 전투의 현장이다.
사진 아래의 계단을 오르면
성으로 올라가는 비탈길이 나온다.

선진리성 사천시 용현면 선진리 746
조명 군총 사천시 용현면 선진리 402
사천 읍성 사천읍 선인리 580-2

경남 사천 **선진리성, 조명 군총**
거북선이 처음으로 투입된 사천 해전

경남 사천 용현면 선진리 746에 있는 선진리성船津里城은 이름만 보아도 배船가 오가는 바닷가 나루津 마을里의 성城이라는 사실을 짐작할 수 있다. 현지 안내판도 '임진왜란 때 왜군이 거점을 마련하기 위해 쌓은 일본식 성곽'인 선진리성은 '삼면이 바다인 지점에 있다는 점에서 임진왜란이 끝난 뒤 우리나라의 축성에 영향을 주었다.'라고 설명하고 있다.

선진리성(사적 50호)은 사천 대교에서 직선거리로 5km가량 떨어진 북쪽 물가에 자리잡고 있다. 성터 유적지 안으로 들어서면 토성, 성문 터, 장군의 지휘소인 장대 터, 일본 성의 중심 건물인 천수각天守閣 터 등을 볼 수 있다. 본래는 성 안에 많은 건축물이 있었고, 성 밖에도 해자와 목책이 설치되어 있었다고 전하지만 지금은 오랜 세월에 묻혀 자취를 감추고 말았다.

그러나 현대의 한국인들은 선진리성 유적지 안에 1592년 5월 29일의 사천 선창船倉(선진리성 앞바다) 해전 승리를 기념하는 「이충무공 사천 해전 승첩 기념비」를 건립했다. 선진리성이 역사 유적지다운 면모를 유감없이 뽐내고 있다는 뜻이다.

안내판은 '선진리성은 1597년 10월 29일부터 12월 27일까지 모리길성毛利吉成(모리 요시나리)과 모리승영毛利勝英(가쓰나가) 부자 등 11명의 왜장이 쌓았다. 그 후 도진의홍島津義弘(시마즈 요시히로)과 도진충항島津忠恒(다다쓰네) 부자가 주둔했는데, 명나라와 전투도 치렀다.'라고 소개하고 있다. 명과 전투를 벌인 유적은 '조명 군총朝明軍塚'으로 선진리성 동남쪽 약 500m 떨어진 선진리 402에 있다.

　1598년(선조 31) 10월 1일 조명 연합군은 선진리성의 일본군에게 맹공격을 퍼부었다. 그 무렵 명나라 동정군 중로 제독 동일원과 조선군 경상 우병사 정기룡의 군대는 한껏 사기가 치솟아 있었다. 지난 9월 19일 이래 약 3만 병력을 이끌고 진주에서 남강을 건너 망진채(진주를 바라보는 진지), 영춘채, 곤양성을 차례로 빼앗고, 이어 사천 읍성의 적도 내쫓은 직후였다.

사천 읍성

　사천에서는 선진리성과 조명 군총만이 아니라 경남 기념물 144호인 사천 읍성도 임진왜란 유적이다. 사천읍 선인리 580-2에 있는 이 읍성은 1442년(세종 24) 병조참판 신인손이 왕명을 받아 처음 축성했다. 본래 왜구를 막기 위해 쌓았지만 임진왜란을 맞아 일본군에게 점령당했다. 그 후 선진리성 총공격을 앞둔 조명 연합군이 1598년(선조 32) 9월 28일 무렵 사천 읍성부터 먼저 공격하여 다시 탈환하기도 했다. 성 안에는 수양루, 팔각정, 체육 시설, 산책로 등이 두루 갖춰져 있어 사천 시민들을 위한 휴식 공간 역할을 톡톡히 하고 있다.

　하지만 당시 '신채'라고 불렸던 선진리성 앞에서 한껏 기운차게 공격을 퍼붓던 아군의 승세는 한순간의 실수로 허망하게 무너지고 말았다.

중국군 진중의 폭약 상자들이 실수로 연이어 폭발하면서 죽고 다치고 쓰러지는 자중지란이 벌어졌다. 때를 놓칠세라 일본군은 대규모 역습을 감행했고, 명과 조선군 3만 8,717명(사천시 누리집의 '일본 측 기록')이 순식간에, 한 자리에서 전사하고 말았다.

물론 이 날 하루만에 3만 8,717명이나 되는 명군과 조선군이 선진리성에서 죽었다는 일본 측 기록은 신빙성이 낮다. 《선조실록》 1598년 10월 8일자 기사를 읽어보자. '동일원 제독이 진주를 공격한 뒤 여세를 몰아 진격하자 사천과 동양의 왜적들이 싸우지도 않고 달아났다. 아군은 신채新寨로 진격하여 대포로 성문을 부수고 쳐들어가려 했다. 그때 유격장 모국기 진영의 실수로 화약에 큰 불이 일어나면서 진중이 소란해졌다. 왜적이 성문을 열고 나와 좌우로 공격하고 사방에서 복병이 덮치니 우리 대군이 허둥지둥 무너졌다. 이날 거의 7,000~8,000명이나 죽었다.'

선진리성 왜성답게 성 안의 길이 구불구불하다.

본래 아군은 모두가 3만 정도였는데 일본 문서는 아군의 이 날 사망자를 3만 8,717명으로 기록했다. 이치상 사망자가 총 인원보다 더 많을 수는 없다. 일본군은 조선의 일반 백성도 죽이고, 숫자를 부풀려서 풍신수길에게 보고하기도 했을 것이다. 어쨌든 명군과 조선군의 대참패인 것만은 분명하다.

일본군은 죽은 아군의 코와 귀를 베어 큰 나무통 10개에 넣은 후 소금에 절여 본국으로 보냈다. 코를 보내온 수에 맞춰 상을 주겠다는 풍신수길의 (죽기 전에 내린) 지시 때문이었다. 풍신수길의 그러한 조치는 아군 군사들과 백성들에게 겁을 주려는 음모이기도 했다.

일본군은 조명 군사들의 코 없는 머리를 모아 큰 묘소를 만들었다. 그 무덤이 바로 '조명 군총軍塚(군사의 무덤)'이다. 1598년 10월 1일에 전사한 중국과 조선 장졸들의 합동 묘소인 까닭에 이곳에서는 해마다 음력 10월 1일이 되면 위령제를 지낸다.

조명 군총 뜰의 이총耳塚 비

조명 군총 담장 옆 뜰에 '이총'이라는 이름의 작은 비석이 서 있다. 일본은 조선에서 징수들이 보내온 귀와 코를 묻어 교토京都에 이총을 조성했다. (처음에는 '코'를 나타내는 비총鼻塚이라 했는데 지나치게 어감이 잔혹하다 하여 '귀'의 이총으로 개칭했다.) 1992년 사천 문화원과 삼중 스님은 이총의 흙을 항아리에 담아 와 제사를 지낸 뒤 조명 군총 옆에 묻었다. 그 후 2007년 현재 자리로 옮기고 비석도 세웠다.

조명 군총은 네 면이 각각 35m에 이르는 네모반듯한 거대 방형 方形 분묘로, 흔히 '당병 무덤' 또는 '댕강무데기'라 불려 왔다. '당' 은 명, 곧 중국을 일컫는다.

조명 군총에는 1945년 독립 전까지만 해도 높이 1m가량의 「당 병 공양탑」이라는 표석이 있었다. 무덤 자체는 규모만 컸지 관리 가 되지 않는 상태로 방치되어 있었다. 그 후 표석은 어디론가 사 라졌지만 1983년 들어 묘역이 현재와 같이 정비되었다. 그 이듬해 인 1984년, 높이 2.12m, 폭 73cm, 두께 42cm 크기의 「조·명 연 합군 전몰 위령비」도 무덤 앞 왼쪽에 세워졌다.

* 왼쪽 : 조명 연합군 전몰 위령비. 가운데 : 7,000~8,000 명 아군 의 코 없는 머리를 일본군이 묻어 만든 조명 군총. 오른쪽 : 사당.

선진리 왜성, 조명 군총, 사천 읍성이 모두 임진왜란 유적지이지만 '사천 전투' 하면 역시 '거북선이 처음 출전한 전쟁'이 가장 뚜렷이 떠오른다. 7,000~8,000명이나 되는 엄청난 군사들이 한꺼번에 전사한 비극의 현장인데도 '비명'과 '죽음'보다 '거북선'이 먼저 연상된다. 패전과 승전의 차이도 있겠지만, 그만큼 거북선이 우리나라 사람들의 뇌리에 강렬하게 각인되어 있는 탓이다.

이순신이 사천으로 가게 된 것은 경상 우수사 원균이 1592년 5월 27일에 보내온 공문에 따른 결과였다. 원균은 공문에서 '적선 10여 척이 사천포 등지까지 쳐들어 와서 경상 우수군은 남해 땅 노량으로 옮겼다.'라고 했다. 노량은 이순신의 전라 좌수영에서 가장 가까운 포구이고, 사천포는 그 다음 포구이다. 적선들이 전라도의 턱밑까지 다가온 상황이다.

지난 5월 7일 옥포(거제시)와 합포(마산시), 8일 적진포(고성군 거류면)에서 각각 침략군과 맞붙어 싸워 도합 40여 척의 적선을 부수고 불태워 없앴다. 그 세 포구는 모두 경상 우수영 지역의 동쪽 끝부분이다. 반면 노량과 사천포는 경상 우수영 지역의 서쪽 끝, 특히 노량은 전라 좌수영 구역과 맞닿아 있는 곳이다. 여기까지 적선이 넘나들고 있다고 하니 응당 응징을 해야 한다.

사천, 당포(통영시 산양읍 삼덕리), 당항포(고성군 회화면 당항리), 율포(거제시 장목면 율포리)에서 적을 격파한 후 이순신이 조정에 보낸 장계 「당포唐浦 파왜병破倭兵 장狀」에 따르면 이순신은 5월 29일 판옥선 23척만 거느리고 여수를 출발했다. 전라 좌수군의 2차 출동이었다. 다만 1차 출동 때처럼 어선인 포작선을 잔뜩 거느리고 세를 과시하는 일은 하지 않았다. 아군의 전함이 많이 보이도록 하는 위장 전술은 1차 출동과, 전선이 13척밖에 없어 너무 세가 약했던 명량 전투 외에는 다시 쓰지 않았다.

이순신이 노량에 와 보니 원균은 배 세 척을 가지고 있었다. 두 사람은 적의 동태에 대해 이야기를 주고받았다.

선진리성 천수각 터
왜성의 중심이자 상징 건물 천수각이 있던 자리에
6·25전쟁과 월남전 참전 유공자 기념탑이 서 있다.

그때 적선 한 척이 곤양(사천시 곤양면)에서 나와 사천포로 동진 중이라는 보고가 들어왔다. 방답 첨사 이순신과 남해 현령 기효근 등이 노를 재촉하여 끝까지 추격, 덜미를 잡았다. 그러나 적병들이 잽싸게 산으로 도망쳐버린 탓에 빈 배만 부수고 불을 질렀다.

이순신이 사천 선창을 바라보니 산이 7~8리(약 3km)가량 가로로 길게 배경을 이루고 있는데, 적들이 형형색색의 깃발을 꽂아놓아 마치 긴 뱀이 똬리를 틀고 있는 듯했다. 해변에는 누각처럼 생긴 왜적의 배(안택선)가 12척 정박해 있었다. 왜적들은 아군을 충동질하기 위해 칼을 휘두르거나 발로 짓밟는 동작을 취해 보였다.

당장 쳐들어가고 싶은 마음이 들끓지만 참을 수밖에 없었다. 적들은 높은 곳에 있고 우리는 낮은 곳에 있어 지형상 불리하다. 게다가 지금은 마침 썰물 때이기 때문에 판옥선처럼 큰 배는 곧바로 쳐들어가서 들이박을 수가 없다. 우리 판옥선은 넓고 깊은 바다를 좋아한다. 날도 저물어가고 있다. 이순신은 결론을 내렸다.

"저들이 아주 교만하므로 우리가 후퇴하는 척하면 틀림없이 추격할 것이다. 넓은 바다로 끌어내어 공격하는 것이 최선이다."

아니나 다를까, 아군은 배를 돌려 1리(약 400m)를 나왔을까 싶은데 적군 200여 명이 언덕 아래로 내려왔다. 적들은 반은 배를 지키고 나머지 반은 우리를 향해 총을 쏘아댔다. 때마침 밀물이 시작되었다. 이순신은 거북선부터 출격시켰다.

이순신이 장계에서 선조에게 한 말 : "신은 일찍이 왜적이 쳐들어올 것을 염려하여 거북선을 만들었습니다. 앞에 용머리를 설치하여 입으로 대포를 쏠 수 있게 하고, 등에는 쇠못을 꽂아 적군이 올라타지 못하게 하고, 안에서는 밖을 볼 수 있지만 밖에서는 안을 들여다보지 못하도록 만들었습니다. 거북선은 수백 척의 적선 속에 들어가 대포를 쏠 수 있습니다. 이번 출동에 돌격장이 타고 왔습니다."

임진왜란 당시 조선 수군의 주력 전함
판옥선

판옥선과 안택선 이순신이 장계 「당포 파왜병 장」에 쓴 '지금은 마침 썰물 때이기 때문에 판옥선처럼 큰 배는 곧바로 쳐들어가서 들이박을 수가 없다.'라는 부분을 주목해서 본다. 판옥선은 깊은 바다에서 운행하는 것이 좋고, 일부러 부딪혀서 일본 전함을 부수어버리는 전술을 쓰는 것이 바람직하다는 뜻이다.

일본 전함은 주로 삼나무와 전나무를 사용하여 만들어졌다. 소나무에 비해 가공하기가 쉬운 이 나무들로 판재를 얇게 만들어 썼으므로 배가 가볍고 빨랐다. 그러나 선체가 얇고 판재가 약해 무거운 대형 화포를 실을 수 없었고, 조선의 군선과 부딪혔을 때 쉽게 깨졌다.

일본 수군의 주력선인 관선關船도, 대장선인 안택선安宅船도 마찬가지였다. 뱃머리가 날카롭고 선체의 폭이 좁아 속도가 빠른 관선은 임진왜란 때 동원된 일본 전함의 주력 군선이었다. 하지만 배의 폭이 좁고 무게가 가벼운 만큼 운행 속도는 빨라도 판옥선에게 들이박히면 속수무책으로 넘어질 수밖에 없었다.

이중 갑판으로 되어 있어 구조와 크기에서 우리 판옥선과 비슷한 안택선도 배 밑이 역삼각형이었다. 물살을 헤치고 재빠르게 나아가는 데 유리한 구조였지만 밑바닥이 편편하고 무거운 판옥선과 충돌해서는 도저히 버텨낼 수가 없었다.

　거북선이 앞장서서 적진 속으로 들어가 천자·지자·현자·황자 총통 등 각종 대포를 발사했다. 적들도 산 위에서, 언덕 아래에서, 배에서 조총을 쏘아댔다. 총알이 빗발치듯 어지럽게 날아다녔다.
　적군 속에는 더러 우리나라 사람도 있었다.19) 그것이 이순신은 더욱 화가 났다. 이순신은 세차게 노를 저어 앞으로 나아가면서 적을 공격했다. 다른 장수들도 있는 힘을 다해 대포를 발사하고 총과 활을 쏘았다. 적들은 감히 앞으로 나올 엄두를 내지 못했다. 적선 13척을 불태워 없애면서 전투가 끝났다.
　전투 중 전 봉사 이설이 화살에 맞았다. 군관 나대용도 총알에 맞았다. 심지어 이순신도 총알이 왼편 어깨를 지나 등을 꿰뚫었다. 이순신은 장계에 '모두 죽을 정도는 아니었습니다.'라고 적었다.

---

　19)《선조실록》1592년 5월 3일자 : 선조가 묻는다. "경상도 사람들은慶尙道人 다 배신했다던데皆叛云 사실인가然耶?"

사천시가 발행한 소형 홍보물 「역사 탐방」을 읽어본다. 사천은 '바다와 육상, 하늘 길이 연결되어 있는(사천 공항이 있다는 뜻) 교통의 요충지이며 청정 바다의 싱싱한 해산물, 한려수도의 비경과 유람선 관광, 국내 최대의 백천사 약사 와불(누워 있는 불상), 천년 고찰 다솔사, 고려 말 조선 초의 매향비, 항공 우주 박물관 등의 문화 유산과 관광 자원이 풍부한 도시'이다. 그 중에서도 특히 임진 왜란에 관심이 많아 사천을 찾은 역사 여행자는 사천 해전 바다,

조명 군총, 선진리성, 사천 읍성을 답사할 것이다. 아니나 다를까, 사천 읍성은 조금 섭섭하겠지만 「역사 탐방」은 사천 해전, 선진리 성, 조명 군총을 설명하고 있다.

'사천 해전은 1592년 5월 29일 이순신 장군이 최초로 거북선을 출전시켜 승리한 해전이다. 경상 우수사 원균으로부터 사천 선창에 왜군이 주둔하고 있다는 연락을 받은 이순신 장군은 사천의 지리 적 중요성을 감안하여 함대를 이끌고 사천으로 출격하였다. (사천 해전은) 이순신 장군의 조수 간만을 이용한 전술이 빛난 해전이다.

곤양에서 나오는 왜군 정탐선 1척을 격침한 후 사천 선창으로 진격하였으나 왜군은 전투를 포기한 채 농성에 돌입한다. 이에 이 순신 장군은 퇴각하는 척하며 왜군을 판옥선이 활동하기 좋은 해 역까지 유인하여 거북선을 최전방 돌격선으로 삼고 천·지·현·황 등 사자 총통을 비롯한 각종 화포로 집중 포격하며 적을 혼란에 빠뜨리고, 뒤이어 판옥선이 총포를 쏘며 적선을 격침시켰다.

사천 해전은 왜선 13척을 격침시켰을 뿐만 아니라 이후 여러 지 역 해전에서 거북선을 돌격선으로 이용하여 23전 23승이라는 세계 해전사에서 그 유례를 찾아볼 수 없는 이순신 장군의 전술이 토대 가 된 해전이다.'

이어 「역사 탐방」은 '지리적 조건을 최대한 이용한 요새로, 거북 선 최초 출전지'인 선진리성에 대해 해설한다. '선진리성은 1592년 5월 29일 이순신 장군이 거북선을 최초로 출전시켜 왜군을 패퇴시 킨 역사적인 현장이며, 현재는 200여 그루의 벚꽃 군락지가 조성 되어 봄철 관광객으로부터 각광을 받고 있는 지역이기도 하다. 정 유재란 당시 직산 전투(1597년 9월 7일)와 명량 해전(1597년 9월 16 일)에서 대패한 왜군은 울산에서 순천까지 30여 개의 왜성을 증축 또는 신축하며 항쟁에 들어갔는데, 이곳 선진리 왜성은 모리길성에 의해 기존 고려 시대 토성을 이용하여 신축한 왜성이다.

이 성은 조명 군총이 위치한 동쪽 부분만 육지와 연결되어 있고, 나머지 삼면은 바다로 둘러싸인 천혜의 요충지로, 고려시대에는 (세금으로 거둔 쌀을 실어 나르기 위해漕 해안에 설치했던 열두 곳의 창고인) 12조창漕倉 중 한 곳인 통양창이 위치하던 곳이다. 현재는 한일 양국의 성곽을 모두 관람할 수 있도록 고려시대 토성과 왜성 일부를 복원해 놓았다.'

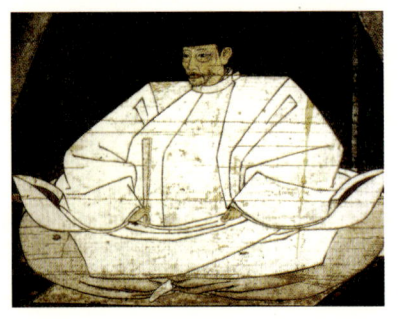

선진리성 답사 순서 ⑴ 종합 안내판 : 주차장 문화해설사의 집 옆 ⑵ '사천 선진리성 안내도' : 계단 첫머리 ⑶ 오른쪽으로 성곽 아래를 걸어 천수각 터 우측 도착 : 왜성의 특징 중 한 가지인 비스듬한 성곽 확인, 왼쪽으로 가서 성문부터 보는 것보다 이 순서를 권장 ⑷ 천수각 터 아래를 한 바퀴 돌아 천수각 터 정상 도착, 천수각 터와 충령탑(현충탑) 감상 ⑸ 이 충무공 사천 해전 승첩 기념비 : 비의 이름이 한글로 되어 있다! ⑹ 동문 둘러보기, 왜성의 특징 중 한 가지인 구불구불하게 성곽 사이로 난 길 확인 * 위 사진 임진왜란을 일으킨 **풍신수길**

「역사 탐방」에는 나오지 않지만 조명 군총을 찾은 답사자가 이총에 대해 생각해보는 것은 당연하다. 이 글 앞부분에 이총 이야기를 실어둔 것은 그 때문이다.

사천 전투와 선진리성 다음으로 「역사 탐방」은 조명 군총에 대해 설명한다. 그러나 이 글에서는 앞부분에 비교적 상세하게 다뤘으므로 더 이상 해설을 생략한다. 다만 조명 군총 입구에 서 있는 어마어마한 크기의 「6·25전쟁 월남 전쟁 참전 유공자 기념탑」 옆에 안내판도 없이, 「역사 탐방」에 언급도 없이 서 있는 비석이 하나 있어 잠깐 언급하고자 한다.

비석의 주인공은 임진왜란 당시의 사천현감 정득열鄭得說을 기려 세워졌다. 《조선왕조실록》 중 정득열에 관해 가장 분명하게 언급된 것은 《영조실록》 1747년(영조 23) 7월 22일자 기사이다.

'임진년(1592)과 계사년(1593) 난리 때 진양晉陽(진주)가 너무나 위급해졌을 때 사천 현감 정득열은 경상 우병사 유숭인의 선봉이 되어 번번이 맨 먼저 적의 성벽에 올랐으며, 우병사가 전사하자 흩어진 군졸을 잘 수습하고 필마로 적과 충돌하였지만 화살이 떨어지고 힘이 다해도 끝내 후퇴하지 않고 강개하게 자신을 잊고 죽어도 후회함이 없었습니다.'

실록의 기록은 비석의 제목을 「하동 정공 득열 순절비」로 정한 까닭을 짐작하게 해준다. 어째서 그의 생애에 '殉節순절'이라는 말이 붙을 수 있는지를 알게 해주는 내용이기 때문이다.

1592년 10월 3일 진주성 싸움 직전에 타계한 당시 정득열 사천 현감의 순절비 앞에서 잠깐 묵념을 한다. 7,000~8,000명이나 되는 전사자들을 기리는 엄청난 무덤 앞인 탓도 있겠지만 유난히 작게 느껴지기도 하고, 유심히 보는 이도 없는 듯 여겨지는 그의 순절비가 어쩐 애처롭다.

그러나 다시 생각하니 꼭 그렇게 단정할 일도 아니다. 1598년 10월 1일에 세상을 떠난 7,000~8,000명 전사들은 개인별 비석도 없다. 조명 군총 경내에 세워져 있는 「조명 연합군 전몰 위령비」 하나가 전부이다. 이름이 남아 있지도 않지만, 이름들을 빠짐없이 알게 된다 해도 비석 하나에 모두를 새길 수도 없다. 사당 선진사船鎭祠 안의 위패도 '朝鮮軍조선군 戰歿전몰 將兵장병 神位신위' 하나뿐이다.

한 분 한 분 모두가 지위와 무관하게, 한결같이 가슴 뜨거운 선열들이시다. 그래서 이렇게 비석도 세워지고, 묘소도 남고, 사당에서 기림을 받고 계시는 것 아닌가. 모든 분들의 명복을 빌 뿐이다.

정득열 순절비 1592년 당시 사천 현감, 1차 진주성 전투 직전 순절

당포성
통영시 산양읍 삼덕리. 175

경남 통영 **당포**
이토록 아름다운 당포성이 전쟁 유적이라고?

　이순신과 원균의 연합 수군은 5월 29일 사천 해전 승리에서 승리한 후 남쪽으로 조금 내려와 선진리성 아래 모자랑포(사천 읍남면 주문리)에서 그날 밤을 보냈다. 6월 1일에는 적을 찾아다니다가 사량도 바다에서 숙박을 했다. 자고 일어난 6월 2일 아침 8시 전후, 적선이 당포 선창에 정박해 있다는 보고가 들어왔다.
　아군 전함들은 부랴부랴 노를 저어 10시 무렵 당포에 닿았다. 사량도에서 어젯밤을 보낸 덕분에 신속히 당포에 도착할 수 있었던 것이다. 지난 1차 출동 때에 옥포와 적진포에서도 보았지만, 이곳에서도 무려 300명이 넘을 듯싶은 많은 왜적들이 노략질에 여념이 없었다. '판옥선만한 것(이순신의 표현)'이 9척, 중간 크기와 작은 크기의 배 12척, 모두 21척의 적선이 정박해 있었다.
　아군을 발견한 적들이 총알을 쏘아대기 시작했다. 이순신은 먼저 거북선을 출동시켜 휘장에 '黃황'자를 크게 써서 매달고 있는 안택선의 밑을 정면으로 들이받았다. 용의 입으로 현자 총통을 쏘고, 이어 천자 총통과 지자 총통을 발사했다. 집중 포화를 퍼부으니 견디지 못하고 마침내 대장선이 깨졌다.

중위장 권준이 돌진해 들어가면서 활시위를 날려 적의 대장을 쏘아 맞추었다. 적장이 거꾸러지는 것을 본 흥양(고흥) 마을 보인 진무성陳武晟이 달려가 목을 베어 왔다. 나머지 적들은 겁에 질려 도망을 쳤다. 적선들을 모두 불태웠다.

이순신의 당포에서 왜적을 무찌른 보고서, 즉 「당포唐浦 파왜병破倭兵 장狀」에는 흥미로운 이야기가 담겨 있다. 이순신은 장계에 '당포에서 싸울 때 우후 이몽구가 왜장의 배에서 금부채 한 자루를 찾아서 신에게 가져 왔습니다.' 하고 선조에게 보고한다.

금부채는 중앙에 '6월 8일'과 '秀吉수길'이라는 서명이 들어 있었다. 서명 오른쪽에는 '羽柴筑前守우시축전수(하시바 치쿠젠노카미)', 왼쪽에는 '龜井流求守殿구정유구수전(가메이 코레노리)' 글자가 선명했다. 수길은 물론 풍신수길을 가리킨다.

이순신은 이 금부채를 '수길이 왜의 장군들에게 준 신표信標(신분증명)'로 보았다. 이순신이 그렇게 판단을 한 데에는 울산 출신 사노私奴(개인의 노비) 억대億代의 증언이 한몫을 했다. 소비포 군관 이영남이 적에게 잡혀 보름가량 포로 생활 중이던 억대를 구출했는데, 이순신이 직접 신문을 하자 억대는 '전투 중에 왜장이 앉아 있는 높은 자리에 화살과 탄환이 쏟아졌습니다. 적장이 처음 이마에 맞았을 때는 표정이 태연하더니 화살이 가슴을 꿰뚫자 비명을 지르며 아래로 굴러 떨어졌습니다.'라면서 '우리 군사가 목을 벤 왜장은 우시축전수가 틀림없습니다.' 하고 말했다.

하지만 억대의 증언은 반은 맞고 반은 틀렸다. 죽은 왜장은 그녀가 얼굴을 아는 인물이었지만 이름은 우시축전수가 아니었다. 우시羽柴는 수길의 본래 성씨였다. 풍신수길은 100년에 걸친 통일 전쟁 끝에 일본 천하를 거의 장악한 직전신장織田信長(오다 노부나가)의 부하였을 때만 해도 우시수길羽柴秀吉이었다. 금부채는 풍신수길이 유구 영주守殿 구정龜井에게 준 신표였고, 구정이 당포에서 도망을 치면서 잃어버린 것이었다.

통쾌한 승리의 현장 당포성은 언제 찾아보아도 아름답다. 전투에 이겼던 곳이기 때문만이 아니다. 성곽에 올라 저 아래로 굽어보는 당포 항만의 바다는 그 자체로 아름답고, 가느다란 오솔길을 따라 올라온 당포성의 모양새도 산이며 물과 어우러져 그냥 아름답다. 일본 침략군과 조선 수군 사이에 벌어졌던 피와 살육의 싸움터라는 느낌은 조금도 남아 있지 않다. 바닷물은 푸르게 흐르다가 문득 햇살을 받아 파르라니 반짝인다. 새 한 마리, 가던 길 멈추고 잠깐 햇살 속에서 바르르 몸을 떤다.

사람 또한 마찬가지이다. 당포성에 올라 포구를 바라보노라면 마치 한 마리 새가 된 기분이다. 그리 높은 산봉우리도 아닌데, 바로 아래로 바다에 붙은 탓인지 성곽 위에 서면 두 팔이 저절로 하늘로 날아오르는 것만 같다.

당포 성터에서 굽어본 전승지

당포성은 찾기도 쉽고, 높지 않아 오르기도 쉽다. 통영시 산양읍 삼덕리 372를 찾아가면 부두에 넓은 주차장이 있다. 산양농협 삼덕지소 앞에 차를 세우고 도로 건너편을 바라보면 '당포 마을'이라는 표지석이 서 있다. 그 위로 성이 힐끗 보인다.

골목 안으로 들어서면 당포 새마을 회관이 나온다. 조금 지나면 '당포길 12-1 → 12-19'라는 주소판이 붙은 오른쪽 집의 담에 판옥선 그림이 그려져 있다. 판옥선을 왼쪽으로 하고 좁은 골목길을 오른다. 당포성으로 가는 길이다. 머지않아 두레박으로 물을 길러 먹던 우물이 나오고, 그 삼거리에 이정표가 있다. 왼쪽으로 1km 거리에 삼덕 삼거리가 있고, 오른쪽으로 100m 거리에 당포 성터에 닿는다고 쓰여 있다.

「당포 성지城址(성터), 경상남도 기념물 63호」라는 제목의 현지 안내판에는 '이 성은 고려 공민왕 23년(1374) 왜구의 침략을 막기 위해 최영 장군이 병사와 많은 백성들과 함께 성을 쌓고 왜구를 물리친 전승지이며, 임진왜란 당시 이순신 장군도 이 성을 이용하여 왜적을 물리친 곳'이라는 설명이 쓰여 있다. '이 성은 2중 기단이 된 고려, 조선 시대의 전형적인 석축石築(돌로 쌓은) 진성[20]鎭城(군대가 주둔한 성)이다. 현재 남아 있는 석축의 길이는 752m, 높이 2~7m, 너비는 4~5m이다.'

---

20) 우리나라 성의 대표는 산성이다. 산성은 산에 있는 성이라는 뜻이다. 우리나라 사람들은 평시에는 들판에서 농사를 지으며 살다가 외적이 쳐들어오면 성에 틀어박혀 농성을 했다. 특히 고구려는 들판의 곡식을 모두 없애버린 후 줄곧 산성에 머물다가 적이 굶주림에 지쳐 허약해지거나 철수할 무렵이 되면 반격을 했다. 이를 청야 작전이라 한다. 산성 외에는 임금이 있는 도성과 지방 행정을 위해 사람이 많은 곳에 낮게 쌓은 읍성이 있었다. 도성은 임금이 머무는 궁성과 그 둘레의 나성으로 구분되었다. 강감찬과 연개소문이 산과 산을 이어 쌓은 장성은 아주 특별한 예외였다. 본문의 진성은 소규모 군대가 외적의 침입에 대비해 주둔하는 국경 일원의 작은 성을 가리킨다.

당포에서 크게 이긴 이순신 주도의 연합 수군은 그날 밤 창선도에 머물면서 밤을 지냈다. 당포 전투가 거의 끝나갈 즈음에 '왜적의 큰 배 20여 척이 수많은 작은 배를 거느리고 거제에서 나와 정박해 있다.'라는 보고가 들어왔지만 더 이상 적들을 궤멸시킬 수는 없었다. 좁아서 맞붙어 싸우기 어려운 당포를 벗어나 넓은 바다로 유인하려 했는데 전투가 성립되지 않았다. 적들은 전혀 싸울 기색이 없었다. 5리가량 떨어진 지점에서 아군을 발견하고는 그대로 도망쳐버렸다. 우리 전함 몇 척이 추격을 했으나 날이 이미 어두워 어떻게 할 수가 없었다.

남해군 창선면 대벽리 669-1에는 이순신 장군이 일본군을 물리친 뒤 그늘 아래에서 병사들과 함께 점심을 먹고 휴식을 취했다고 전해지는 왕후박나무(천연기념물 299호)가 있다. 높이 9.5m를 자랑하는 이 거대 고목의 수령은 500년 정도로 추정된다. 임진왜란 당시에도 이 나무는 살고 있었다는 뜻이다.

나무 아래에 긴 의자가 여럿 놓여 있다. 거기 앉으니 누군가가 다정하게 말을 걸어온다. 충무공이다. 사방에 동백꽃이 피었다.

이순신 장군에게 그늘을 제공했던 **왕후박나무** 창선면 대벽리 669-1

통영시 산양읍 삼덕리 372에서 주차한 후 마을 안으로 100m가량을 걸어서 성터를 찾는 것이 이곳을 답사하는 올바른 자세이지만, 노약자가 있어 걷기가 어려우면 산양읍 삼덕리 175로 곧장 가면 된다. 삼덕리 175는 사진에서 보는 성벽과 바로 만날 수 있는 주소이다.

당포성

경남 통영과 임진왜란 유적

통영은 통제영이 있던 곳이라는 뜻이지만, 통영시 문화동 62의 삼도수군통제영은 임진왜란 유적은 아니다. 통영에 삼도수군통제영이 설치된 때는 1604년(선조 37)으로 종전(1598년) 6년 뒤였다.

통영이 삼도(경상도, 전라도, 충청도)수군통제영이 있는 곳으로 널리 알려진 것은 1604년부터 1895년까지 292년 동안 줄곧 통제사의 군대가 주둔했기 때문이다. 이는 지금의 경남, 경북, 부산, 울산, 대구 전체를 관할하던 경상감영이 1601년 이후 조선이 멸망할 때까지 계속 대구에 있었던 것과 같다. 대구는 300여 년 동안 경상감영이 존재했던 도시의 이미지를 잃어버렸지만 통영은 통제영이 있었던 역사 유적지의 위상을 효과적으로 살려 도시 발전의 밑거름으로 잘 활용하고 있다.

통영 삼도수군통제영 입구

통영을 대표하는 임진왜란 유적으로는 당포 해전 승리의 뜨거운 기운이 남아 있는 당포성과, 이순신 장군을 제사지내는 두 사당 충렬사와 착량묘를 들 수 있다. 그 중에서도 임진왜란의 생생한 역사가 서려 있는 유적은 전투 현장이었던 당포성이다. 다른 두 곳은 충무공 별세 후 지어진 사당이니 임진왜란의 '현장'은 아니다.

통영시 명정동 179의 충렬사는 1606년(선조 39) 당시 통제사 이운룡이 왕명을 받아 건립한 사당이다. 그에 비해 당동 8의 착량묘鑿梁廟는 종전 후 지역민들이 충무공을 제사 지내면서 시작된 민간 사당廟이다. 본래 초가였는데 1877년(고종 14) 충무공의 10세손인 통제사 이규석이 기와집을 새로 지었다. 착량묘는 당항포에서 대패한 일본군이 미륵도와 통영 반도 사이 좁은 땅에 물길梁을 파서鑿 도망친 역사를 담고 있는 이름이다.

충렬사 사당

통제영에서 걸어서 5분 거리인 해안로의 '거북선과 조선 군선' 체험장도 통영의 중요 역사여행 답사지이다. 중앙동 236 앞바다에 떠 있는 전라좌수영 거북선, 통제영 거북선, 한강 거북선, 판옥선은 멀리서 찾아온 답사자를 자못 보람 있게 해준다.

'좌수영 거북선'은 '통제영 거북선'과 제작 시기(2012년)와 크기는 같지만(길이 34.23m, 폭 9.78m, 높이 6.06m, 무게 157톤) 거북머리 아래에 귀신머리가 새겨져 있고, 출입문이 좌우 양쪽에 있는 점 등에서 다르다. 물론 고증을 거쳐 당시의 원형을 복원한 것이다. 1990년에 제작된 '한강 거북선'은 한강에 있던 것을 이곳으로 옮겨왔다 하여 그렇게 부른다. 실제 거북선보다 조금 더 크게 만들어졌다.

거북선과 판옥선을 탄 채(입장료 2,000원, 청소년 1,500원, 어린이 700원) 류성룡의 《징비록》에 나오는 이순신 장군의 부상 장면을 떠올려 본다. '앞장서서 싸움을 독려하던 중 이순신이 총알을 맞았다. 피가 어깨에서 발끝까지 흘러내렸다. 이순신은 아무 반응도 드러내지 않았다. 전투가 끝난 뒤에야 비로소 박힌 총알을 뽑아내었다. 칼로 살을 가르고 두세 치나 박힌 총알을 빼내는 동안 곁에서 지켜보던 사람들은 얼굴빛이 까맣게 탔다. 하지만 이순신은 태연히 웃고 있어서 도무지 아픈 사람 같지가 않았다.'

통영 임진왜란 유적 답사 순서
①. 통제영 문화동 62
세병관 수군 무예 한마당 감상 5~10월 2·4째 주 토·일 10시~15시
12공방 인간문화재와 만남 4~10월 매일 14~17시
백화당 전통 문화 향연 5, 6, 7, 9, 10월 14시
양번청 수군 군복 입어보기 항상
②. 거북선, 판옥선 체험 중앙동 236 거북선과 조선 군선 체험장
③. 충렬사 명정동 179 ④. 착량묘 당동 8
⑤. 당포성 산양읍 삼덕리 175 ⑥. 한산도 도남동 634 유람선 터미널

당항포 경남 고성군 회화면 당항리
1592년 6월 5일-6일
1594년 3월 4일
두 차례에 걸친 조선 수군 승리의 현장

경남 고성 **당항포**
두 차례에 걸쳐 왜군을 격파한 승리의 현장

고성군 회화면 당항리 앞바다는 임진왜란 전쟁사에서 아주 특별한 의미를 가진 곳이다. 한 곳에서 두 차례나 일본군을 크게 격파한 조선 수군 승리의 현장이기 때문이다. 두 차례 큰 전투를 치른 진주성도 1차전에서는 임진왜란 3대 대첩으로 꼽히는 대승을 거두었으나 2차전에서는 일본 측의 대공세를 감당하지 못해 우리 군사와 백성들이 참혹하게 전사했다.

당항포 앞바다에는 대규모의 공룡 유원지와 임진왜란 전승 기념 공원이 함께 어우러져 있어 자녀와 함께 여행을 다니는 젊은 부모들에게 아주 안성맞춤이다. 출입문도 두 곳에 별도로 나 있는데, 당항포 포구 쪽인 서문은 임진왜란 유적 공원으로 안내하고, 그 반대편인 동문에서는 공룡 공원으로 입장한다. 어느 문으로 들어가느냐와 관계없이 바닷가와 산비탈로 이어지는 산책로를 걷고 또 걸으면 마침내 가운데쯤에서 만난다. 그에 걸맞게 이름을 붙이느라 고심했을 법한 '당항포 관광지'를 찾아간다. 다만 관광을 위해서가 아니라 임진왜란 역사 여행을 위해 걷는다.

바닷가를 따라 난 호젓한 길을 잔잔한 파도 소리와 감미로운 햇살이 가득 뒤덮고 있다. 뒤돌아보면 멀리 당항포 포구가 보이고, 그 환상 속에는 거북선과 판옥선들이 힘차게 떠다니고 있다. 곧 이순신 장군을 만나게 되리라.

과연 「충무공 전승 기념탑」이 가장 먼저 답사자를 맞이한다. 도로에서 탑으로 올라가는 계단이 자못 장엄하다. '겨레가 하나 되고, 세계 속의 주인이 될 새 날을 염원하며 우리의 마음을 담는다'라는 비문의 「평화 통일」 빗돌이 계단 왼쪽 입구에 세워져 있다. 민주평화통일자문회의 고성군 협의회가 1996년에 건립했다.

충무공 전승 기념탑은 두 차례에 걸쳐 적선 80여 척을 통쾌하게 침몰시켰던 승리의 바다 당항포를 바라보며 서 있다. 탑 좌우에는 창과 활을 호기롭게 든 병사가 각각 서 있다.

충무공 전승 기념탑
당항포 유적지

1차 당항포 전투는 1592년 6월 5일에 벌어졌다. 조선 수군 연합군은 5월 29일 사천 앞바다에서, 또 6월 2일 당포 앞바다에서 적들을 크게 무찔렀다. 연이은 승리로 아군의 사기는 하늘을 찌르고도 남았지만 몸의 피로는 어쩔 수 없는 일이었다. 적들의 대규모 반격이 언제 감행될지 그것도 걱정하지 않을 수 없었다.

하지만 그 걱정도 단 하루, 6월 3일에 끝이 났다. 당항포 해전 하루 전인 6월 4일에 전라 우수영 전함이 합류했기 때문이다. 6월 4일자 《난중일기》에는 '우수사(전라 우수사 이억기)가 오기를 기다리면서 주위를 살피고 있는 중에 정오가 되자 우수사가 (판옥선 25척과) 장수들을 거느리고 왔다. 우리 장졸들 중에서 기뻐서 날뛰지 않는 사람이 없었다.'라고 기록되어 있다.

착량묘 앞바다(미륵도와 통영 반도 사이)에서 밤을 보낸 아군은 안

충무공 사당 **숭충사**에서 바라본 당항포 바다

132

개가 늦게야 걷히는 바람에 오전 늦어 돛을 올리고 바다로 나아갔다. 거제에 사는 주민 7~8명이 작은 배를 타고 와서 '당포에서 쫓겨 간 왜선들이 당항포에 정박해 있습니다.'라고 알려주었다. 당항포 어귀의 땅모양을 물어보자 그들은 '거리가 10리(4km)가량 되며, 폭이 넓어서 배가 들어갈 수 있다.'라고 대답했다.

  이순신은 정탐선을 먼저 보내어 그곳 지리를 확실하게 파악하도록 했다. 정탐선은 당항포 어귀에 닿자마자 신기전을 쏘아 올렸다. 왜적이 있으니 빨리 오라는 신호였다. 이순신은 판옥선 4척을 어귀에 매복시켜 두고 당항포 안으로 들어갔다. 빛깔이 검은 왜선 26척이 해안을 따라 정박해 있었다. 판옥선만한 것이 9척, 중간 배가 4척, 작은 배가 13척이었다.

숭충사 충무공 사당, 당항포 임진왜란 유적지

적은 아군을 발견하자 마구 총을 쏘아댔다. 탄환이 마치 싸락눈이나 우박처럼 떨어졌다. 아군은 적을 포위하는 듯한 모양으로 전선을 늘여 세운 다음 역시 거북선을 돌격시켰다. 거북선이 천자 총통과 지자 총통을 쏘면서 접근하여 적의 대장선 아래를 들이받았다. 순식간에 적 대장선의 3층 누각이 부서졌다.

이때 판옥선들이 사방으로 적을 에워싸면서 잽싸게 협공을 개시했다. 전선들은 한꺼번에 불화살을 날렸다. 적선들의 돛과 장막이 불길 속에 휩싸였다. 대장선 층각 위에 앉아 있던 적장이 화살에 맞아 굴러 떨어졌다. 이내 적선 모두를 불태워 부수었다.

그 와중에도 적선 한 척은 남겨 두었다. 아군은 철수하여 바다 어귀로 가서 진을 치고 밤을 보냈다. 달아났던 적들이 타고 나오기를 기다려 모두 죽이려는 계획이었다.

거북선 내부 체험장
충무공 사당 아래에 있다.

과연 다음날(6월 6일) 새벽이 되자 100명이나 탄 배가 어귀로 나왔다. 기다리고 있던 방답 첨사 이순신이 적들을 남김없이 처단했다. 적장은 대략 24~25세 정도 되는 젊은 장수였는데 이순신이 쏜 화살을 10대나 맞고 바다로 떨어졌다. 적선을 끌고 와 대장의 방 안을 살피니 군사 3,040명의 이름 아래에 각자가 자필 서명을 하고 피를 발라둔 분군기分軍記가 나왔다. 우리나라를 침략하기에 앞서 피를 나누어 마시면서 맹세한 흉측한 기록이었다.

다음 날인 7일 정오에는 영등포(거제도 구영) 앞바다에서 왜선 7척과 마주쳤다. 율포에서 나온 적선들은 부산 쪽으로 도망을 치고 있었다. 5리(2km)가량 앞서가는 적선들을 결국 율포 앞바다에서 따라잡았다.

임진란 창의 공신 현충탑 고성 지역 44인 의병을 기려 세워졌다.

우후 이몽구 : 큰 배 2척 격파
사도 첨사 김완 : 큰 배 1척 격파
녹도 만호 정운 : 큰 배 1척 격파
광양 현감 어영담, 가리포 첨사 구사직 : 큰 배 1척 격파
소비포 권관 이영남 : 작은 배 1척 격파

아군은 몰운대(부산 다대포)까지 추격하여 적을 수색했다. 하지만 이미 적들은 멀리 도망간 뒤여서 흔적을 찾을 수가 없었다. 아군은 다음날인 8일에도 지금의 마산에서 진해에 이르는 바다를 수색했지만 적들은 종적을 감춰버린 상태였다. 9일도 마찬가지였다. 결국 이순신, 이억기, 원균은 10일 미조항(남해도 미조면) 앞바다에서 헤어졌다. 사천포, 당포, 당항포, 율포에서 싸운 2차 출동에서 불태운 적선은 모두 72척이었다.

충무공 전승 기념탑, 사당 숭충사, 거북선 내부 체험관, 임진왜란 당시 고성에서 맹활약한 44인 의병을 기려 세워진 「임진란 창의 공신 현충탑」을 두루 답사하고 나니 고개 너머의 공룡 공원으로 가는 안내판이 나타난다.

걸음을 멈춘다. 고개에서 보니 저 아래로 공룡들의 위세가 대단하다. 임진왜란 유적지로서 당항포도 뜻깊게 둘러보았지만 무시무시한 공룡들 사이도 걸어보고 싶다. 그러나 임진왜란 당시 일본군들은 오히려 그 반대였을 것이다. 만약 그들이 공룡의 존재를 알았다면, 1592년 5월 9일 옥포 해전에서부터 1598년 11월 19일 노량 해전까지 그들의 눈에는 이순신이 공룡으로 느껴졌을 게 틀림없다.

아이들의 유쾌한 목소리가 사방에 가득하다. 저 어린 아이들도 자라면 충무공을 비롯한 수많은 선조들의 죽음과 희생을 알게 되리라.

2차 당항포 해전 1594년 3월 5일
- 1594년 3월 10일 이순신 장계 「唐項浦당항포 破倭兵파왜병 狀장」

3월 3일 미시(오후 2시 전후) 고성 벽방에서 망을 보고 있던 장수 제한국 등이 '날이 밝자마자 왜의 큰 배 10척, 중간 배 14척, 작은 배 7척이 영등포(거제 구영)에서 나오더니 그 중 21척은 당항포로, 7척은 진해로, 3척은 저도로 향했습니다.' 하고 급히 보고했다.

이순신은 술시(오후 8시) 무렵에 모든 장졸들을 한 명도 빠짐없이 모두 거느리고 배를 몰아 두 시간쯤 뒤 지도 앞바다에 닿아 밤을 지냈다.

다음 날 새벽 전선 20여 척을 지도 아래 견내량에 주둔시켜 만약의 사태를 대비하게 한 후 적들이 머물고 있는 북쪽을 향해 진군하였다. 이순신은 이억기, 원균과 더불어 거제도 서북쪽, 영등포와 장문포 앞바다에 전함들을 학이 날개를 편 모양으로 포진시켰다. 바다를 가로질러 전함들을 배치함으로써 적의 기세를 꺾고, 도망갈 길도 차단하기 위해서였다.

왜적의 배 10척이 진해에서 나와 기슭을 끼고 행진했다. 어영담이 장수들을 데리고 돌진하여 좌우에서 협공, 진해와 고성 방향으로 세 갈래로 나뉘어 도망가는 적을 추격했다. 적들이 배를 버리고 뭍으로 달아나 적선을 모두 불 질러 태워버렸다.

당항포로 들어간 21척의 적선은 멀리서 불타는 연기가 피어오르자 아예 겁을 먹고 육지로 올라가버렸다. 날이 어두워져서 전투를 벌일 수가 없었으므로 당항포 포구 앞을 가로막고 밤을 보냈다.

다음날인 5일 새벽, 이순신과 이억기가 밖에서 오는 적을 대비하기 위해 포구 어귀 넓은 바다를 막고, 어영담이 장수들을 거느리고 당항포 안으로 들어갔다. 미시(오후 2시) 무렵 '적들이 모두 뭍으로 도망가 버렸고, 적선 21척은 몽땅 부수고 불태웠다.'라는 어영담의 보고가 도착했다. 이순신은 전라도와 경상도 수군 장수들의 공적을 모두 적어 조정에 보고했다.

전라 수군 장수들의 공적
조방장 어영담 : 큰 배 2척
여도 만호 김인영 : 큰 배 1척, 중간 배 1척

1차, 2차 당항포 승리의 현장 정면에 포구, 오른쪽에 충무공 기념탑이 있다.

녹도 만호 송영종 : 큰 배 1척, 작은 배 1척
우돌격장 이언량 : 중간 배 2척
좌척후장 김완 : 중간 배 1척
좌별도장 배경남, 판관 이설 : 큰 배 1척
보전통장 최도전, 정병보 노천기, 조장우 : 작은 배 1척
계원장 이정충 : 큰 배 1척
해남 현감 위대기 : 중간 배 1척
좌응양장 정담수 : 큰 배 1척
우응양장 강응표 : 중간 배 1척
중위 좌부장 이정표 : 중간 배 1척
좌위 좌부장 전희광 : 작은 배 1척
우위 중부장 유해, 주부 김남준 : 중간 배 1척
우척후 윤붕, 노정장 배윤, 정병보 곽호신 : 작은 배 1척

경상 수군 장수들의 공적
우수사 원균 : 중간 배 2척
좌척후 기직남 : 큰 배 1척
좌돌격장 조응도 : 큰 배 1척
좌척후 이운룡 : 큰 배 1척
유격장 성천유, 우부장 하종해 : 중간 배 1척
좌선봉장 이영남 : 큰 배 2척
사량 만호 이여념 : 중간 배 1척
전부장 안위 : 중간 배 1척
우유격장 정항 : 중간 배 1척

 2차 당항포 전투와 관련하여 《선조실록》 1594년 4월 2일자 기사에 흥미로운 내용이 실려 있다. 기사는 '적선 31척이 진해와 고성 등지에 정박하고 있다가 우리나라 주사舟師(수군)에게 격파되었는데, 이는 중국에서 내려보낸 「금토패문禁討牌文(조선 수군의 일본군 공격을 금지하는 문서)」을 어긴 일이다.'로 시작된다.

이어 기사는 '소서행장이 큰 의심을 품고 있다. 소서행장이 "조선에 단단히 명령하여 금지시키는 것이 좋을 것"이라고 중국 측에 요구했다. 소서는 "만약 또 (조선이) 병선을 출동시키면 우리도 틀림없이 군대를 출동시키게 될 것이다."라고 말하였다.'로 이어진다.

우리나라를 제외하고 일방적으로 일본과 강화 교섭에 돌입해 있던 명은 당시 조선에 일본과 싸움을 벌이지 말라고 명령했다. 이순신은 명의 명령을 따르지 않고 왜적 토벌에 나섰고, 그것이 2차 당항포 전투였다. 1597년 1월 27일자 《선조실록》에 기록되어 있는 류성룡의 말이 생각나는 대목이다.

"성품이 굽히기를 좋아하지 않아 자못 취할 만하기 때문에 신이 이순신을 전라 좌수사로 천거하였습니다."

이순신은 1596년 12월부터 1월 사이, 선조의 부산포 공격을 따르지 않다가 결국 감옥에 갇힌다. 소서행장이 '가등청정이 1월 중 바다를 건너오니 바다 가운데에서 기다리고 있다가 공격하면 죽일 수 있을 것'이라는 요지의 제보를 해오자 선조는 이순신에게 출동을 명령했고, 이순신은 아군을 유인하는 거짓 음모에 말려들어서는 안 된다고 판단하여 왕명을 거부했던 것이다.

한산 대첩 기념비
임진왜란 3대 대첩 한산도, 사적 113호
도남로 634 유람선 터미널에서 출발

경남 통영 **한산도**
평화로운 섬, 그러나 임진왜란 3대 대첩지

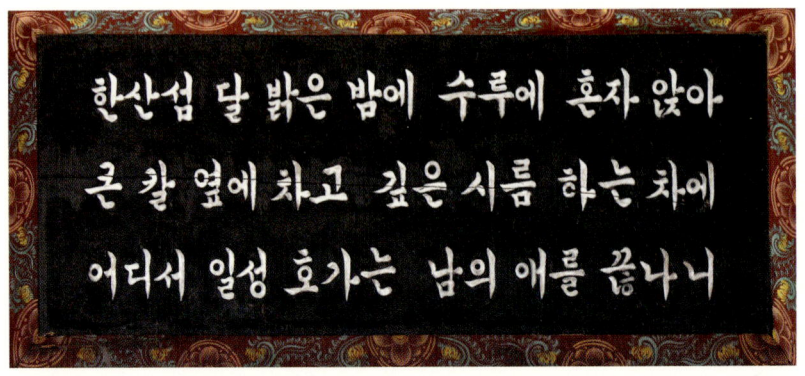

한산섬 달 밝은 밤에 수루에 혼자 앉아
긴 칼 옆에 차고 깊은 시름 하는 차에
어디서 일성호가는 남의 애를 끊나니

'이순신'하면 한산도가 생각나고, '한산도'하면 이순신이 떠오른다. 왜 그럴까. 한산도야말로 임진왜란의 상징적 현장이기 때문이다. 이름만 '한(閑)가한 산(山)'이지 실제로는 왜적과 싸우느라 피범벅이 된 전쟁터였던 한산도…….

본래 한산도는, 1469년에 간행된 《경상도 속간 지리지》에 따르면, 전쟁터가 아니라 '한산도 목장'이었다. 산과 들이 완만하고 섬 전체가 풀밭으로 이루어져 있어 조선 조정은 한산도를 목장으로 활용했다. 한산도는 나라에서 키우는 말들이 한가로이 거니는 평화지대였던 것이다.

물론 한산도는 1593년(선조 26) 여름 우리나라 최초의 수군 총본부(삼도수군통제영)로 선택되기 이전에도 전쟁사에 이름을 올렸다.

고려 말 이래 극심한 도발을 일삼아온 왜구를 소탕하기 위해 1418년(세종 1) 이종무 장군이 227척의 병선과 1만 7,285명의 군사를 이끌고 대마도 정벌에 나섰을 때 그 출발지가 바로 한산도였다.

그렇지만 오늘날 한산도를 찾아보면, 임진왜란의 피비린내는 어디론가 바람에 날려 모두 사라지고 눈부신 경치만 오롯하게 남아 멀리서 찾아온 나그네의 마음을 흔들어댈 뿐이다. 이곳에서 통제사로 근무하던 중 정승으로 발탁이 되어 한양으로 올라가게 된 어느 고위 관리가 '강구 안 파래야, 대구, 복장어 쌈아, 날씨 맑고 물 좋은 너를 두고 정승 길이 웬 말이야!' 하고 탄식을 했다는 고사가 정말 실감나는 풍광이다. 한산도에서 여수까지 바닷길 200여 리(80km)를 한려수도라 하지만 역시 한산도 일대는 '꽃 중의 꽃'이다.

한산 대첩의 현장에는 등대도 거북선 모양을 하고 있다.

통영 부두를 떠난 배는 좌우로 이어지는 경치를 보여주면서 천천히 한산도로 나아간다. 배는 대략 25분 안팎이면 한산도에 닿는다. 승선 시간이 잠깐이기 때문에 사람들은 모두 갑판에 올라 사방을 둘러보느라 법석이다. 이순신이 이끄는 조선 연합 수군이 임진왜란 3대 대첩으로 꼽히는 '견내량(충무공이 장계에서 쓴 표현) 대첩'을 이룬 승리의 현장이니 사람들이 환호성을 지르면서 구경을 하는 것이야 당연한 일이다.

뱃길에서 가장 눈길을 끄는 구경거리는 이순신 장군이 '한산 대첩' 직후 갑옷을 벗고 땀을 씻었다는 해갑도이다. 다만 아쉬운 점은, 배가 이 작은 섬 주변을 한 바퀴 돌아 흘러간 역사를 돌이켜볼 짬도 주지 않고 날아가는 새처럼 한산도를 향해 질주하는 것이다.

해갑도

금세 한산도가 보인다. 물길을 안내하는 등대도 이곳에서는 거북선 형상을 하고 있다. 이 일대가 한산도 주변이고, 한산 대첩의 현장이라는 사실을 등대는 온몸으로 외치고 있다.

멀리 숲 위에 장검을 거꾸로 꽂아놓은 듯이 보이는 「한산 대첩 기념비」가 솟아 있다. 기념비 왼쪽에 아스라이 제승당 지붕이 숨어 있다. 제승당은 충무공이 왜군 격파 전략을 구상하고 《난중일기》도 쓴 곳이다.

화살처럼 날아서라도 빨리 제승당이 보고 싶다. 마음에 안달이 솟는다. 그렇다고 바다에 풍덩 뛰어들어 헤엄을 칠 수는 없는 노릇이다. 배 주위를 맴도는 갈매기와 함께 천천히 선착장으로 다가가는 수밖에 없다.

한산도 선착장에 내려 처음으로 통과하는 문이 '한산문'이다. 현판 글씨가 이순신의 친필이라는 말을 들으면 누구나 다시 문을 쳐다보게 된다. 현판에는 충무공이 직접 쓴 '閑山門' 글자  를 크게 키웠다는 뜻의 '閑山門한산문 忠武公충무공 親筆친필 擴寫확사'가 새겨져 있다.

배에서 내린 사람들이 와르르 들려드는 통에 제대로 사진을 찍을 수가 없다. 역시 한산도는 찾는 사람들이 많은 곳이다. 배가 사람들을 한꺼번에 내려놓았고, 돌아갈 시간도 모두들 일정하니, 오늘은 말끔한 사진 한 장 찍기가 무척이나 어려운 날이 되리라.

왼쪽으로는 숲, 오른쪽으로는 바다가 시원하게 이어지는 길이 1km가량 구불구불 펼쳐진다. 길은 나무 그늘과 바닷물 내음으로 가득 찼다. 바람은 온몸에 해풍의 세월을 담은 소나무들을 부추겨 향긋한 솔잎 내음을 나그네의 심장 속으로 마구 밀어 넣는다. 해변을 따라 휘청 굽어있는 길처럼 나그네의 마음도 잠깐 사이에 황홀하게 풀어져버린다.

조금 더 가면 이번에는 대첩문이다. 조선 시대 수군 복장을 갖춘 군졸 두 명이 입구 좌우를 지키고 있다. 가까이 다가가보니 인형이다. 그래도 아이들과 젊은 부모들은 군졸의 창을 부여잡고 기념 촬영에 빠져 여념이 없다. 저 군졸들이 실제 사람이면 얼마나 좋을까, 그런 생각을 해본다. 살아 있는 역사의 현장은 인형이 아니라 사람이 지켜야 한다.

프랑스 베르사이유 궁전에서 겪은 일이 생각난다. 궁전 건물 계단 앞에 거의 사람으로 느껴지는 멋진 호위병 인형이 서 있었다. '사람인가?' 싶어서 만져 보았더니 역시 움직이지 않았다. 그런데 잠시 후 나올 때 보니 근무 교대를 하고 있었다! 그때 얼마나 놀라고, 또 감탄했던지……

제승당 삼도수군통제사 집무소 겸 작전 회의실

대첩문에서 제승당까지는 지금껏 걸어온 해변로와 전혀 다른 느낌을 주는 길이 펼쳐진다. 더 이상 평평할 수 없을 만큼 납작했던 바닷가 길과 달리 제법 가파른 오르막이다. 좌우가 온통 나무로 우거진 숲길이라는 점도 판이하다.

마지막 계단을 오르면 뜰이 펼쳐지면서 정면으로 제승당制勝堂이 보인다. 1591년 전라 좌수사로 부임한 이순신은 1593년 수군 본영을 여수에서 한산도로 옮기는데, 그때 운주당運籌堂을 직접 짓는다. 1593년 8월 초대 삼도수군통제사로 임명되어 1597년 2월 파직될 때까지 충무공이 3년 7개월간 삼도 수군을 지휘했던 운주당은 '작전을 짜는 집'이라는 뜻이다. 운주당에는 우리나라 최초의 통제영이라는 역사적 의의가 깃들어 있다.

충무공 사당 제승당 왼편에 있다. 제승당 유허비는 두 건물 사이에 있다.

정유재란 때 2대 통제사 원균이 칠천량 해전에서 패사하면서 한산도의 진영은 1597년에 모두 불탄다. 칠천량 대패 후 경상 우수사 배설은 비축하고 있던 무기와 군량미를 왜적에게 빼앗기지 않기 위해 어쩔 수 없이 불을 지른다.

그 후 1739년(영조 15) 통제사 조경이 새로 건물을 짓고 제승당 유허비遺墟碑도 세운다. 재건한 운주당, 즉 제승당에는 '승勝리를 만드는制 집堂'을 뜻하는 새 이름 '制勝堂' 현판이 걸렸다. 글씨는 조경 스스로 썼다.

충무공의 영정을 모신 충무사忠武祠와 유허비를 둘러본 후 제승당 뒤편의 한산정閑山亭으로 간다. 충무사와 유허비는 이순신 사후에 생겨난 유적이지만 한산정은 제승당과 더불어 충무공이 생전에 직접 활동했던 무대이다. 이순신은 이곳에서 부하 장졸들과 함께 활쏘기를 연마했다. 안내판의 해설을 읽어본다.

> 여기에서 과녁까지의 거리는 약 145m로, 활터와 과녁 사이에 바다가 있는 곳은 이곳뿐21)이다. 충무공이 이곳에 활터를 만든 것은 밀물과 썰물의 교차를 이용해 해전에 필요한 실전 거리의 적응 훈련을 시키기 위해서였다.

《난중일기》에는 이곳에서 활쏘기 내기를 하고, 진 편이 떡과 막걸리를 내어 배불리 나눠 먹은 사실이 여러 차례 기록되어 있다.

---

21) 경남 산청의 구형왕릉 아래에 '신라 태대각간 순충 장렬 흥무왕 김유신 사대비射臺碑'가 있다. 김유신이 구형왕릉에서 시묘살이를 할 때 활쏘기射 연습을 했던 곳臺이다. 그러나 김유신 사대는 한산도의 이순신 사대 한산정에 비해 화살을 한 번 날려보고 싶은 충동이 생기지 않는다. 두 곳을 모두 다녀본 답사자는 한산정의 안내판에 나오는 '활터와 과녁 사이에 바다가 있는 곳은 이곳뿐'이라는 설명이 정말 실감나게 느껴질 것이다.

활쏘기 훈련의 흥미를 북돋우고 무사들의 사기를 진작시키기 위한 충무공의 지혜였을 것이다. 함께 활쏘기를 연마하던 무사들은 충무공이 1594년에 건의해 실시했던 무과 특별 시험에서 선발된 하삼도下三道(경상, 전라, 충청) 출신 사람들이었다.

바다 건너로 과녁이 보인다. 활을 한번 쏘아보고 싶다. 그러나 활이 없다. 다른 나그네들도 나와 같은 마음인지, 한산정 난간에 기댄 채 자리를 뜨지 못하고 서성인다. 바닷물은 해풍을 맞아 잔잔하게 흔들리고 있다. 활이 없는 사람들의 마음도 그렇다.

한산도 답사 순서

⑴ 통영 유람선 터미널 도남로 269-38 출발
⑵ 해갑도, 거북선 등대 선상 관람 ⑶ 한산문 현판 감상
⑷ 해변로 걷기, 대첩문 ⑸ 제승당
⑹ 수루, 이순신 시조 편액 감상 ⑺ 충무사 사당 참배, 제승당 유허비 ⑻ 한산정, 물 건너 과녁 ⑼ 한산 대첩 기념비

한산정

한산 대첩 1592년 7월 8일
– 1592년 7월 15일 이순신 장계 「見乃梁견내량 破倭兵파왜병 狀장」 참조

1592년 7월 6일 전라도 수군 소속 65척의 전선은 왜적을 격멸하기 위해 여수를 떠나 경상도 바다로 나아간다. 이순신이 거느린 40척의 판옥선과 이억기가 거느린 25척의 판옥선은 남해도 북단의 노량에서 경상 우수사 원균이 끌고 온 판옥선 7척과 합세한다. 이윽고 전체 전함이 72척에 이르는 큰 규모의 수군 부대가 되었다.

6일 밤은 창선도에서 보냈다. 7일 아침은 바람이 크게 불어 배를 띄우기 어려웠다. 하는 수 없이 줄곧 기다리다가 늦게야 출발했다. 그 바람에 당포(통영시 산양읍 삼덕리)에 닿았을 때 벌써 해가 저물었다.

배를 멈춘 뒤 이동과 전투에 쓸 물을 긷고 나무를 마련하기 시작했다. 한창 분주한 중에 미륵도 목장에서 일하는 김천손金千孫이 급하게 달려 왔다.

"크고 작은 왜선 70여 척이 조금 전 미시(오후 2시 전후)에 영등포(거제도 구영)에서 나오더니 견내량(통영과 거제도 사이)에 정박해 있습니다."

이순신은 장수들을 모아 전략에 따라 세심하게 움직일 것을 엄중하게 지시했다. 전략은 이미 전라 좌수영(여수)을 떠나오기 전인 7월 5일에 세웠다. 그때는 전라 우수사 이억기 등과 작전 회의를 했었다. 또 6일에는 노량에서 원균까지 참가한 2차 작전 회의도 열었다.

8일 이른 아침, 왜적들이 정박해 있는 견내량을 향해 전진했다. 적선 큰 것 1척과 중간 것 1척이 바다 한가운데에서 탐색을 하다가 아군을 보고는 뱃머리를 돌려 물러갔다. 아군이 뒤를 따라가 보니 큰 배 36척, 중간 배 24척, 작은 배 24척이 진을 친 채 정박해 있었다.

견내량은 크고 무거운 판옥선으로 전투를 하기에 부적절한 곳이다. 바다가 좁고, 얕고, 암초가 많아 전투가 벌어지면 아군 판옥선끼리 충돌할 가능성도 높다. 게다가 적들이 궁지에 몰리면 쉽게 뭍으로 올라가기에도 좋다. 이순신은 적을 한산도 넓은 바다로 끌어내기로 마음먹었다. 바다가 넓으면 적들이 헤엄쳐서 달아날 수 없고, 뭍으로 도망쳤다 해도 굶어죽는 도리뿐이다. 특히 판옥선이 움직이기에 좋다. 이순신은 판옥선 5~6척을 내세워 앞서거니 뒤서거니 하며 공격하는 척했다.

왜선들이 일제히 돛을 올리고 따라왔다. 왜적 대장 협판안치脇坂安治(와키사카 야스하루)는 지난 6월 5일과 6일 경기도 용인 문소산과 수원 광교산 일대에서 아군 3만여 명을 격파해 이름을 떨친 왜장이다. 당시 협판안치는 한양에 머물다가 구원병으로 출전했는데 그가 아군을 기습할 때 거느린 군사는 불과 1,600명에 지나지 않았다.

한산 해전에 앞서 풍신수길은 바다에서 연이어 패전하는 데 격노, 반드시 전라도 해역을 점령하라고 명령했다. 병력과 군수 물자를 한양 쪽으로 수송할 남해 뱃길이 막힘으로써 평양까지 올라간 소서행장의 1군 등 북진 일본군들이 두루 곤란을 겪고 있었기 때문이다.

광교산 수원과 용인 경계

조선군 3만여 명이 북진하자 용인에 머물고 있던 일본군 600여 명은 겁을 먹고 전투를 기피했다. 한양에 있던 협판안치가 1,000 군사를 이끌고 달려왔다. 협판안치는 조선군이 오합지졸인 것을 간파, 6월 5일 2만여 전라도 군을 기습했다. 전라도 군은 풍지박살로 흩어지고 죽었다. 다음날인 6일 협판안치는 충청도 군 8,000여 명과 어제 싸움의 패잔병 전라도 군이 모여 있는 광교산 아래를 또 기습했다. 결과는 마찬가지였다. 이 승리로 협판안치는 이름을 날렸다.

풍신수길은 일본 수군 지휘관으로 협판안치, 구귀가륭九鬼嘉隆(구키 요시타카), 가등가명加藤嘉明(가토 요시아키)을 임명했다. 6월 7일 한양을 출발한 세 왜장은 단 이레만인 6월 14일 부산에 도착했다. 조선 육군이 지리멸렬한 상태였기에 그들은 그렇게 재빠르게 행군할 수 있었다.

세 왜장에게는 115척의 전함이 주어졌고, 그 중 73척을 협판안치가 거느리게 되었다. 협판안치가 세 왜장 중에서도 특히 대장이었던 셈이다.

가장 많은 전함을 거느리게 되자 협판안치는 욕심이 났다. 세 명이 협력하여 조선 수군을 격멸하라는 풍신수길의 지시에도 아랑곳없이 협판안치는 혼자서 공을 독차지할 공명심에 들떴다. 본래 수군이었던 협판안치는 자신감도 있었다.

용인 전투에서 벽력같은 기습으로 큰 승리를 거두었던 협판안치는 바다에서도 그렇게 싸울 생각을 했을 것이다. 그는 다른 두 왜장과 상의도 없이 단독 출정했다. 당장 여수까지 진격할 계획이었고, 그 중간에 영등포에 들른 후 지금 견내량에 정박 중이었다.

그런 상황에 조선 수군이 나타났고, 싸울 기미를 보였다. 협판안치는 그것이 이순신의 유인책인 줄은 꿈에도 모르는 채 신이 나서 공격 명령을 내렸다. 옥포, 합포, 적진포, 사천, 당포, 당항포 등지에서 이미 여러 차례 해전이 있었으니, 그 동안 육군으로만 참전해 온 협판안치라 하더라도 수군 대장을 맡은 이상 조선 전함의 전투 방식 정도는 사전에 파악했을 터이다.

'조선 수군은 멀리서 대포를 쏘아 공격한 다음, 무겁고 단단한 판옥선으로 우리 배를 박아서 부수는 방식으로 싸운다. 그런데 지금 저들은 후퇴 중이다. 우리 배를 박을 수도 없고, 화포 공격도 거의 어렵다. 배의 속도는 우리가 빠르다. 재빨리 따라잡아 적선의 갑판에 승선, 백병전을 벌이면 우리의 필승이다.'

협판안치는 그렇게 판단했을 것이다. 그러나 오판이었다.

한산도 왼쪽 넓은 바다 한복판까지 일본 전함들이 조선 수군을 추격했을 때 갑자기 판옥선들이 방향을 거꾸로 바꾸었다. 판옥선은 밑바닥이 평평하기 때문에 그 자리에서 쉽게 배를 돌릴 수 있다. 일본 배는 바닥이 뾰족하여 선회하려면 먼 거리를 빙 돌아야 한다. 협판안치는 그 차이를 알지 못했다.

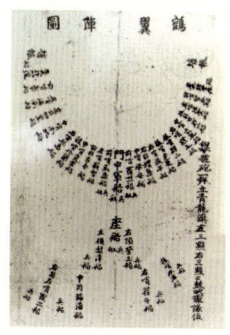

학익진도
옥포대첩기념관

이순신은 전선들을 학이 날개를 펼친 것처럼 좌우로 둥그렇게 펼쳤다. 이른바 학익진鶴翼陣이다. 적선들이 두 날개 사이에 갇히듯 들어왔다. 판옥선들이 일제히 대포를 쏘아대자 적선 2~3척이 순식간에 부서져 바다에 가라앉았다. 적들이 기겁을 하고 도주하기 시작했다. 이제 판옥선이 따라가면서 포격을 하는 형세가 되었다. 뿐만 아니라, 학익진의 날개 끝에 있던 양쪽 판옥선들이 도주하는 왜선들을 가로막았다. 적선들은 움치고 뛸 수가 없었다.

《난중일기》 1592년 3월 5일자에 보면 '좌의정 류성룡이 편지와 《증손 전수 방략增損戰守方略》이라는 책을 보내왔다. 책에는 수전水戰, 육전陸戰, 화공火攻 등이 낱낱이 설명되어 있다. 만고에 뛰어난 병법서이다.'라는 기록이 나온다. 증손 전수 방략이라면 보태고 줄이고, 싸우고 지키는 전법이다. 이순신은 여러 전투 방법에 대해 '낱낱이' 적혀 있는 '만고에 뛰어난' 이 책을 교재로 철저히 실전 연습을 했을 것이다. (《증손전수방략》은 현재 전해지지 않는다.)

임진왜란 발발 전날인 4월 12일자 일기에 '거북선에서 지자총통과 현자총통을 쏘았다.'라는 기록이 있다. 3월 26일에도 '거북선에서 대포 쏘는 것을 시험했다.' 2월 22일에도 대포를 쏘느라 밤늦게까지 촛불을 켜두었다.

게다가 시험으로만 끝난 것이 아니라 옥포에서 당항포에 이르기까지 실전 경험도 축적했다. 모두 화포를 퍼붓고, 거북선과 판옥선

153

을 세차게 움직여 대승을 거두었다. 아군은 거의 피해가 없었다.

이날 한산도 바다에서도 결과는 같았다. 이순신이 장계에 쓴 그대로 '모든 장수와 병사들, 군관들이 서로 앞 다투어 돌진했다. 화살과 총탄을 연이어 쏘아대니 마치 바람이 불고 천둥이 치는 듯했다. 한꺼번에 적의 배들을 불사르고 적병들을 사살해버렸다.' 전투 한 번에 적선 63척(《선조실록》 1592년 6월 21일)이 부서져 한산도 바다에 가라앉았다.

순천 부사 권준 : 큰 배 1척, 장수 포함 참수 10, 포로 1명 되찾음
광양 현감 어영담 : 큰 배 1척, 장수 생포, 참수 12, 포로 1명 되찾음
사도 첨사 김완 : 큰 배 1척, 장수 포함 참수 16
흥양 현감 배흥립 : 큰 배 1척, 참수 8, 수장 다수
방답 첨사 이순신 : 큰 배 1척, 배 2척, 참수 4
좌돌격장 이기남 : 큰 배 1척, 참수 7
좌별도장 윤사공, 가안책 : 층각선 2척, 참수 6

낙안 군수 신호 : 큰 배 1척, 참수 7
녹도 만호 정운 : 큰 배 2척, 참수 3, 포로 2명 되찾음
여도 권관 김인영 : 큰 배 1척, 참수 3
발포 만호 황정록 : 층각선 1척, 참수 2
우별도장 송응민 : 참수 2, 흥양 통장 최천보 : 참수 3
참퇴장 이응화 : 참수 1, 우돌격장 박이량 : 참수 1
대장선 군사들 : 참수 5, 유군 제1영장 손윤문 : 작은 배 2척, 참수 2
유군 제5영장 최도전 : 포로 3명 되찾음
좌도와 우도 연합군 : 큰 배 20척, 중간 배 17척, 작은 배 5척

적선 중 큰 배 1척, 중간 배 7척, 작은 배 6척은 전투가 개시될 때 멀찌감치 떨어져서 보기만 하다가 자기편 장졸들이 배가 불타고 목이 잘려 죽어가자 노를 재촉하여 달아나 버렸다. 왜적 400여 명은 배를 버리고 한산도로 올라갔다. 하지만 하루 종일 싸워 장수와 군사들이 너무나 지쳤고, 날도 어두워지기 시작하여 더 이상 적을 추격할 수가 없었다. 오늘 오후에 적들이 주둔했던 바로 그 자리, 견내량 안 깊숙한 바다에 진을 치고 밤을 지냈다.

안골포 해전 1592년 7월 10일
- 1592년 7월 15일 이순신 장계 「見乃梁견내량 破倭兵파왜병 狀장」 참조

한산 앞바다에서 대승을 거둔 이튿날(7월 9일) 안골포에 왜선 40여 척이 정박해 있다는 보고가 들어왔다. 이순신, 이억기, 원균은 적선 토벌 계책을 논의했으나 출정하지는 못했다. 이미 날이 어둡고 바람도 크게 일고 있어서 칠천도에 머물러 밤을 지냈다.

조선 수군은 다음 날(7월 10일) 새벽에 출정했다. 전라 우수사 이억기는 안골포 맞은편 가덕도 해안에 머물러 있다가 전투가 벌어지면 즉시 가세하기로 했다. 처음부터 아군의 세력이 크면 적이 싸우러 나오지 않을까 걱정되었기 때문이다.

안골포에 이르러 선창을 바라보니 적선 큰 것 21척, 중간 것 15척, 작은 것 6척이 물에 떠 있었다. 그러나 안골포 바다는 수심이 얕고 좁아 물이 빠지면 땅이 드러나는 곳이어서 판옥선처럼 큰 전함이 움직이기에는 곤란한 지역이다. 견내량에서처럼 적선을 넓은 바다로 끌어내는 것이 급선무였다.

제승당 유허비 한산도 충무사 앞

어제 한산 앞바다에서 당한 교훈을 전해 들었는지 왜선들은 전혀 움직일 기미가 없었다. 여차하면 뭍으로 올라 도망칠 심산으로 배를 묶어둔 채 험한 지형에 기대어 숨어 있었다.

어쩔 수 없이 아군은 일방적으로 공격을 퍼부었다. 천자 총통, 지자 총통, 현자 총통 등 각종 대포와 화살을 빗발처럼 쏘아댔다. 이억기 군도 달려 왔다. 큰 바다에서 전투가 벌어지면 적을 포위하면서 공격하는 지원 부대 역할을 맡을 계획이었는데 왜선들이 나오지 않으니 그곳에 머무를 이유가 없어졌던 것이다.

두 배로 군대 규모가 커진 조선 수군이 화포와 화살을 어지럽게 난사하자 대장선으로 보이는 3층 전함을 비롯해 2층 배들에 타고 있던 왜적들은 거의 대부분이 죽거나 다쳤다. 왜병들은 사상자들을 작은 배로 실어 나르고 그 대신 다른 병사들로 큰 배를 채웠다. 하지만 왜적의 반격은 변변찮았다. 전투가 하루 종일 계속되자 마침내 일본 전함들은 거의 대부분 깨어지고 불에 탔다.

적들은 모두 뭍으로 올라갔다. 배를 남김없이 태워버리면 왜적들이 더 내륙 깊숙이 들어가 우리 백성들을 마구잡이로 살육할 것이기 때문에 추격을 멈추고 1리쯤 밖으로 물러나 밤을 보냈다.

다음날(7월 11일) 새벽에 나시 포구 안으로 들어가 보니 적들은 남김없이 도망가고 아무도 없었다. 죽은 자들을 열두 곳에 쌓아놓고 불을 질렀던 모양이다. 아직도 덜 탄 뼈와 살점들이 사방에 흩어져 있고, 안골포 성 안팎에는 여기저기 피가 고여 있었다.

사시(오전 10시 전후) 들어 김해와 감동(부산 구포) 포구를 수색했으나 적을 찾지 못했다. 가덕도에서 몰운대(부산 다대포 끝)까지 전함을 줄지어 배치, 적의 동태를 더욱 세밀히 살폈다. 그 결과 적선 100여 척이 (낙동강의 갈래인) 김해와 영산 두 강 깊숙한 곳에 정박 중인 것이 확인되었다. 그러나 멀리서 온 전라도 군선에 식량이 거의 떨어졌고, 왜적 육군이 전주까지 이르렀다는 소식도 전해졌으므로 돌아가기로 결정했다. 12일 한산도를 거쳐 13일 여수에 닿았다.

왜적은 바다와 뭍을 통해 서쪽(한양)으로 올라오려고 계획했는데 이 해전(한산 대첩) 한 번으로 적의 한쪽 팔이 잘렸다. 소서행장은 평양에서 더 이상 나아갈 수가 없게 되었다. 그 이후 전라도와 충청도에서 황해와 평산까지 바닷가 일대를 지킬 수 있게 되면서 군량 확보와 군사 명령 전달이 가능해졌다. 우리나라가 중흥을 기할 수 있게 된 것이다. 또 발해 일원이 흔들리지 않음으로써 (일본군이 요동으로 쳐들어가지 못함으로써) 중국 군대가 육로를 통해 우리나라로 들어올 수 있었다. 이 모두가 이순신의 공로이다. **류성룡 《징비록》**

풍신수길이 패전 소식을 듣고 크게 화를 내며 글을 보내어 협판안치를 꾸짖었다. (중략) 풍신수길은 경솔하게 바다로 나아가 조선 수군과 싸우는 일을 엄중히 금지하였다. (중략) 협판안치에 대해 풍신수길이 맹책猛責(크게 꾸짖음)한 것으로 그치고 작전 방침을 변경하여 엄중히 전달한 통어統御(통솔하고 이끎) 방법이 좋았다. 명나라나 조선 같았으면 파직, 삭탈관직, 백의종군, 심지어는 참수, 효시 등으로 법석을 떨었을 것이다. 주장 협판이 약장弱將(약한 장수)인 까닭에 진 것이 아니라 이순신이 너무도 명장인 까닭에 참패를 당했던 것으로 통찰하고 그의 전 수군이 한꺼번에 모두 죽지 않은 것만으로도 스스로 위로하고 바다와 같은 도량을 보여준 풍신수길의 통수統帥(군대 통솔)에 동의할 수밖에 없다. **이경석 《임진 전란사》**

이순신 등이 군관 이충을 파견하여 급보(한산 대첩 소식)와 왜적의 머리를 바쳤다. 행재소(임금의 임시 거처)에서는 높고 낮은 모든 사람들이 기뻐서 펄쩍펄쩍 뛰며 서로 축하했다. **《선조실록》 1592년 6월 21일**

망산도 수로왕의 고대사와 충렬사의 현대사가 깃들어 있는 돌섬

요즘은 '해군' 하면 진해를 떠올리지만 1896년까지는 통영을 떠올렸다. 대체로 한산도에 있었던 통제영(삼도수군통제사의 근무지)은 1602년 이후 두룡포, 지금의 통영으로 옮겼다.

1902년 일본이 진해를 군항으로 개발하기 시작한다. 1907년 '진해 방비대'를 주둔시킨 일본은 1910년부터 왕벚나무를 대대적으로 심어 진해를 식민지답게 만들어간다.

진해와 통영 사이 바다에는 처참한 비극의 역사도 배어 있다. 1974년 2월 22일 해군 와이티엘정이 통영 앞바다에서 전복된다. 그 배에는 충렬사를 참배하러 왔다가 진해로 돌아가던 해군 신병 316명이 타고 있었고, 결국 159명의 신병들이 익사했다.

아득한 옛날에도 진해에는 배 사고가 있었다. 수로왕의 부인 허황옥이 인도에서 타고 왔던 배가 돌아가는 길에 뒤집혀 부서졌다. 그 흔적이 망산도望山島로 전해진다. 하지만 지금의 망산도는 대도로변에 붙어 섬도 아닐뿐더러, 주변이 쓰레기와 오염 해수로 가득해 역사 유적다운 품위가 전혀 없다. 그래도 '출입금지'이다. 철망으로 싸여 있고, 출입문도 자물쇠로 잠겨 있다.

부산포 앞바다 오륙도
1592년 4월 13일, 일본군이 부산포 앞바다로 침입했다.
1592년 9월 1일, 이순신이 이끄는 조선 연합 수군은
부산 앞바다에서 일본 전선 100여 척을 격파했다.
1598년 11월 18~19일 노량 해전을 끝으로 일본군은 철수했다.
일본군 철수할 때에도 오륙도를 지나갔다.
오륙도는 임진왜란의 시작과 끝을 보았다.

부산 오륙도, 정운공 순의비
이순신이 믿고 의지했던 인물, 정운

> 네 번 출전하여 왜적과 열 번 맞붙어 싸웠습니다.22) 모두 이겼지만 이번 ** 싸움보다 더 큰 승리는 없었습니다.
> 전에 싸울 때는 적선의 수가 많아도 70여 척이었는데 이번에는 적의 소굴에 줄지어 정박해 있는 470여 척 속으로 쳐들어갔습니다. 승리한 기세를 몰아 군대의 위세를 한껏 떨치면서 돌진했습니다. 겁을 내거나 포기하는 법 없이 하루 종일 가열차게 공격을 퍼부어 적선 100여 척을 부수었습니다. 적들은 기가 꺾이고 간이 떨어졌습니다. 적들은 머리를 웅크리고 두려워 벌벌 떨었습니다.

**은 어디일까? 한산도 또는 명량일 것 같지만 아니다. 명량은 정유재란 때 전투지이므로 일단 '네 번째' 출전이 될 수 없다.

---

22) 조선 수군은 1592년 5월 4일부터 5월 9일까지 1차 출동하여 옥포, 합포, 적진포에서 승리한다. 그해 5월 29일부터 6월 10일까지 2차 출동하여 사천, 당포, 당항포, 율포 해전에서 이긴다. 7월 6일부터 7월 13일까지 3차 출동에서는 한산 대첩과 안골포 승전을 이룬다. 따라서 8월 24일부터 9월 2일까지의 진군이 네 번째 출전이자 열 번째 승리가 된다.

**은 부산이다. 이순신은 부산포 승리에 관한 보고서 「부산釜山파왜병破倭兵장狀」에서 '네 번 출전하여 열 번 싸워 모두 이겼지만 부산 싸움보다 더 큰 승리는 없었다.'라고 스스로 평가했다. 한산도에서도 73척의 적과 싸웠는데 이번에는 470척이나 되는 적의 소굴로 들어가 100척이나 되는 왜선을 격파했다는 자긍심이다.

부산시는 이순신의 조선 연합 수군이 왜적을 대파한 10월 4일 (1592년 음력 9월 1일)을 '부산 시민의 날'로 정해 기념하고 있다. 서울은 이성계가 개성에서 한양으로 도읍을 옮긴 (1394년) 10월 28일, 인천은 처음으로 '仁川'이라는 지명이 사용된 (1413년) 10월 15일, 광주는 민주화 운동을 무력으로 진압하기 위해 계엄군이 주둔하고 있던 전남 도청을 시민들이 되찾은 (1980년) 5월 21일을 시민의 날로 정했다. 대구는 국채보상운동이 본격화된 (1907년) 2월 21일부터 (4·19혁명의 노둣돌이 된 1960년 대구 2·28 학생 의거 기념일) 2월 28일까지를 '대구 시민 주간'으로 운영하고 있다.

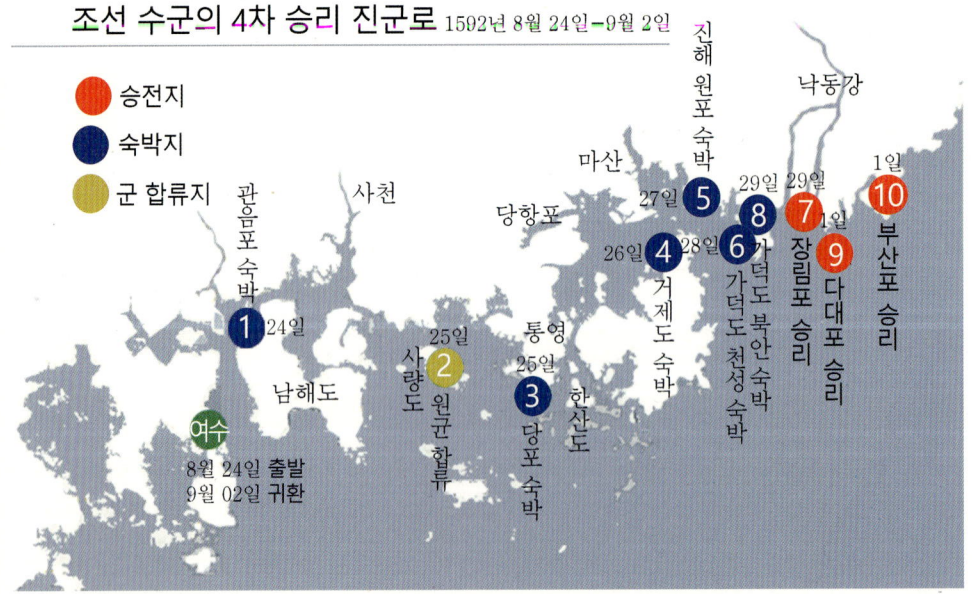

10월 4일이 '부산 시민의 날'로 정해진 까닭을 외지인들은 가늠하기 어렵다. 이순신이 이끈 조선 연합 수군이 부산포까지 쳐들어가 왜선 100여 척을 격파한 부산포 해전은 옥포 해전, 한산 대첩, 명량 대첩, 노량 해전만큼 전국적 지명도를 누리지 못하고 있기 때문이다. 과연 부산포 해전에는 임진왜란 당시 조선의 첫 승리라는 상징성을 지닌 옥포 해전, 일본군의 서해 진입을 막음으로써 전쟁의 흐름을 바꾼 한산 대첩, 13척의 배로 133척의 적선을 무찌른 신화적 승리 명량 대첩, 충무공 본인이 전사한 노량 해전에 버금갈 만한 이야기가 깃들어 있지 못한 것일까.

 온 국민이 충무공을 흠모한다면서 정작 이순신 본인이 '부산 싸움보다 더 큰 승리는 없었다.'라고 자평한 사실은 알지 못한다? 이는 일종의 어불성설이다. 그런 점에서, 부산포 전투 승리일을 시민의 날로 정한 부산 시민들은 '일등 국민'이라 할 만하다. 부산포 전투를 널리 알리기 위해 충무공 본인이 직접 쓴 「부산 파왜병 장」의 내용을 살펴본다.

 이순신은 1592년 8월 24일 전라 우수사 이억기 등 장졸들과 함께 여수를 출발하여 남해도 관음포(남해군 고현면 차면리)까지 갔다. 관음포에서 그날 밤을 지낸 후 이튿날 사량도(창선도와 통영 중간)로 갔다. 사량도에서 경상 우수사 원균과 만나기로 약속이 되어 있었다. 25일 사량도에서 원균을 만나 왜적에 관한 여러 소식을 자세히 물은 뒤 함께 당포(통영시 산양읍 삼덕리)로 가서 밤을 지냈다.

 26일은 비가 오고 바람이 세차게 불어 배를 띄울 수가 없었다. 저물 무렵이 되어서야 날씨가 누그러져 겨우 거제도로 갈 수 있었다. 27일에는 원포(창원시 진해구 원포동)에서 밤을 보냈다.

 28일 이른 아침에 원포를 떠나 낙동강 앞바다로 갔다. 창원 구곡포에서 물고기를 잡아 생활해온 포작鮑作 정말석丁末石이 찾아왔다. 그는 포로가 되어 사흘 동안 지내다가 도망쳐 나왔다고 했다.

"김해강에 정박해 있던 왜선들이 사나흘 동안 몰운대(부산 다대포의 끝자락) 바깥 바다로 계속 나갔는데, 도망을 치는 듯했습니다. 소인은 그 틈을 타서 밤에 도망을 나왔습니다."

이순신은 방답 첨사 이순신과 광양 현감 어영담에게 양산 쪽의 적선 동태를 살피라고 지시했다. 가덕도 북쪽에 배를 숨긴 채 종일 정찰을 한 두 장수가 신시(오후 4시 전후)에 돌아와서 보고했다.

"작은 왜선 네 척이 두 강에서 나와[23] 곧장 몰운대 방향으로 갔을 뿐입니다."

천성(가덕 해저 터널 입구 동쪽 포구) 선창으로 돌아와 밤을 지냈다.

29일 새벽닭이 울 무렵 낙동강 앞바다에 도착했다. 장림포(부산 사하구 장림동, 다대포 바로 북쪽)에 머물러 있던 왜적들이 큰 배 4척과 작은 배 2척을 타고 양산 쪽에서 나오다가 아군을 보고는 배를 버리고 뭍으로 올라갔다. 원균 휘하 경상 우수영 수군들이 달려가 적선들을 모두 불태웠다. 전라 좌수영 우후 이몽구도 적선 큰 것 한 척을 부수고 왜병 한 명의 목을 베었다.

조선 수군은 어두워질 무렵 가덕도로 돌아왔다. 이순신은 밤이 샐 때까지 원균, 이억기 등과 함께 작전 회의를 했다.

9월 1일에도 닭이 울 무렵 출발하였다. 진시(오전 8시 전후)에 몰운대 앞을 지나가는데 갑자기 큰 바람이 불면서 거친 파도가 일어 운행하기가 몹시 어려웠다.

조선 수군은 화준구미에서 왜적의 큰 배 5척, 다대포 앞에서 큰

---

23) 방답 첨사 이순신과 광양 현감 어영담의 보고에 등장하는 '두 강'은 서낙동강과 동낙동강을 말한다. 낙동강은 구포 왜성 인근에서 둘로 갈라져 한 줄기는 김해 동쪽을 흘러 남해로 들어가고, 다른 한 줄기는 부산 북구와 사하구 서쪽을 흘러 다대포 앞바다로 들어간다. 그 사이에 있는 큰 삼각지가 부산 강서구의 일원인 명지도이고, 명지도와 다대포 사이에 있는 또 다른 작은 삼각지가 유명한 을숙도이다. 이순신은 장계에서 서낙동강을 김해강, 동낙동강을 양산강이라 불렀다.

배 8척, 서평포(부산 구평동) 앞바다에서 큰 배 9척, 절영도(영도) 바다에서 큰 배 2척과 마주쳤다. 아군은 적과 마주칠 때마다 모두 쳐부수었다. 적들은 부랴부랴 산으로 도망쳐 올라갔다. 아군은 배에서 내려 절영도를 수색했지만 적병들을 찾아내지는 못하였다.

　이순신은 협선을 보내어 적을 찾아보게 했다. 정탐을 하고 돌아온 군사들이 '약 500여 척이나 되는 왜선들이 부산포 선창 동쪽 산기슭에 정박해 있다.'라고 보고했다. 적선 중 선봉에 선 큰 배 4척은 초량 쪽으로 전진 중이라고 했다. 보고를 듣자마자 녹도 만호 정운, 거북선 돌격장 이언량, 방답 첨사 권준, 낙안 군수 신호 등이 달려가 모두 불태워버렸다. 적병들은 뭍으로 달아났다.

부산포 앞바다 오륙도 너머로 바라본 1592년 9월 1일 대승의 현장

부산진성 동쪽 산 아래 5리(2km)쯤 되는 물가에 정박해 있던 적선은 모두 470여 척이나 되었다. 그러나 적은 아군의 맹렬한 위세에 눌려 밖으로 나올 엄두를 내지 못했다. 마냥 기다려서는 전투가 성립되지 않을 듯하여 아군은 그대로 적선을 향해 돌진해 들어갔다. 적의 저항을 제압한 아군은 크고 작은 왜선들을 100여 척 부수었다. 배를 깨뜨리느라 바빠 적병의 목을 벨 겨를이 없었다.

자정 무렵에 가덕도로 돌아왔다. 아군 전함들도 풍랑 속에서 서로 부딪혀 많이 다쳤기 때문에 수리가 요구됐다. 또 군량미를 넉넉히 준비할 필요도 있었다.

9월 2일 본영(여수)으로 돌아왔다.

> 녹도 만호 정운은 변란(임진왜란)이 생긴 후로 충의심에 불타올라 적과 함께 죽기를 원한다고 맹세하면서 세 번 왜적을 칠 때 늘 앞장서서 돌진하였습니다. 이번의 부산 전투에서도 죽음을 무릅쓰고 진격하다가 적의 큰 철환을 이마에 맞고 전사하였습니다. 참으로 참통慘痛(비참하고 슬픔)합니다. 장수들 중에 차사원差使員(특수 임무를 수행하는 임시 식색)을 따로 정해 각별히 호상護喪(장례 책임자)하도록 했습니다. 그를 대신할 사람으로 무재武才(무술 능력)와 지략을 겸비한 인물을 뽑아서 속히 내려 주시기를 바랍니다.

이순신은 「부산 파왜병 장」에서 정운의 전사를 특별히 슬퍼했다. 정운은 지난 5월 3일 전라도 수군의 경상도 바다 출전 여부를 두고 마지막으로 이순신과 대화를 나누었던 장본인이다. 정운은 '적이 한양을 향해 점점 가까이 진격하고 있으니 참으로 분통합니다.'라면서 빨리 경상도 바다로 진격하자고 독촉했고, 이순신은 그의 독촉을 받고 출전을 최종 확정했다. 이순신도 정운도 바로 그날 한양이 적의 수중에 떨어졌다는 사실을 알지 못했다.

물론 이순신이 정운의 말 한 마디에 '내일 출전'을 결정했을 리는 없다. 전쟁 발발 이틀 뒤인 4월 15일 경상 우수사 원균, 경상 좌수사 박홍, 경상 감사 김수로부터 왜적이 쳐들어왔다는 연락을 받은 이래 5월 4일 전라 좌수영 수군을 이끌고 경상도 바다로 출발할 때까지 줄곧 고민을 했었다. 4월 27일 조정에서 보낸 '알아서 출전하라'는 취지의 공문을 받은 뒤부터는 더욱 깊은 생각에 잠겼다. 전함과 무기를 갖추었고, 부하 장수들의 여론도 모았고, 그들의 전투 의욕이 들끓어 오르기를 기다리기도 했다.

  《난중일기》의 당일 내용을 면밀히 살펴볼 필요가 있다. 정운은 이순신에게 '우수사(전라 우수사 이억기)는 오지 않고, 왜적은 점점 한양 가까이 다가가고 있으니 분한 마음을 참을 수가 없소. (지금 출전하지 않아 왜적의 조선 침탈 속도를 늦출) 기회를 놓치면 후회해도 소용이 없을 것이오.'라고 말했다.

정운 동상 고흥 쌍충사

  정운의 이 발언은 상당히 격앙되어 보인다. 첫째, 전라 우수사가 전함을 이끌고 신속히 나타나지 않는 데 대한 원망이 짙게 묻어 있다. 이순신이 거느린 '30척 미만으로는 세력이 너무 미미하므로' '(전라 우수사는) 소속 수군을 이끌고 이순신과 힘을 모아 (경상도 바다를) 구원하라.'는 전라 감사 이광의 공문을 받았고(4월 30일자 이순신 장계「부원赴援경상도慶尚道장狀」), '30일에 배를 출발시키겠다.'라고 약속을 했으면서도(5월 4일자「부원赴援경상도慶尚道장狀」) 전라 우수사 이억기는 5월 3일이 되어도 여수로 오지 않았던 것이다. 전라 우수영 수군은 당항포 해전을 하루 앞둔 6월 4일에야 합류했다. 출동하기 싫어서가 아니라 준비가 덜 되었던 것이다.

둘째, 침략군이 한양 가까이까지 몰려간 패전 현상에 대한 뜨거운 분노이다. 전쟁 발발 20일도 되지 않아 나라의 중심인 도성을 빼앗길 지경에 이르렀으니 의로운 장수로서 당연한 울화였다.

셋째, 이 대목이 가장 주목을 끄는 부분이다. 이순신은 정운이 자신에게 '기회를 놓치면 후회해도 소용이 없을 것'이라고 말한 것으로 기록하고 있다. 부하 장수가 직속 상관에게 건의한 말로서는 상당히 드센 언사가 아닐 수 없다.

정운의 발언이 정중하지 않고 거칠게 표현된 것은 무엇 때문일까. 녹도 만호 정운은 전라 좌수사 이순신의 직속 부하였지만 당시 50세로 48세인 충무공보다 두 살 위였다. 28세이던 1570년(선조 3)에 무과에 급제하여 1576년(선조 9)에 합격한 이순신보다 6년이나 빨랐다. 그래서였을까.

물론 그렇게 볼 수는 없다. 부산포 해전 직후인 1592년 9월 11일에 조정으로 올린 장계 「청청 정운鄭運 추배追配 이대원李大源 사祠 장狀」은 충무공이 얼마나 정운을 생각했는지 잘 말해준다.

정운은 맡은 직책에 충실하고 담략까지 겸비하여 신이 어려운 일을 의논할 수 있는 사람이었습니다. 정운은 전쟁이 일어난 이래 나라를 위해 몸을 돌보지 않았습니다. 그는 조금도 마음이 해이해지지 않았으며 변경 방어에 예전보다 두 배의 힘을 기울였습니다. 신이 믿고 의지했던 사람이라고는 정운 등 두세 명뿐이었습니다.

그 동안 세 번 싸워 이길 때마다 정운은 항상 앞장을 섰습니다. 부산 대전에서도 그는 몸을 가볍게 여겨 죽음을 잊고 선두에서 적의 소굴로 진격했습니다. 그날 하루 종일 전투가 벌어졌는데, 정운이 있는 힘을 다해 싸우니 적들은 꼼짝을 못했습니다.

> 그러나 전투가 끝나갈 무렵 정운은 탄환에 맞아 전사하였습니다.
>
> 정운의 늠름한 기운과 맑은 영혼이 부질없이 사라져 후세인들이 알지 못하게 된다면 정말 원통한 일입니다. (정운에 앞서 녹도 만호로 재직했던 장수로, 1587년에 왜구와 싸우다 전사한) 이대원의 사당이 아직 (녹도) 포구에 있으니 초혼招魂(혼령을 부름, 정운을 이대원 사당에 모신다는 뜻)하여 같은 제단에 모시고 제사를 올리면 그의 의로운 혼령을 위로할 수 있고, 또한 다른 사람들에게 교훈이 될 것입니다.

이순신은 정운을 '어려운 일을 의논할 수 있는 사람'이라고 했다. '믿고 의지했던 사람이라고는 정운 등 두세 명뿐'이라고도 했다. 정운이 전사한 후에 적은 장계이기 때문에 그렇게 호의적으로 표현한 것이 아니라는 말이다.

본래 이대원 사당이었던 **쌍충사** 전남 고흥군 도양읍 봉암리 2202

정운이 '기회를 놓치면 후회해도 소용이 없을 것'이라고 격앙된 언사를 썼을 때에도 이순신은 불쾌감을 가지지 않았다. 아무도 안 보는 일기인데도 이순신은 정운의 도발적 발언을 문제 삼지 않았다. 정운의 발언 바로 뒤에 이어지는 내용이 그 증거이다.

정운과 대화를 마친 이순신은 '즉시 내일 새벽에 출전할 것을 (정운에게) 약속하고 (그 자리에서, 경상도로 내일 출발한다는) 장계를 써서 조정에 보낸다.' 이보다 더 이순신이 진정으로 정운을 '어려운 일을 의논할 수 있는 사람'이라고 생각했다는 사실을 말해줄 자료는 없을 것이다.

왜적이 쳐들어 와 한양 턱밑까지 진격했고 경상도 수군이 궤멸된 이 상황에 전라 좌수영 수군은 과연 어떻게 해야 하나? 이 '어려운 일'을 이순신은 정운의 의견을 듣고 결정했다. 그만큼 이순신은 평소에 정운을 신뢰했다.

게다가 이순신은 처음부터 정운을 좋아했다. 《난중일기》 1592년 2월 22일자에는 정운에 대한 신뢰가 오롯이 녹아 있다.

1월 16일 이순신은 '병선을 수리하지 않았다'는 죄목으로 방답(여수 돌산)의 병선 관리 군관 등에게 곤장을 친다. 또 '우후(부수사, 이몽구) 등이 제대로 단속을 하지 않아서 이 지경에 이른 것'이라고 한탄한다. 다만 첨사는 문책하지 않는다. 첨사 이순신이 며칠 전인 1월 10일에 부임했기 때문이다.

그 뒤에 이어지는 2월 22일자 일기가 절정이다.

'흥양(고흥, 현감 배흥립)에 들러 배와 기구를 직접 점검하고 그 길로 녹도로 갔다. 만호(정운)의 애쓴 정성이 미치지 아니한 곳이 없었다.'

정운 녹도 만호의 애쓴 정성이 미치지 않은 곳이 없다! 대단한 찬사이다. 송강 정철의 가사 「관동별곡」 중 마지막 구절이 저절로 연상된다.

'명월이 천산만락千山萬落(온 세상)에 아니 비친 데 없다!'

1594년(선조 27) 8월 12일자 《선조실록》에 선조와 류성룡의 문답 기사가 실려 있다. 선조가 '임진년(1592) 이후 우리 군대가 크게 위축된 것은 무엇 때문인가退縮何也?' 하고 묻자 류성룡이 '정운이 죽은 후 수군의 사기가 꺾인 탓에舟師退挫 교활한 적들에게 습격을 받을까 두려워 쉽게 나서지 못하고 있습니다.' 하고 대답한다.

안방준安邦俊(1573~1654)은 《부산 기사釜山記事》에 '국가를 되찾은 것은 호남을 잘 보전했기 때문이고國家之恢復由於湖南之保全, 호남을 잘 보전한 것은 이순신의 수전에서 힘입은 것이며湖南之保全由於舜臣之水戰, 이공의 수전은 모두가 녹도 만호 정운의 용력에서 말미암은 것이다舜臣之水戰皆出於鹿島萬戶鄭運首事嘗試之力也.'라고 평했다.

1798년(정조 22), 다대포 첨사로 부임한 정운의 8대손 정혁鄭爀이 높이 172cm, 넓이 69cm, 두께 22cm 규모의 순의비를 세웠다. 비면에는 '忠臣충신鄭公運정공운殉義碑순의비' 여덟 자가 새겨져 있다.

정운 순의비 사하구 다대동 산145

충신 정공운 순의비

정운 순의비에 이어 부산포 해전의 또 다른 유적으로는 영도를 들 만하다. 1592년 9월 1일 조선 수군은 부산포로 진격하면서 영도를 수색했다. 아군은 그날 다대포, 서평포, 절영도 바다에서 19척의 일본 전함을 격파했는데, 영도에서 부서진 큰 배 2척의 적병들이 뭍으로 올라갔기 때문이다.

그 때 아군은 영도를 뒤졌지만 적병들을 찾아내지는 못하였다. 하지만 오늘날 영도를 한 바퀴 도는 산책로를 천천히 걸으며 임진왜란 당시의 분위기를 떠올려보는 체험은 다른 곳에서 맛보기 어려운 실감을 새록새록 느끼게 해준다. 날씨가 화창한 날 태종대 전망대에 서면 멀리 대마도가 보이고, 우리 판옥선과 일본 전함들이 목숨을 걸고 싸웠던 거제도~가덕도~다대포~서평포 바닷길도 한눈에 들어온다. 해군 전함들이 훈련차 수평선까지 아득하게 떠 있는 날에는 문득 전쟁 느낌으로 가슴이 서늘해지기도 한다. 황혼이 깃들 무렵에 바라보는 몰운대 쪽 바다의 절경도 놓칠 수 없는 풍경이다.

또 한 곳은 오륙도이다. 배를 타고 오륙도를 한 바퀴 돌아보는 일은 부산포 해전의 현장을 답사하는 진귀한 체험이다. 배가 출발할 때면 갈매기떼가 하늘과 삽판을 뒤덮는다. 심지어 신척징 사무실은 갈매기의 간식(?)인 새우깡을 판매하고 있다.

바다 복판으로 들어간 배는 이윽고 오륙도 등대를 휘감아 돈다. 임진왜란 당시를 떠올리니 문득 부산포 바닷물이 뒤집어지는 듯한 환상이 일어나기도 한다. 1592년 4월 13일, 일본 침략군이 쳐들어오는 광경을 목격했던 오륙도이다. 1592년 9월 1일, 우리 수군이 왜선 100여 척을 불사르고 바다에 밀어넣는 승리의 현장도 생생하게 보았던 오륙도이다. 1598년 11월, 일본군이 철수해서 떠나가는 모습도 어김없이 눈에 담았던 오륙도이다.

부두에는 그렇게 많던 갈매기가 오륙도까지는 한 마리도 따라오지 않았다. 갈매기도 전쟁터는 싫은가 보다.

칠천량 해전
Chilcheonryang Seabattle

칠천량 해전은 삼도수군통제사 원균이 지휘하는 조선 수군이 도도 다카토라 등이 지휘하는 일본 수군에 의해 1597년 7월 16일(음력) 새벽 칠천도 앞바다에서 전멸에 가까운 패배를 당한 사건이다. 임진왜란 내내 단 한 번도 패배하지 않았던 조선 수군은 이 때에 처음으로 충격적인 패배를 겪는다. 이 패배로 인해 임진왜란의 전체적인 흐름이 뒤집어졌으며, 조선 민중은 일본군이 저지르는 학살과 약탈 등 온갖 만행에 무방비로 노출되고 말았다.

칠천량 해전 공원 전시관 거제시 하청면 연구리 418-2

경남 거제 **칠천량**

조선 수군 최초의 패전, 최대의 패전

거제도와 그 서쪽 칠천도 사이의 얕은 바다 칠천량은 우리 역사에서 가장 많은 군인들이 한꺼번에 전사한 곳이다. 1597년(선조 30) 7월 16일 삼도(경상도, 전라도, 충청도)수군통제사 원균, 전라 우수사 이억기, 충청 수사 최호를 비롯한 약 1만여 장수와 수군들이 조총에 맞아, 바다에 빠져, 뭍에 매복한 채 기다리던 일본군의 습격을 받아 목숨을 잃었다. 그 바다 칠천량을 아직 한 번도 찾은 적이 없다면 '국사에 관심이 많은 국민'이라 자칭하지 못하리라.

부산 남쪽 가덕도를 거쳐 거제도로 들어선다. 대참패의 현장으로 가는 걸음이기 때문인지 화창한 날씨인데도 기분은 그다지 유쾌하지 않다. 이유 없이 마음이 무겁게 가라앉는다. 길이 물속으로 들어간 탓도 있을 것이다. 길 이름이 '가덕 해저 터널'이라 한다.

전조등을 켜고 달리는데도 콘크리트 벽에 막힌 사방의 분위기에 가슴이 눌려 어쩐지 답답하다. 차에 실려 물 아래 길을 가면서도 이런데, 하물며 시커먼 바다 속으로 떨어지며 숨을 거두었던 1597년 7월 16일의 선조들은 어떠했을까!

고향에 두고 온 가족들의 울부짖음이 불현듯 스치고 지나가는 그 순간, 물 밑으로 가라앉으며 이승과의 인연을 끊어야 했던 그분들의 한 많은 고통⋯⋯. 차마 상상조차 할 수 없는 처참한 현장을 찾아 나선 오늘의 일정이 그저 우울할 뿐이다.

가덕도 휴게소에서 얻은 '거제 관광 안내도'를 편다. 지도에는, 가거대교를 넘으면 곧장 나타나야 할 영등포 왜성(거제시 장목면 구영리 산29-2)이 보이지 않는다. 그 다음의 송진포 왜성(장목면 장목리 산6-3)과 장문포 왜성(장목리 산130-43)도 없고, 통영으로 가는 거제대교 앞의 견내량 왜성(사등면 덕호리 267)도 표시가 없다. 안내도를 만든 이들도 왜성들을 지도에 넣으려니 마음이 답답해졌던 것일까.

안내도에는 없지만, 칠천량 해전의 현장을 답사하려면 그 전에 왜성부터 먼저 둘러보는 것이 좋다. 왜냐하면 칠천량 해전의 참패가 왜성들과 깊은 관련이 있기 때문이다. 이순신도 원균도 통제사

로 있을 때 부산의 일본 수군을 공격하라는 조정의 명령을 따르지 않았는데, 이는 왜성들의 존재를 우려한 군사적 결정이었다.

선조와 조정 대신들은 일본 수군을 격파해야 전쟁을 빨리 끝낼 수 있다고 생각했다. 사실 전쟁 초기만 제외하면 이순신을 중심으로 한 조선 수군은 일본 전선 안택선보다 거대하고 전투 기능도 훨씬 뛰어난 판옥선을 보유한 장점과, 익숙한 지형 지리를 잘 활용한 전술 전략의 구사로 연전연승을 거듭했다. 선조와 조정 대신들은 그것만 믿었던 것이다.

수군 지휘부의 판단은 달랐다. 1593년 4월 19일 한양에서 철수한 일본군이 남해안 일대에 18개의 왜성을 쌓고 주둔하면서 사정은 180도로 바뀌었다. 수군끼리 바다에서 맞붙는 상황을 염두에 두고 전투 준비를 해서는 안 되게 변했다. 일본 수군의 주력 부대가 있는 부산 근해까지 진출했다가는 맞서서 대항하는 적과, 웅천과 가덕도 등지의 왜성에서 몰려나와 배후를 공격해올 적에게 저절로 포위가 되어버리는 형국이었다.

이순신과 원균은 육군이 왜성의 일본군을 공격해주고 수군이 일본 수군을 치는 합동 작전을 주장했다. 선조와 조정의 출전 명령을 따르지 않고 다른 대안을 제시했다. 선조는 이순신을 한양으로 잡아 올려 고문까지 했다.

《선조실록》에 따르면 선조는 1597년 1월 23일 '왜추(소서행장)가 방법을 가르쳐주었다. (가등청정이 바다를 건너 부산으로 오는 날짜를 대략 가르쳐주면서 조선 수군은 막강하기 때문에 해상에서 기다리고 있다가 공격하면 그를 죽일 수 있다. 그런데도 이순신은 가등청정을 참수하라는 임금의 명령을 거부하고 출전도 하지 않았다.) 우리나라는 왜추보다도 못하다. 한산도의 장수(통제사 이순신)는 편안하게 누워서 어쩔 줄을 몰랐다.'하고 개탄한다. 선조는 1월 27일 '그런 사람(이순신)은 가등청정의 목을 베어와도 용서할 수 없다.'면서 이순신을 죽이겠다는 의지도 천명한다.

정탁24) 등의 구명 운동으로 이순신은 겨우 목숨을 건지지만 통제사는 이순신에서 원균으로 교체된다. 하지만 본래 수군 단독 출전론을 펼쳐왔던 원균도 통제사가 된 뒤 생각을 바꾼다. 심지어 원균은 1597년 4월 19일 이순신과 똑같은 주장을 담은 장계까지 조정에 보낸다.

"지금은 춘삼월이라 비가 오지 않는 까닭에 땅이 굳어 있어 말을 달리고 싸움을 하기에 매우 좋은 때입니다. 반드시 4~5월 사이에 육군과 수군을 크게 일으켜 한판의 승부를 걸어야 합니다."

원균은 통제사가 된 지 다섯 달이나 되었는데도 전혀 출전할 기미를 보이지 않았다. 수군을 빨리 출전시키라는 선조의 독촉이 도원수 권율에게 하달된다. 권율은 원균에게 계속 출전을 미루면 군법의 적용을 받게 될 것이라는 선조의 의중을 전한다. 결국 6월 18일 원균은 가덕도 앞까지 진출한다.

승패가 불분명한 전투를 마친 원균은 한산도 통제영(통제사가 근무하는 군영)으로 돌아온다. 권율이 다시 원균을 불러 '빨리 재출전하라.'고 지시한다. 원균은 여전히 수륙 병진론(육군과 수군이 함께 나아가 일본군의 왜성과 수군을 동시에 공격하는 전술)을 수장하며 권율의 지시를 거부한다. 원균은 무수한 장졸들이 지켜보는 가운데 권율에게 매질을 당한다.

---

24) 정탁鄭琢 : 1526년(중종 21)에 태어나 1605년(선조 38)에 세상을 떠났다. 좌의정, 우의정, 영중추부사, 도승지, 대사헌, 강원도 관찰사 등 고위직을 역임했다. 본관은 청주淸州이다. 정탁은 1592년 임진왜란이 일어났을 때 좌찬성으로 있으면서 선조를 의주까지 호종했다. 1597년 정유재란 때는 이미 72세의 노령이었음에도 직접 싸움터에 나아가 군사들의 사기를 앙양시키려 했다. 선조가 그의 연로함을 지적하며 만류하는 바람에 출전을 실행하지는 못했지만, 이 해 3월 옥에 갇혀 있던 이순신을 구해내는 데 앞장섰다. 이순신과 원균이 주장한 수륙 병진 협공책水陸倂進挾攻策을 신뢰했던 정탁은 경북 예천의 도정서원道正書院에 제향되고 있다.

7월 5일 마침내 원균은 모든 전력을 동원하여 부산포 앞바다로 출정한다. 그러나 갑자기 들이닥친 폭풍우 때문에 싸워보지도 못한 채 가덕도, 서생포(울산) 등 육지 쪽으로 밀려난다. 가등청정이 주둔한 서생포 왜성 등 뭍에서 기다리던 일본군들은 지쳐서 몸도 잘 가누지 못하는 조선 수군들을 무참히 살해한다.

원균의 주력 부대는 거제도와 칠천도가 파도를 막아주는 칠천량 바다에 정박한다. 원균이 한산도까지 가지 않고 그 중간인 칠천량에 머문 것은 신속히 전투를 재개하기 위한 조치였다. 권율은 '더 빨리 재출전을 하겠다.'라고 속시원하게 대답하지 않는 원균에게 또 다시 매질을 한다.

칠천 연륙교에서 본 **칠천량**, 사진으로도 포위되기 쉬운 지형임이 확인된다.

원균은 곤장을 맞고 돌아와 분을 삭이지 못한다. 경상 우수사 배설은 '이곳 칠천량은 좁고 물이 얕아 크고 무거운 판옥선이 움직이기 어렵습니다, 왜적이 기습을 해오면 우리가 아주 불리하니 넓고 깊은 한산도 쪽으로 가서 전열을 정비한 다음 전투를 재개해야 승산이 있을 것이오.' 하고 계책을 제시한다.

원균은 '한산도까지 물렀다가는 재공격 시기가 늦어지니 전투 이전에 내 목부터 먼저 떨어질 것'이라며 배설의 의견을 묵살한다. 《선조실록》 1597년 7월 22일자 기사를 보면, 배설은 7월 15일 원균에게 '촉박한 출전 명령을 따르다가는 우리 군사들을 모두 죽이게 됩니다, 장수들이 명령 불복종으로 처형될지언정 죄 없는 병사들을 죽음의 땅으로 몰아넣을 수는 없소.' 하며 반대한다. 권율로부터 '(원균이 출전하지 않으면) 나라에 법이 있고, 나(선조) 역시 사사로이 용서하지 않을 것'이라는 임금의 말을 전해들은 원균은 칠천량 주둔을 강행한다.

다음날인 7월 16일 새벽 4시, 일본군이 칠천량 전체를 에워싼 채 기습한다. 조선 수군은 얕고 좁은 칠천량 바다에 미동도 없이 머물러 있었다. 아군의 운명은 어찌 되었을까? 비가 퍼붓는 캄캄한 밤, 바다에서도 포위되었고, 요행히 뭍으로 도망쳐 올라도 왜성에서 쏟아져 나온 일본 육군들이 기다리고 있는데……

칠천량 해전 공원 전시관

칠천량 해전의 최종 결말부터 살펴보자. 《선조실록》 1597년 7월 22일자 기사는 선전관(전투 감독관)으로 원균의 대장선에 함께 타고 있었던 김식의 보고를 보여 준다.

"한편으로 싸우면서 한편으로 후퇴하였으나 도저히 대적할 수 없어 고성 지역 추원포로 후퇴했는데, 적세가 하늘을 찌를 듯하여 마침내 우리 전선은 모두 불에 타서 침몰했고 제장과 군졸들도 불에 타거나 물에 빠져 모두 죽었습니다.

신은 통제사 원균, 순천 부사 우치적과 간신히 탈출해 상륙했는데, 원균은 늙어서 걷지 못하여 맨몸으로 칼을 잡고 소나무 밑에 앉아 있었습니다. 신이 달아나면서 보니 왜군 6~7명이 칼을 휘두르며 원균에게 달려들고 있었습니다. 그 뒤로 원균의 생사는 자세히 알 수가 없었습니다.

난리 중에 경상 우수사 배설과 몇 명의 만호만이 살았고, 많은 배들은 불에 타 불꽃이 하늘을 덮었으며, 무수한 왜선들이 (조선 수군의 총본부가 있는) 한산도로 향했습니다."

장문포 왜성 왜성의 특징 중 한 가지인 비스듬한 성벽을 보여준다.

장문포 왜성을 둘러본 뒤 도로로 내려오면 이내 칠천도로 들어가는 칠천 연륙교가 나타난다. 다리 입구에 '칠천량 해전' 해설 빗돌이 세워져 있다. 이런 것을 그냥 지나쳐서는 참된 역사 여행이라 할 수 없다. 빗돌 앞에서 발을 멈춘다.

경상남도가 2010년 1월 12일에 건립한 이 현대적 조형물은 용머리가 나와 있고 지붕이 둥근 것으로 보아 거북선을 상징하는 듯 여겨진다. 칠천량 해전을 일목요연하게 설명해주지 않을까, 하는 기대감을 가지고 비문을 읽어본다.

> 칠천량 해전은 1597년(정유년) 7월 16일 거제시 하청면 실전리에서 벌어진 치열한 전투이다. 당시 삼도수군통제사 원균이 지휘하던 조선 수군은 7월 14일 가덕도와 영등포 등에서 일본군의 습격으로 손실을 크게 입고 후퇴하여 7월 15일 밤에 이곳 칠천량에서 정박하였다.
>
> 이튿날인 7월 16일 새벽, 다시 일본 수군 600여 척의 기습 공격으로 조선 수군은 160여 척을 잃었고, 전라 우수사 이억기, 충청 수사 최호 등 소선 상수늘이 상렬히 선사하였으며, 원균 또한 고성으로 퇴각하다 육지에서 전사하였다.
>
> 이 해전의 패배로 남해안의 제해권을 일본에 빼앗기자 조선 조정은 초계(현 합천군 율곡)의 권율 도원수 휘하에서 백의종군하던 충무공 이순신을 다시 삼도수군통제사로 임명하여 제해권을 회복하도록 하였다.

'경상남도 이순신 프로젝트 역사 고증 자문위원회'의 고증을 거쳤다고 밝혀져 있는 이 글은 패전 사실과 이순신의 복귀 전말에 방점을 두고 있다. 하지만 막강한 우리 수군이 어째서 개전 이래 최대의 패전을 칠천량에서 기록하게 되었는지에 대해서는 언급이 없다. '반쪽' 해설인 셈이다.

연륙교 빗돌의 해설로는 칠천량 대참패의 원인이 헤아려지지 않는다. '칠천량 해전 공원 전시관'의 게시물 중 하나인 「칠천량 해전의 수장, 원균」을 더 꼼꼼하게 읽어 본다.

이 게시물은 「원균의 딜레마와 위기」라는 제목부터 범상하지 않다. 선조와 대신들의 지시를 따르면 (경상 우수사 배설의 지적처럼) 병사들을 죽이게 될 것이고, 거부하면 본인이 이순신처럼 끌려가 참담한 꼴을 당하게 될 터이다. 이것이 '원균의 딜레마'이다. 머리를 싸맨 원균이 혼자서 '어쩌면 좋단 말인가!' 하고 울부짖는 소리가 들려오는 듯하다.

> 원균(1540~1597)은 삼도수군통제사가 된 뒤 수군을 이끌고 일본군과 싸우라는 선조의 명을 받게 되었다. 원균도 (통제사가 되기 전인 1597년 1월 19일) 선조에게 장계를 올려 수군이 단독으로 바다에 나아가 일본군을 제압해야 한다고 주장한 적이 있었다. 하지만 원균은 통제사가 되고난 뒤 수군 단독으로 일본군을 제압하는 것이 무리라는 사실을 알게 되었다.
>
> 원균은 조선 육군을 동원하여 앞세우고 수군이 그 뒤를 따라 진격하자는 제안을 한다. 그러나 선조는 원균에게 계속 수군이 단독으로 나아가 싸울 것을 요구하였다. 결국 원균은 조선 수군을 이끌고 바다로 나아갔으며, 칠천량의 패전은 그렇게 비롯되었다.

게시물은 '칠천량의 패전은 그렇게 비롯되었다'라는 결론을 내리고 있다. '그렇게'는 선조가 '계속' 원균에게 '수군 단독으로 나아가 싸울 것을 요구'한 사실을 가리킨다. 타당한 지적이다. 국가 사이의 싸움을 전쟁이라고 한다는 사실을 생각할 때, 승패의 최종 책임은 당연히 최고 권력자에게 있기 때문이다.

《손자병법》도 '군대가 (전술과 전략을 알지 못하는 권력자의 지시에 맹종하는) 미군縻軍이 되면 반드시 나라가 쇠약해진다. 전진해서 안 될 때 공격을 명하고, 후퇴해서 안 될 때 물러나라고 하는 명령에 복종하는 군대가 곧 미군'이라고 정의했다. 하지만 군사권을 휘둘렀던 선조와 대신들은 처참한 7년 전쟁을 겪고 난 뒤 아무런 책임도 지지 않았을 뿐만 아니라, 오히려 자신들의 권력을 강화했다.

거제도에는 또 한 군데의 이름 높은 전쟁 유적지가 있다. '거제 포로 수용소 유적'이 바로 그곳이다. 그런데 6·25 전쟁을 겪고 난 뒤 대통령 이승만을 비롯한 권력자들 중에도 책임을 지는 사람은 없었고, 도리어 '종신' 대통령을 획책하는 등 권력 강화에 골몰했다. 그런 점에서 거제도는, 권력을 누린 사람에게는 어떤 책임 의식이 있어야 하는지 곰곰 생각해보게 하는 섬이다.25)

---

25) **거제도 역사 여행 순서**
가거 대교와 해저 터널을 지나 거제도 진입
(1) 장문포 왜성
(2) 칠천 연륙교 입구 '칠천량 해전' 해설 비
(3) 다리에서 거제도와 칠천도 사이의 칠천량 조망
(4) 칠천량 해전 공원 전시관 둘러보기, 전망대에서 칠천량 조망
(5) 칠천량 해전 공원 둘레의 바닷가 산책로 걷기
(6) 김영삼 대통령 생가와 기념관
(7) 조선 수군 첫 승전지 옥포 대첩 기념 공원 답사
(8) 거제 해금강(명승 2호)에서 유람선 타기
(9) 거제 포로 수용소

이순신 순례길 * 주요 답사지

백의종군로 1597년 4월 1일(양력 5월 16일) 옥문을 나서다.
  4월 3일(5월 18일) 지하철 종각역 부근의 의금부를 떠나 권율 도원수가 있는 남쪽을 향해 백의종군 길을 출발하다.
  4월 13일(5월 28일) 어머니의 부고를 듣다. 어머니의 시신이 계시는 곳으로 달려가다. * 아산시 인주면 해암리 197-2 게바위
  4월 21일(6월 5일) 여산현 관노의 집에서 자다. * 익산시 여산면 여산리 445-2 여산 동헌(전북 유형문화재 93호)
  4월 26일(6월 10일) 구례 손인필의 집에 당도하다.
  5월 15일(6월 29일) 구례 현감 이원춘과 하루 종일 대화하다.
  6월 2일(7월 15일) 삼가 현청 관사에서 자다. * 합천군 삼가면 금리 62-2 면사무소 앞 백의종군 표지석, 금리 622-12 기양루(경남 유형문화재 93호)
  7월 18일(8월 30일) 7월 16일의 칠천량 참패 소식을 듣다.
  7월 22일(9월 3일) 곤양 관아에서 자다. * 사천시 곤양면 성내리 194-1 면사무소 앞 「이 충무공 백의종군 행로지」 비
  수군재건로 8월 3일(9월 13일) 7월 27일부터 머물던 손경례의 집에서 통제사 재수임 교서를 받다. * 진주시 수곡면 원계리 318 손경례 가옥, 「삼도수군통제사 재수임 기념비」, 원계리 691-3 「이 충무공 진배미 유지」(기념물 16호), 군사 훈련 유적
  8월 3일 석주관에서 이원춘을 만나고 밤에 손인필의 집에 닿다. * 구례군 토지면 송정리 525-1 석주관, 구례읍 봉북리 271-1 조선 수군 재건 출정 공원(손인필 비각, 장군 바위)
  8월 15일(9월 25일) 조정의 수군 철폐령에 반대하며 '今臣戰船尙有十二 臣若不死' 장계를 보내다. * 보성 열선루는 2018년 복원 예정
  8월 18일(9월 28일) 회령포에서 경상 우수사 배설로부터 8척의 배를 인수받다. 그 후 전라 우수사 김억추의 4척, 녹도 만호 송여종의 1척을 합해 모두 13척이 되다(노기욱 「이순신의 수군 재건과 명량 해전」). * 전남 장흥군 회진면 회진리 965-1 회령진성(문화재자료 114호)

회령진성
전남 장흥군 회진면 회진리 965-1

백의종군하던 이순신은 1597년 8월 3일 삼도수군통제사로 재임명된다. 이순신은 칠천량에서 판옥선 8척을 이끌고 탈출한 경상 우수사 배설을 8월 18일 회령포에서 만나 전함과 군사를 넘겨받는다. 그 후 8월 29일, 이순신은 벽파진에서 일본군과 전투를 벌이게 된다.

명량 해전 9일 전인 1597년 9월 7일
조선 수군의 현황을 파악하려는 목적에서
일본군이 **벽파진**으로 쳐들어왔다.
이순신의 수군에게 격파당하고 물러갔지만
일본군은 조선 수군의 전함이
10여 척에 불과하다는 사실을 알게 되었다.
일본군은 곧 이어 대군을 동원해 공격해왔다.
그때는 전라 우수영 앞바다로
이순신이 진을 옮긴 뒤였다.
이윽고 명량 해전이 벌어졌다.

진도 고군면 벽파리 682-4, 충무공 전첩비와 벽파정의 주소이다. 이 주소로 찾아가면 벽파진 주차장에 닿는다. 그러나 벽파진은 벽파리 663-2의 '충무공 전첩비 입구' 표지석에서 출발해야 제대로 감상할 수 있다. 이순신 장군이 어디에 서서 왜적의 동태를 살폈을까? 높은 곳(전첩비 자리)에서 바다를 내려다보아야 한다.

전남 진도 **벽파진, 충무공 전첩비**
고대 이래 진도의 항구, 외적 항전의 역사

天邊日脚射滄溟
기울어진 햇살은 쏘듯이 바다를 비추고
雲際遙分島嶼靑
구름 너머 섬들은 흩어져서 푸르네
閶闔風聲晩來急
서쪽 바람 부는 소리 해질녘에 몰아치니
浪花飜倒碧波亭
부서지는 물보라꽃 벽파정을 뒤집네

장유張維(1587~1638)의 「진도 벽파정珍島碧波亭」은 어느 가을날 일몰 무렵, 진도 바닷가 벽파정의 풍경을 실감나게 묘사한 서경적 한시 작품이다. 하지만 누군가는 이 시를 읽으면서 거친 파도에만 유난히 주목할 수도 있다. 만약 이순신(1545~1598)이 장유보다 후대를 살았더라면 아마도 그 역시 그랬을 것이다. 벽파정에 아름다운 평화가 깃든 시간은 없었노라……

벽파, 파도가 푸르다는 뜻이다. 수평선과 구름이 어우러진 풍경을 연상시키는 해운대海雲臺 같은 지명에 견주면, 벽파라는 이름은 훨씬 거칠고 파괴적인 심상을 가졌다. 실제 역사에서도 이곳은 수많은 장졸들이 죽음과 선혈의 생애를 남긴 현장이다.

벽파정 앞바다가 물살이 거센 곳이라는 사실은 '벽파정당碧波亭堂 할아버지'라는 전설도 증언해준다. 진도군 누리집에 실려 있는 전설을 줄여서 읽어본다.

아득한 옛날 어느 날씨 좋은 날, 벽파진과 해남을 오가는 나룻배의 사공이 승객 십여 명을 싣고 벽파항을 출항했다. 그런데 배가 감부섬까지 나아갔을 때 누군가가 급하게 부르는 소리가 들렸다.

"여보시오, 사공! 급한 일이 있으니 나 좀 태워 주오!"

웬 낯선 백발노인이 부두에서 손짓을 하며 목청껏 사공을 부르고 있었다. 사공은 승객들에게 어쩌면 좋겠느냐고 물었다.

어떤 이는 노인이 사정을 하는데 어찌 그냥 가버리겠느냐면서, 예정에 없던 시간과 힘을 쏟아야 하지만 그래도 부두로 회항하자고 했고, 더러는 그냥 해남으로 가자고 했다. 본래 심성이 착했던 뱃사공은 반대하는 손님들을 달래어 마침내 배를 돌렸다.

이윽고 배가 부두 가까이 닿았을 때, 사람들이 '저것 보시오! 저것 보아!' 하며 소리를 질러댔다. 배를 돌렸던 지점에는 엄청난 회오리바람이 일어 빙빙 돌고 있었고, 집채보다도 큰 물기둥이 하늘로 치솟고 있었다. 조금만 더 그곳에 머물러 있었더라면 지금쯤 모두가 물귀신이 되고 말았을 터였다.

놀라운 일 또 한 가지는, 백발노인이 흔적도 없이 사라져버린 사실이었다. 그제야 사람들은 노인이 자신들을 살려주기 위해 잠시 인간 세상에 나타났다가 되돌아간 신령이라는 것을 깨달았다. 그 날 이후 사람들은 사당을 차려놓고 신령께 제사를 지냈다.

장유의 시와 마찬가지로, 이 전설 역시 벽파정 앞바다의 물길이 매우 드세다는 점을 강조하고 있다. 그럼에도 불구하고, 1270년 6월 2일 삼별초 군은 1,000여 척의 배를 타고 강화도를 떠나 그해 8월 19일 벽파진에 닿는다. 최씨 무인 정권의 특수 사병私兵 부대로 출발했지만 몽고군에 대항하는 임무도 지니고 있던 삼별초는 몽고에 항복하려는 정부에 반대해 집단 항거를 일으킨 상태였다.

그 후 김방경金方慶(1212, 고려 강종1~ 1300, 충렬왕 26)의 고려 정부군과 흔도忻都의 몽고군도 진도 용장산성에 주둔하고 있는 삼별초 군을 진압하기 위해 벽파진에 상륙했다. 삼별초 군도 진압군도 모두가 아득한 옛날부터 진도와 해남 대륙을 잇는 포구였던 벽파진에 배를 대었던 것이다.

고려 항몽 충혼탑
진도 용장산성 입구

삼별초는 여몽 연합군의 여러 차례 공격을 잘 막아내었을 뿐만 아니라 경상도와 전라도 일원의 해안까지 장악하는 데 성공한다. 그러나 1271년 5월 총지휘관 배중손裵仲孫이 전사하면서 제주도로 후퇴한다. 김통정金通精이 이끈 삼별초는 그 후 다시 전라도 해안에서 경기도 연해까지 활동 범위를 확대하는 등 세력을 키우지만 결국 1273년 4월 여몽 연합군에게 진압된다.

삼별초의 전신은 최충헌 정권을 계승한 최우가 1219년(고종 6)에 만든 특수 부대 야별초夜別抄이다. 별초別抄는 용맹한 군사로 조직된 선발군이라는 뜻으로, 야별초는 인원이 많아지자 좌별초左別抄와 우별초右別抄로 나뉜다. 그 후 몽고군의 포로가 되었다가 탈출한 군사들로 신의군神義軍도 조직된다. 이 셋을 합친 이름이 삼별초이다. 벽파진에서 약 4km가량 떨어진 지점에 남아 있는 용장산성의 현지 안내판에는 '삼별초는 대몽對蒙 항전抗戰에서 고려의 정규군보다 더 강력한 전투력으로 활약했다.'라고 해설되어 있다.

벽파진이 다시 역사의 전쟁터로 각인되는 것은 정유재란 때이다. 1597년 8월 29일 이래 벽파진에는 조선 수군 전체가 머무르고 있었다. 수군 전군이라지만 겨우 10여 척에 불과한 소규모 부대였다. 지난 7월 16일 벌어진 거제도 칠천량 진두에서 통제사 원균 이하 조선 수군 대부분이 전사했기 때문이다.

1597년 9월 7일자 《난중일기》는 벽파정 앞바다에서 벌어진 왜군과의 전투를 증언해준다. 탐망(적의 동향을 살피는) 군관 임종형이 아침 일찍 이순신에게 와서 보고한다.

"적선 55척 가운데 13척이 어란(해남군 송지면 어란리) 앞바다에 도착했는데, 우리 수군 전체를 공격하려는 듯합니다."

임종형의 보고를 들은 이순신은 장수들을 불러 상황을 설명한 다음, 철저히 경계를 설 것과 전투 준비에 소홀함이 없도록 할 것을 여러 차례 지시한다.

신시(오후 3~5시)가 되자 적선 13척이 쳐들어 왔다. 대비하고 있던 아군은 즉시 배에 닻을 올려 적선을 공격했다. 적은 뜻밖의 신속한 대응에 놀랐는지 부랴부랴 뱃머리를 돌려 달아나기 시작했다.
　아군은 먼 바다까지 쫓았지만 바람과 풍랑이 거센데다가 적의 복병선도 우려되었으므로 추격을 멈추고 돌아왔다. 벽파진으로 귀항한 이순신은 다시 여러 장수들을 불러 모았다.
　"오늘 밤에는 반드시 적의 야습이 있을 것이다. 모든 장수들은 각자 맡은 바에 따라 철저히 대비를 갖추도록 하라. 만약 조금이라도 군령을 어기는 일이 있으면 군법에 따라 처벌할 것이다."
　이순신의 예측대로 이경(밤 9시~11시)이 되자 적들이 몰려와 마구 대포와 조총을 쏘아댔다.

동양 최대의 비석
충무공 벽파진 전첩비가
감부섬을 바라보며 서 있다.

이순신은

"놀라지 마라! 적은 우리를 놀라게 해서 사기를 떨어뜨리려는 술책을 부리고 있다."

하고 호령하면서, 맞대포를 발사하라고 명령했다.

이순신이 탄 배가 앞장서서 지자포地字砲를 쏘니 강산이 흔들렸다. 적은 우리 군사들이 흔들리는 기색을 보이지 않자 네 번에 걸쳐 전진과 후퇴를 되풀이하며 화포만 쏘아대다가 삼경이 끝난 무렵(새벽 1시경) 아주 물러갔다.

이순신의 조카 이분李芬은 《이충무공 행록》에 이 날 일을 두고 '왜적들이 그렇게 한 것은 지난 날(1597년 7월 16일) 한산도(칠천량)에서 밤중에 아군을 놀라게 하여 큰 이득을 보았다는 사실을 알고 있었기 때문'이라고 기술했다. 실제로 칠천량 전투에서 일본군은 비가 쏟아지는 캄캄한 야밤에 기습 공격을 감행했고, 원균을 비롯한 조선군 수뇌부는 제대로 대응을 하지 못한 채 우왕좌왕하다가 모두가 죽는 참사를 겪었다.

다시 9월 14일 아침, 벽파정 맞은편에서 연기가 뭉게뭉게 피어올랐다. 이순신은 배를 보내어 연기를 피워 올린 임준영을 실어왔다. 적의 동향을 살피러 갔던 임준영은 '직신 200여 척 가운데 55척이 앞서 어란 앞바다에 들어 왔습니다.' 하고 보고했다.

임준영은 왜적에게 사로잡혔다가 돌아온 김중걸의 말도 전했다. 김중걸은 지난 9월 6일 달마산 아래에서 적들에게 붙잡혀 묶인 채 왜선에 실렸는데, 임진년(1592)에 포로가 된 김해 사람이 왜장에게 잘 말해주어 결박이 풀린 채 배에서 함께 생활했다는 인물이다. 김중걸은 한밤중에 김해 사람이 자신의 귀에 대고 왜놈들의 의논 내용을 속삭여 주었다고 전했다.

"(며칠 전 벽파정 앞바다에서) 조선 수군 10여 척이 우리 배를 추격하여 군사를 사살하고 배를 불태웠다. 통분할 일이다. 전선들을 모두 불러 모아 합세해서 조선 수군을 섬멸하자."

이순신은 김중걸의 말을 전적으로 믿을 수도 없지만, 믿지 않을 수도 없어서 일단 피란민들부터 급히 배를 떠나 육지로 올라가도록 조치했다. 다음 날인 9월 15일에는 우수영 앞바다로 진을 옮겼다. 벽파정 뒤에 명량이 있는데, 소수의 군사를 가진 형편에 물살이 드센 명량을 등지고 진을 칠 수는 없다. 진지 이동이 완료되자 이순신은 장수들을 한 자리에 모았다.

"병법은 '반드시 죽고자 하면 살고必死則生, 반드시 살려고 하면 죽는다必生則死'고 가르쳤다. 또 '한 사람이 길목을 지키면一夫當逕 천 명도 두렵게 할 수 있다足懼千夫'고 했다. 이는 오늘의 우리를 두고 한 말이다. 너희 장수들이 조금이라도 명령을 어기면 즉시 군율을 적용하여 결코 용서하지 않을 것이다."

이순신은 재차 장수들에게 다짐을 하였다.

"어젯밤 꿈에 신인神人이 나타나 '이렇게 하면 크게 이기고, 이렇게 하면 진다.'라고 가르쳐 주셨다.'"

장수들에게 마음의 위안을 주려는 말이었다. 장수들이 모두 껄껄 웃음을 터뜨렸다.

9월 16일 이른 아침, 적선이 바다를 덮었다. 해남과 진도 사이의 바다 명량이 온통 왜적들로 가득 찼다. 명량鳴梁, 우는鳴 바다梁라는 뜻이다. 물길이 뒤엉키면서 회오리를 일으키고, 바다가 뒤집어지는 듯한 굉음을 내는 곳이 바로 명량, 곧 울돌목이다. 일본군은 울돌목이 어떤 곳인지 모르고, 이순신과 조선 수군들은 잘 안다. 이제 곧 명량 해전이 벌어질 찰나이다.

진도군 고군면 벽파리 682-4, 수백 평도 넘음 직한 어마어마한 너럭바위 위에 길이 5.7m, 높이 1.2m, 폭 4.7m 규모의 거대한 거북 좌대座臺(받침돌)를 가진 높이 3.8m, 폭 1.2m, 두께 0.58m의 웅장한 비석이 바다를 바라보며 서 있다. 동양 최대 높이를 자랑하는 비석-'忠武公충무공 碧波津벽파진 戰捷碑전첩비' 앞을 어떤 것이 감히 가로막을 것인가! 완벽하게 탁 트인 시야 자체만도 절경이다.
  전첩비를 등진 채 바다를 바라보니, 저 아래로 삼별초 군과 여몽 연합군이 회담 장소로 사용했다는 벽파정 정자가 산수화처럼 앉아 있다. 아득한 옛날의 피비린내 풍기는 역사는 까마득히 잊었는지 정자는 그저 한 폭의 아름다운 그림일 뿐이다. 빨리 내려가서 정자에 앉아보고 싶은 마음에 쫓긴 탓인지 다리가 갑자기 저려온다.
  그보다 먼저 할 일이 있다. 전첩비에 새겨진 비문을 읽어야 한다. 비문은 이은상이 지었고, 글씨는 손재형이 썼다.

  벽파정 푸른 바다여
  너는 영광스런 역사를 가졌도다
  민족의 성웅 충무공이 가장 외롭고 어려운 고비에
  고작 빛나고 우뚝한 공을 세우신 곳이 여기더니라
  옥에서 풀려나와 삼도수군통제사의 무거운 짐을 다시 지고서
  병든 몸을 이끌고 남은 배 12척을 겨우 거두어
  일찍 군수로 임명되었던 진도땅 벽파진에 이르니
  때는 공이 53세 되던 정유년(1597) 8월 29일
  이때 조정에서는 공에게 육전을 명령했으나 공은 이에 내답하되
  신에게는 상기도 12척의 전선이 남아 있고
  또 신이 죽지 않았으매 적이 우리를 업수이 여기지 못하리이다
  하고 그대로 여기 이 바닷목을 지키셨나니
  예서 머무신 16일 동안 사흘은 비 내리고 나흘은 바람 불고
  맏아들 회와 함께 배 위에 앉아 눈물도 지으셨고
  9월 초7일엔 적선 13척이 들어옴을 물리쳤으며
  초9일에도 적선 2척이 감보도까지 들어와
  우리를 엿살피다 쫓겨갔는데
  공은 다시 생각한 바 있어 15일에 우수영으로 진을 옮기자
  바로 그 다음날 큰 싸움이 터져

13척 적은 배로써 133척의 적선을 모조리 무찌르니26)
어허 통쾌할사
만고에 길이 빛날 명량 대첩이여
그 날 진도 백성들은 모두들 달려나와
군사들에게 옷과 식량을 나누었으며
이천구 김수생 김성진 하수평 박헌 박희승 박희령 박후령과 그 아들 인복 또 양응지와 그 조카 계원 그리고 조탁 조응량과 그 아들 명신 등 많은 의사들은
목숨까지 바치어 천추에 호국신이 되었나니
이는 진실로 진도민의 자랑이로다
이 고장 민속 강강술래 구슬픈 춤과 노래는
의병義兵 전술을 일러주는 양 가슴마다 눈물이 어리고

---

26) 벽파진 전첩비의 원문에는 '12척 적은 배로써 330척의 적선을 모조리 무찌르니'로 되어 있다.

칠천량 대패 이후 조선 조정은 수군 장수들에게 수군 해산과 육군 합류를 명령힌다. 얼마 남지도 않은 수군 전틱으로는 선생 수행에 노움이 못 된다고 판단한 때문이다. 그러나 이순신은 "今臣戰船 尙有十二(신에게는 아직도 12척의 배가 남아 있습니다)" 하고 조정의 방침에 반대, 수군통제사로서 명량 해전을 수행하여 세계적 대첩을 이룬다.

명량 대첩 해전사 기념 전시관(해남 우수영 관광지 소재)이 발행한 소책자에는 이순신 장군이 13척의 배를 이끌고 명량 해전에 참가한 것으로 명시되어 있다. '1597년 9월 16일 새벽, 해남군 송지면 어란포를 출발한 일본 왜선 133척은 순류인 밀물을 타고 명량 해협에 모습을 드러낸다. 당시 이순신에게는 칠천량 해전에서 인수한 12척의 배와 이후 수선한 배 1척 등 총 13척의 배만 존재했다.'

이를 기준으로, 벽파진 전첩비의 원문 '12척 적은 배로써 330척의 적선을 모조리 무찌르니'를 '13척 적은 배로 133 척의 적선을 모조리 무찌르니'로 수정하여 이 글에 옮겼다. 133척은 《난중일기》 초고본 1597년 9월 16일자에 나오는 기록을 증거로 한 숫자이다.

녹진 명량 두 언덕 철쇄를 걸었던 깊은 자욱엔
옛 어른들의 전설이 고였거니와
이제 다시 이곳 동포들이
공의 은공과 정기를 영세에 드높이고자
벽파진 두頭에 한 덩이 돌을 세움에 미쳐
나는 삼가 꿇어 엎드려 대강 그대 사적事蹟을 적고
이어 노래를 붙이노니
"열두 척 남은 배를 거두어 거느리고
벽파진 찾아들어 바닷목을 지키실 제
그 심정 아는 이 없어 눈물 혼자 지우시다
삼백 척 적의 배들 산같이 깔렸더니
울돌목 센 물결에 거품같이 꺼지고
북소리 울리는 속에 저 님 우뚝 서 계시다
거룩한 님의 은공 어디다 비기오리
피 흘린 의사혼백 어느 집에 살아지리
이 바다 지나는 이들 이마 숙이옵소서27)"

---

27) 《선조실록》 1597년 11월 10일자를 보면, 이순신은 명량 대첩의 경과를 보고하면서 '진도 벽파정 앞바다에서 적을 맞아 죽음을 무릅쓰고 힘껏 싸웠다.'라고 기술한다. 《선조수정실록》 같은 해 9월 1일자에도 '이순신이 진도 벽파정 아래에서 적을 격파하여 적장 마다시를 죽였다.'라고 기록되어 있다.

두 기사는 울돌목 전투에서 참패를 당한 일본군이 벽파정 쪽으로 도주했고, 아군 또한 벽파정 방향으로 추격했다는 사실을 말해준다. 경상도 방향에서 진격해온 일본군이 달아날 때에 그 쪽으로 간 것은 굳이 따져볼 필요도 없지만, 실록에서 확인하는 일은 문헌을 통해 고증한다는 의미가 있다.

실록의 기사는, 울돌목만이 아니라 전라 우수영부터 벽파정 앞까지의 모든 바다가 이순신의 13척 배가 왜선 133척을 격파한 세계적 승전지라고 말하고 있다. 따라서 우리는 진도 대교 옆 우수영 관광지만이 아니라 벽파정도 꼭 답사해야 할 유적지라는 점을 간과하지 말아야 한다.

빗돌에는 사방으로 돌아가며 글이 새겨져 있다. 한자 반 한글 반인데다 반듯반듯한 정자가 아니어서 읽기가 여간 어렵지 않다. 혹시 잘못 옮긴 글자가 있을지도 모르지만, 그래도 여기 실어 독자들에게 선보이고자 한다.

비문을 읽노라니 한 가지 의아한 점이 짚인다. 명량 대첩 때 아군이 '적선 20척을 깨뜨리고撞破賊船三十一隻 또 11척을 깨뜨리자又破十一隻 적들은 무리를 지어 물속으로 가라앉았다賊衆漂溺海中.(《선조실록》1597년 11월 10일)' 아군은 단 2명만 전사했다.

그런데 비문에는 14명의 이름이 나온다. 전사자의 수에 차이가 나는 것은 명량 대첩 이후의 일 때문이다. 이순신은 '(아군이) 적선 31척을 깨뜨리자 적들은 물러나 더 이상 우리 수군에 감히 가까이 오지 못하였다.'면서도 '(이곳) 물결이 지극히 험하고, 우리 수군의 형세 또한 외롭고 위태롭기 때문에 진을 당사도(신안 암태도 북동쪽의 작은 섬)로 옮겼다.(《난중일기》1597년 9월 16일)'라고 기술하고 있다.

이순신이 당사도로 옮겨가자 왜군이 명량 대첩 참패를 설욕하기 위해 전라 우수영(해남군 문내면 동외리)과 진도를 공격해 왔다. 이때 일본군에 맞선 장수는 진도 군수 송덕일宋德馹이었다. 하지만 약간 명의 관군이 일본군의 대대적 공세를 막아낼 수는 없는 일이었다.

벽파정과 용장성에서 남서쪽으로 약 6km와 4km 떨어진 고군면 도평리 산111-4에는 '정유재란 순절 묘역(문화재자료 216호)'이 있다. 이 묘역에는 정유재란 때 전사한 진도 지역 선비 가문의 조응량曺應亮, 조응량의 아들 조명신曺命新, 박헌朴軒, 김성진金聲振, 김홍립金弘立 등의 묘소가 있다. 물론 주인의 이름을 알 수 없는 무덤이 더 많은 것은 말할 나위도 없다. 이곳을 찾으면, 이름도 남기지 못한 채 왜적들과 싸우다가 죽어간 선열들 앞에서 그저 숙연해질 뿐이다.

진도와 해남을 잇는 진도 대교 동쪽 아래
'명량대첩 해전사 기념 전시관' 앞바다
울돌목 물길 속에
이순신이 외롭게 서 있다.

전남 진도-해남 **울돌목**
세계적 승전의 현장, 물이 울부짖는 바다

> 그때(1597년 9월 16일) 왜의 수군이 남해에서 북쪽으로 올라왔다. 수군 대장 이순신이 해상에 머물러 쇠사슬로 여울 위를 가로막고 왜 수군을 기다렸다. 왜선이 여울 위에 이르자 쇠사슬에 걸려 그 아래로 거꾸로 뒤집혔다. 여울 위의 배는 낮은 곳이 보이지 않아 거꾸로 뒤집힌 것을 알지 못하고, 그 여울을 넘어서 흐름에 따라 곧장 내려가는 줄로만 생각되었지만 사실은 모두 거꾸로 뒤집혔다. 물의 흐름이 돌다리에 가까울수록 더욱 더 급하게 되어 적선들은 빠른 물살 속으로 휘말려 들어가 돌아 나올 틈이 없었다. 500채가 한꺼번에 모두 빠져 한 채도 남지 못하였다.

이 인용문은 《택리지》에 나오는 것으로, 이중환이 요약한 명량대첩의 핵심 개요이다. 이중환은, 임진왜란 당시 이순신이 울돌목 물속에 철쇄鐵鎖(쇠사슬)를 설치해 둔 줄 미처 알지 못한 일본 전함들이 조선 수군을 공격하기 위해 막무가내로 진입하다가 급류와 쇠사슬에 걸려 500채가 한꺼번에 수장되었다고 기술하고 있다.

하지만 적선 500척이 한꺼번에 물귀신이 되었다는 기록은 이순신의 능력을 키워서 말하고 싶은 충정 때문이었다 하더라도 지나친 과장이다. 아무래도 이중환(1690~1752)이 임진왜란 당시에 비해 100년 이상 후대 인물인 탓에 직접 경험이 아니라 들은 이야기를 적다 보니 그렇게 된 모양이다.

'500척이 한꺼번에' 수장되었다는 표현은 '133척 중 31척'으로 고치는 것이 옳겠다. 133척은 《난중일기》 초고본의 1597년 9월 16일자에, 31척은 이순신의 장계에 근거하여 작성된 《선조실록》 1597년 11월 10일자에 나오는 증언이다. 요약하면, 적선 133척이 진도 벽파진 앞바다를 거쳐 울돌목으로 몰려왔을 때 이순신은 겨우 13척의 전함밖에 없었지만 세차게 급변하는 물살과 일본군보다 훨씬 우수한 화포를 활용하여 그 중 31척을 물속에 집어넣었다. 그러자 나머지 적선들은 크고 작게 파괴된 채 도주했다.

그렇다면 쇠사슬 이야기는 믿을 만할까? 《난중일기》 1592년 1월 11일자에 따르면, 이날 선생원先生院(여수 율촌 신풍리 소재 관청 숙소)의 부석처浮石處(채석장)에 다녀온 이봉수는 이순신에게 "벌써 큰 돌 열일곱 덩어리에 구멍을 뚫었다."라고 보고한다. '벌써'라는 단어는 큰 돌에 구멍을 뚫는 작업이 그 이전부터 시작되었다는 사실을 짐작하게 해준다.

그 외에도 쇠사슬 관련 기사는 또 있다. 1월 16일, 이순신은 쇄석鎖石(쇠사슬 박을 돌)을 뜨러 갔다가 이웃집 개에 피해를 끼친 토병土兵(의병) 박몽세에게 곤장 80대를 쳤다. 다음날인 1월 17일, 이순신은 김효성에게 배 4척을 거느리고 선생원으로 가서 철쇄공석鐵鎖孔石(쇠사슬 박을 구멍을 낸 돌)들을 실어오도록 했다.

2월 2일 일기가 더욱 주목을 끈다. 이순신은 쇠사슬을 횡설橫設하는 데 쓸 돌 80여 개를 실어 왔다. 횡설橫設이라고 했다! 횡설은 가로질러서 맨다는 뜻이다. 9일에는 김원룡에게 군사들을 데리고 두산도斗山島(돌산도)에 가서 쇠사슬을 꿸 긴 나무들을 해오라 했다.

국사편찬위원회의 《신편 한국사》는 '이순신이 군비軍備(군대의 준비)를 갖추는 데 가장 관심을 쏟은 것은 거북선 건조 문제와 수영 앞바다에 가설한 철쇄 장치였다.'면서 '철쇄 설치는 (1592년) 3월 하순경에 완료된 것으로 보인다.'라고 기술하고 있다. 울돌목 북쪽의 '명량 대첩 해전사 기념 전시관' 앞에는 임진왜란 당시 철쇄를 복원한 모형이 전시되어 있다.

누군가는 이순신이 울돌목에 쇠사슬을 설치했다는 것을 전설로 치부하기도 한다. 이순신이 벽파진에서 해남의 우수영으로 군대를 옮긴 날이 9월 14일이고, 명량 해전 전투일이 그 이틀 뒤인 9월 16일이라는 점을 그렇게 해석하는 근거로 든다. 어떻게 이틀 만에 쇠사슬을 땅도 아닌 바다 안에 가설할 수 있느냐는 의심이다. 하지만 이순신이 울돌목에 놓을 쇠사슬을 준비하기 시작한 것은 임진왜란 발발 이전인 1592년 1월 초이고, 준비를 완료한 것은 3월 하순이다. 명량 해전은 그로부터 무려 5년 6개월 뒤이다. 시간은 충분했다!

그런가 하면, 《난중일기》 당일 날짜의 '우리 군관들이 배 위에 줄지어 서서軍官等簇立船上 비 오듯 쏘아대니如雨亂射 적도들이 저항하지 못하고賊徒不能抵當 사근사퇴했다乍近乍退.'라는 대목에 근거하여 쇠사슬 설치 이야기를 전설로 추정하는 견해도 있다. 이때 사근사퇴는 흔히 '적선들이 이순신의 함선에 접근과 후퇴를 반복했다'로 읽힌다.

하지만 사근사퇴는 일본 전함들이 접근과 후퇴를 '자유롭게' 반복했다는 의미가 아니다. 사乍는 잠깐이고, 사근사퇴는 잠깐 앞으로 나왔다가 잠깐 뒤로 물러섰다는 뜻이다. 아군의 화살 난사에 밀려 제대로 대적하지 못한 적선들이 무엇 때문에 잠깐 전진하고, 또 잠깐 후퇴하였을까? 이순신이 '적선이 비록 많다 해도 우리 배를 바로 침범하지 못할 테니 조금도 흔들리지 말고 더욱 마음을 기울여 쏘아라.' 하고 장수들에게 명령한 사실에 주목해야 한다.

일본 전함들이 잠깐 앞으로 나왔다가 잠깐 뒤로 물러난 것은, 전진과 후퇴를 자유롭게 했다는 뜻이 아니라 오지도 가지도 못했다는 뜻이다. 이때 적선들은 쇠사슬이 설치된 급한 물살에 휘말려 우왕좌왕했다고 보는 해석이다. 아군을 '몇 겹으로 에워싸고 있던' 30척 이상의 적선들이 이순신의 대장선 단 한 척의 공격에 막혀 오지도 가지도 못했다는 것은 설득력이 떨어진다. 당시 적선들은 회오리를 일으키는 급한 물살과 쇠사슬에 걸려 어쩔 줄 몰라 당황했고, 그 순간 이순신의 대장선이 포격을 퍼부었고, 이순신은 적들이 '바로' 쳐들어오지는 못하리라 판단했던 것이다.

울돌목의 거센 물살 멀리 전라 우수영 마을이 보인다.

진도 타워에서 바라본 울돌목 전경

또 《난중일기》에 쇠사슬이 명량 대첩을 이루는 데에 한몫했다는 말이 등장하지 않는 것에 주목, 쇠사슬 이야기를 전설로 보기도 한다. 그러나 《난중일기》에는 1592년 6월 11일부터 8월 23일까지의 기록이 빠져 있어 한산 대첩에 대해서도 언급이 없다.

한산 대첩에 관한 기록은 이순신이 조정에 보낸 「견내량 파왜병 장見乃梁破倭兵狀」에 실려 전한다. 이순신은 견내량에서 왜적들을 쳐부순 데 대한 이 보고서를 통해 한산 대첩의 전투 경과를 자세하게 증언한다. 하지만 명량 대첩에 관한 이순신의 장계는 무슨 까닭에서인지 남아 있지 않다. 명량 대첩에 대해 세밀하게 말해주는 기록물은 《난중일기》뿐이다.

진도대교 해남 쪽 입구 **명량 대첩 해전사 기념 전시관** 뜰에는 이순신 장군의 **쇠사슬**이 재현되어 있다. 안내판에는 '바닷가 바위에서 큰 쇠고리가 발견되어 충무공의 철쇄 작전은 더욱 사실로 받아들여지고 있다.'라는 해설이 적혀 있다.

《택리지》의 기술 중 또 하나의 요점은 여느 해안의 것과도 비교할 수 없을 만큼 빠른 울돌목의 물살을 이순신이 적절히 활용했다는 사실이다. 이중환은 '물의 흐름이 돌다리에 가까울수록 더욱 더 급하게 되어 적선들은 빠른 물살 속으로 휘말려 들어가 돌아나올 틈이 없어서' 아군에게 대패했다고 말한다. 이순신이 철쇄를 설치한 지점으로 다가갈수록 물살이 빨라지는데, 일본 전선들은 그곳에 들어서면서 전투 태세를 잃고 우왕좌왕하다가 우리 수군의 강력한 대포 공격에 참패를 당했다는 설명이다.

역사에 이름을 남긴 울돌목 물살을 제대로 보려면 어디로 가야 할까? 바다가 병목처럼 좁아지는 곳으로 가야 한다. 해남과 진도 사이 약 900m를 동서로 이어지는 울돌목 중 가장 좁은 곳은 진도대교 바로 밑이다. 대체로 500m남짓 되는 울돌목의 폭이 이곳에서는 300m도 채 안 되고, 그것도 물가를 온통 점령하고 있는 암초들 때문에 바닷물이 자연스럽게 흐를 수 있는 공간은 100m를 조금 넘을 뿐이다. 해남 쪽은 '명량 대첩 해전사 기념 전시관' 아래, 진도 쪽은 녹진항 이순신 동상 아래가 최고의 전망대이다.

일본 전함들이 울돌목으로 들어선 1597년 9월 16일 오전 10시 무렵, 남해안의 바닷물은 서해안으로 빨려 들어가고 있었다. 그 적들을 이순신의 수군이 맞이했다. 적선은 모두 130척 이상이었지만, 진도대교 아래 좁은 바닷길에서 암초까지 피해가며 항해를 해야 했으므로 앞장서서 쳐들어 온 숫자는 30여 척이었다.

당일의 《난중일기》를 약간 의역하며 읽어본다.

> 망을 보는 군사들이 아침 일찍 '셀 수 없을 만큼 많은 적선들이 명량을 거쳐 우리를 향해 다가오고 있습니다.' 하고 보고했다. 바로 배들의 닻을 올려 바다로 나가니 적선 133척(《난중일기》 초고본)이 우리를 포위했다. 여러 장수들이 중과부적이라 여기고 전투를 피할 생각에 빠져 있었다.

나는 노를 재촉하여 앞으로 돌진해 들어가면서 지자총통과 현자총통 등을 마구 쏘아댔다. 탄환이 발사되는 것이 마치 바람이 불고 우레가 치는 듯했다.

군관들이 배 위에 줄지어 서서 비 오듯 화살을 쏘아대니 적도들이 저항하지 못한 채 오도 가도 못하였다. 그래도 적에게 겹겹으로 에워싸여 있어 앞으로 어찌될지 알 수가 없었으므로 모두들 얼굴빛이 질려 있었다. 나는 부드럽게 타일렀다.

"적선이 아무리 많아도 우리를 당해내지 못할 것이다. 조금도 흔들리지 말고 있는 힘을 다해 적을 쏘아라!"

그래도 여러 장수들은 먼 바다로 물러나서 바라보기만 할 뿐

진도대교 동쪽과 서쪽에 나란히 서 있는 이순신 동상(동그라미)

앞으로 나오지 않았다. 배를 돌려 장수들에게 공격 명령을 내리고 싶었지만, 내가 돌아서면 적들이 그 틈을 타 기세를 올릴 듯하여 그럴 수도 없었다.

초요기招搖旗(장수들을 지휘하는 대장의 깃발)를 높이 세웠다. 중군장 김응함金應諴의 배가 차차 다가왔고, 거제 현령 안위安衛의 배가 앞서 당도했다.

"안위야! 네가 군법에 죽고 싶으냐? 도망을 가면 어디에 가서 살 것이냐?"

안위가 부랴부랴 적진 속으로 돌진해 들어갔다. 다시 김응함을 불렀다.

"너는 중군장이 된 몸으로 대장을 구하지 않고 멀찍이 떨어져 있으니 어찌 죄를 면할 수 있겠느냐?"

이순신의 목소리가 더욱 커졌다.

"당장 처형을 할 것이지만 지금 전투가 급하니 우선 공을 세울 기회를 주마."

김응함의 배도 적과 싸움에 들어갔다. 이때 일본 장수가 이끌고 온 적선 3척의 왜병들이 안위의 배에 개미떼처럼 올라가기 시작했다. 안위의 군사들은 각이 진 몽둥이로 적을 치고, 긴 창을 휘두르고, 수마석水磨石(물에 마모된 반들반들한 자갈돌)으로 때리며 적을 막았지만 이내 기진맥진하였다.

나는 뱃머리를 돌려 안위의 배로 갔다. 포와 화살을 빗발치듯 쏘아대니 적선 3척이 거의 뒤집힐 지경이 되었다. 녹도 만호 송여종宋汝悰과 평산포 대장代將(아직 임금의 임명장을 받지 않은 장수) 정응두鄭應斗가 합세하여 적선을 공격했다. 적선 3척에 타고 있던 왜병들이 거의 죽었다.

어느 샌가, 울돌목 물살이 방향을 바꾸었다. 남해에서 서해로 흐르는 순류를 타고 쳐들어온 적선들은 갑자기 빠른 물살이 뒤집혀 서해에서 남해로 흐르자 당황했다.

게다가 암초에 부딪힌 급류는 회오리를 일으켜 적선들이 몸을 가누지 못하도록 만들었다. 물밑 쇠사슬과 회오리 물살에 점점 휘말린 적선들은 오지도 가지도 못하는 채로 더욱 뒤엉켰다. 하늘이 준 기회를 놓칠세라 아군은 대포와 불화살을 퍼부었다.

항왜降倭(항복해서 우리 군사가 된 일본군) 준사俊沙가 바다를 내려다보더니 크게 소리를 질렀다.

"저기 붉은 옷을 입은 자가 적장 마다시馬多時입니다!"

군사 김돌손金乭孫을 시켜 갈고리로 적장을 끌어올리게 했다. 준사가 펄쩍펄쩍 뛰면서

"맞습니다! 틀림없이 마다시 바로 그 자입니다!"

하고 좋아했다. 마다시의 목을 잘라 뱃머리 위에 하늘 높이 내걸었다.

마다시의 시체를 본 적들의 기세가 크게 꺾였다.[28] 적선들이 공격할 기운을 잃은 것이 두드러졌으므로 우리는 일제히 전진하면서 천지가 흔들리도록 지자총통, 현자총통을 발사하고 빗발처럼 화살을 쏘아댔다.

적선 31척을 부수었다. 이제 적은 감히 우리 군사들 가까이 오지 못했다. 이번 승리는 참으로 천행天幸(하늘의 도움)이었다.

이순신은 명량 대첩이 하늘의 도움 덕분이라고 겸양하게 표현했다. 본인의 지휘와 작전 수립 능력, 앞장서서 싸우는 모범, 뛰어난 화포, 전투에 유리한 지점을 찾아 울돌목 일대로 군대를 옮겨온 판단력 등등을 결코 자랑하는 법 없이 그저 하늘의 도움이라고 했다. 이 천행이라는 표현 속에는 틀림없이 울돌목의 거센 물살이 포

---

[28] 《선조수정실록》 1597년 9월 1일자는 '통제사 이순신이 진도 벽파정 아래에서 적을 격파하여 왜장 마다시를 죽였다.'라고 기록하면서 '마다시는 수전을 잘한다고 소문난 자號善水戰'로 소개하고 있다.

함되었을 것이다. 하지만 울돌목의 물살을 잘 활용한 것은 이순신 본인과 우리 수군의 능력이다. 하늘이 우리에게 준 복이기도 하지만, 땅과 물의 모양새와 특성을 전투에 효율적으로 반영한 것은 사람의 힘인 까닭이다.

그래서 국사편찬위원회의 《신편 한국사》는 '관방關防이라 불린 지형지물, 즉 서남해 해상의 많은 해안 굴곡과 조수潮水(아침에 들어왔다가 빠져나가는 바닷물) 등을 교묘히 활용할 줄 알았던 것도 조선 수군이 해전에서 승리한 요인의 하나'라고 평가하고 있다. 육지의 의병들도 자기 고장의 지리를 잘 활용할 수 있는 매복과 기습으로 왜적들을 무찔렀다.

명량 대첩 해전사 전시 기념관

울돌목에 와서 '국민 상식'이 된 울돌목 물살을 제대로 감상하지 않고 돌아갈 수는 없다. 회오리를 일으키며 급한 물살이 남해와 서해 사이를 거칠게 흐르는 곳, 바로 그 지점을 바라보며 이순신이 서 있다. 거대한 이순신 동상이 잘 조경된 공원 끝에 서서 울돌목 물살을 응시하고 있다. 진도 녹진항, 진도대교를 넘자마자 곧장 오른쪽으로 접어든 작은 포구이다.

찾아온 나그네를 위해 녹진항에는 바닷물 안으로 산책로가 놓여 있다. 물 위를 걸어가며 오른쪽의 진도대교와 정면의 우수영 포구를 바라보면, 회오리를 일으키며 싸우듯 몰려다니는 물살이 눈과 마음을 겁박하고, 와르릉 와르릉 소리를 내며 우는 굉음이 귓가를 마구 때려댄다.

그냥 바라보기만 해도 무서운 급류다. 역시 울돌목에 와서는 울돌목 물살을 보아야 한다. 물살이 일으키는 회오리와 울음소리 속에 우리 선조들의 힘들었던 역사가 깃들어 있다.

명량 대첩 해전사 기념 전시관 아래에서 보는 울돌목 물살

울돌목 일원 답사 순서

　뿌리깊은나무가 펴낸 《한국의 발견》은 울돌목을 해남이 아니라 진도에 넣고 있다. 울돌목을 찾은 사람들 중에 해남의 '명량 대첩 해전사 기념 전시관' 일원만 둘러보고 떠나는 경우가 많을 것을 우려한 때문일까? 《한국의 발견》은 울돌목을 진도 항목에 넣음으로써 울돌목 물살을 제대로 보려면 진도 녹진항에 가야 한다는 시사적인 가르침을 준다. 녹진항부터 시작하여 울돌목 일원을 답사하는 데에는 (지하 차도 이용 등을 감안할 때) 아래 순서가 가장 적합하다.

① 녹진항 이순신 동상, 울돌목 물살 감상
② 진도 타워에서 울돌목 전경 조망
③ '명량 대첩 해전사 기념 전시관' 일원, 울돌목 물살 감상
④ 명량 대첩비(보물 503호, 해남군 문내면 동외리 955-6)
⑤ 우수영 포구에서 거북선 타보기

고하도는 명량 대첩 이후 이순신 장군이 머물렀던 곳이다.
그 고하도 선착장이 지금은 주소 검색도 되지 않는
외롭고 궁벽한 곳이 되고 말았다.
고하도 용머리와 목포 북항을 잇는 대교가 건설되면서
이곳 선착장과 목포항 사이를 배로 오갈 사람이 없어진 탓이다.
전라남도 기념물 10호 '고하도 이 충무공 기념비'를 보러
목포시 달동 산230번지를 찾아간다.
충무공 비는 배도 없고 인기척도 없는 선착장에서
산비탈을 타고 들어가는 길을 200m 걸으면 나온다.
사진은 선착장에서 바라보는 목포항 쪽 풍경이다.
충무공 비는 왼편 산비탈에 있다.

전남 목포 고하도
일제 강점기, 일본인들은 충무공 비에 총을 쐈다

목포 대교를 건너 남쪽으로 3km가량 내려가면 큰 네거리가 나온다. 네거리가 있는 곳은, 대교를 건너면서 바다를 보지 않았으면 고하도가 섬이라는 사실조차 깨닫지 못할 만큼 광활한 평지의 한복판이다. 「고하도 이 충무공 기념비」가 있는 목포시 달동 산230으로 가려면 이 네거리에서 좌회전을 해야 한다.

고하도 지도에 가장 크게 박혀 있는 지명은 용머리와 선착장이다. 용머리는 고하도의 가장 북쪽, 즉 목포 대교가 고하도에 닿는 일대를 가리킨다. 고하도의 생김새로 보아서는 용꼬리라고 부르는 것이 훨씬 더 어울릴 법한데, 맨 위에 있다고 해서 그렇게 이름을 붙인 모양이다.

고하도 선착장은 섬의 동남쪽 바닷가에 있다. 더 큰 지도를 펼치니 서산 초등학교 충무 분교, 고하도 복지 회관, 고하도 이 충무공 기념비가 섬 동쪽으로 가는 좁은 도로 위에 차례차례 떠오른다. 섬의 북쪽, 즉 용머리를 향해 올라가는 길에는 '고하도 목화밭' 글자가 보인다. 목화라면 문익점이고, 최초 재배지는 경남 산청으로 아는데…… 고하도가 목화로 유명한 곳이었나?

고하도는 우리나라에서 육지면(미국의 조숙형 목화)이 처음 재배된 곳이다. 목포시는 고하도 목화밭에 '고하도는 1904년 우리나라에 최초로 육지면을 재배하여 전국으로 보급한 역사적인 곳이다.'로 시작되는 안내판을 세워 두었다. 안내판은 '고하도의 육지면 재배 성공으로 목포항은 면화 물동량이 급증하여 전국 3대항, 6대 도시로 발전할 수 있는 계기를 맞이했다. 고하도의 역사 자원과 함께 청소년 체험 학습장으로 활용하고자 여기(달동 863, 충무공 유적지 뒤편) 목화밭(2,312㎡, 700평)을 조성했다.'라고 설명하고 있다. 충무공 기념비 인근(달동 780-18)에는 1936년에 세워진 「朝鮮조선 陸地棉육지면 發祥之碑발상지비」도 있다.

그런데 길이 이상하다. 유명한 충무공 기념비를 찾아가는 길답지 않게 도로는 좁고 고불고불하다. 인가도 드물 뿐더러 차량조차 거의 없다. 어째서 이순신 장군의 5대손 이봉상은 이토록 구석진 곳에 충무공 기념비를 건립했을까? 혹시 명쾌한 대답을 들을 수 있을까 싶어 문화재청 누리집의 '전라남도 기념물 10호, 고하도 이충무공 기념비高下島李忠武公紀念碑' 부분을 읽어본다.

고하도는 이제 섬이 아니다. 고하도와 목포를 잇는 목포 대교가 웅장하다.

(고하도 이 충무공 기념비는) 목포시에 속한 고하도라는 섬에 서 있는 비로, 충무공 이순신 장군의 탁월한 전략을 기리고 있다. 임진왜란 당시 장군은 승리를 이끌기 위해서는 무엇보다 군량을 저장해두는 것이 중요할 것으로 보고, 군사적 요충지인 이 섬에다 양식을 비축하여 두었다 한다.

비를 세우는 공사는 통제사 오중주에 의해 시작되어, 1722년(경종 2) 8월 공의 5대손인 이봉상에 의해 마무리되었다. 남구만이 비문을 짓고, 조태구가 글씨를 썼으며, 지금은 커다란 비각을 세워 보존하고 있다.

안내문으로는 궁금증이 풀리지 않는다. 그런데 의문을 풀어주는 뜻밖의 존재가 선착장 주변에 서 있다. 목포 대교 탓에 지금은 배로 목포와 고하도를 오가는 사람이 끊겼지만, 제대로 선착장 기능을 하던 시절을 상징하는 그 무엇이 현장에 남아 있다!

충무공 기념비로 가는 길의 오른쪽은 바다, 왼쪽은 산비탈이다.

선착장 입구는 더 이상 왼쪽으로 차를 몰고 들어가면 안 된다는 느낌을 완강하게 풍겨준다. 실제로도 더 가면 찻길은 끊겨 있다. 게다가 충무공 유적지로 안내하는 안내판까지 산비탈에 서 있으니 이제 주차를 할 시점이다.

수십 년 전에 세운 듯 여겨지는 「고하도 GOHADO」 입간판이 유적지 안내판 오른쪽에 서 있다. 배에서 내릴 때 정면으로 보이는 바로 그 지점이다. 흰 바탕 양철에 시퍼렇고 굵은 글씨로 '고하도 GOHADO'를 써 두었다. '여기가 바로 고하도'라는, 1960년대식 자부심이 한껏 묻어 있는 입간판이다.

목포 대교 개통 이전까지 이곳은 고하도에서 가장 사람이 북적댄 곳이었다. 조선 시대에도 마찬가지였다. 그래서 이곳에 이 충무공 기념비가 건립되었다. 인파가 흐르는 이곳, 많은 이들이 직접 눈으로 보고 가슴으로 느낄 수 있도록 하기 위해 조선 시대에도 선착장 인근에 기념비를 세운 것이다. 그저 목포 대교에 죄(?)가 있을 뿐······. 유적지 안내판을 읽어본다.

고하도 이 충무공 유적지

고하도는 보화도寶和島, 비하도悲霞島 등 여러 이름으로 불린다. 서남해에서 내륙으로 연결되는 영산강의 빗장 역할을 하는 지리적 특성이 있다.

이 유적은 임진왜란 때 이 충무공이 전략지로 활용하여 왜적의 침투를 막아낸 곳이다. 충무공은 명량 대첩을 승리로 이끈 후인 1597년 10월 29일 이곳에서 이듬해 2월 17일 고금도로 옮기기까지 108일 간 주둔하며 군량미를 비축하고 전력을 재정비하였다. 섬 둘레가 불과 2km밖에 되지 않지만 이곳이 무너지면 호남의 곡창 지대를 흐르는 영산강을 왜구에게 내어주는 셈이었기 때문에 매우 중요한 지역이었다.

> 지금도 이곳에는 진성鎭城 터가 남아 있는데, 《난중일기》
> 에 그 축조 과정이 자세히 기록되어 있다. 목포 사람들은 이
> 충무공 기념 사업회를 조직하여 해마다 4월 28일이면 이곳
> 에서 공의 정신을 추모하는 탄신제를 치르고 있다.

영산강 하구를 지키는 고하도는 명량 대첩 이후 이순신 장군이 조선 수군을 이끌고 한참 동안 주둔하면서 전력을 재정비하고, 군량미도 비축했던 곳이라는 것이 안내판 해설의 핵심이다.

이이화는 《조선과 일본의 7년전쟁》에서 '(명량 대첩 이후) 이순신은 역풍이 불고 물결이 세차게 일어 전선을 일단 당사도(암태도 소속)로 옮겨놓았다. 다음날 어외도로 나오니 피란해온 선박 300여 척이 몰려들어 전승을 축하하고 쌀과 고기 등을 가져와 위문했다. 그 뒤 칠산바다 법성포, 선유도 일대를 순찰했으나 적선이 출몰하지 않아 보화도에 군진을 쳤다.'라고 기술하고 있다.

배 없는 고하도 선착장의 새벽, 추위에 손을 부비며 낚시를 하고 있는 사람

이순신이 고하도에 진지를 차린 까닭은 대략 이해되었다. 다만 안내판의 '지금도 이곳(고하도)에는 (당시 수군 본부인) 진성 터가 남아 있는데, 《난중일기》에 그 축조 과정이 자세히 기록되어 있다.'라는 대목이 새로운 호기심을 자극한다.

《난중일기》 중에서 해당 부분만 간추려서 읽어본다. 특히 '서북풍을 막을 만하고, 배를 감추기에 아주 적합'해서 고하도에 진지를 차렸다는 1597년 10월 29일자 기술이 가장 흥미롭다.

1597년 10월 29일 사경(새벽 2시경)에 첫 나팔을 불고 배를 출발했다. 목포로 향하는데 비와 우박이 섞여 내리고 동풍이 약간 불었다. 목포에 갔다가 보화도로 옮겨 정박했다. 서북풍을 막을 만하고 배를 감추기에 아주 적합했다. 그래서 육지에 올라 섬 안을 돌아보니 지형이 매우 좋았으므로 진을 치고 집 지을 계획을 세웠다.

10월 30일 아침에 집 지을 곳에 내려가 앉아 있으니, 여러 장수들이 만나러 왔다. 일찍 황득중을 시켜 목수를 데리고 섬 북쪽 산 밑으로 가서 집 지을 목재를 베어 오게 했다.

11월 2일 다리 놓는 일을 감독했다. 그 길로 새 집 짓는 곳으로 올라갔다가 어두워서 배로 내려왔다.

11월 3일 일찍 집 짓는 곳으로 올라갔다.

11월 4일 일찍 새 집 짓는 곳으로 올라갔다.

11월 5일 새 집 짓는 곳으로 올라갔다가 날이 저물어서 배로 내려왔다. 영암 군수 이종성이 와서 밥을 30말이나 지어 일꾼들에게 먹이고 말하기를 '군량미 200섬을 준비하고, 벼 700섬도 준비했다.'고 한다. 이날 보성 군수와 흥양 현감을 시켜 군량 창고 짓는 것을 살펴보게 했다.

11월 7일 저녁에 새집의 마루를 다 만들었다.

11월 8일 새 방의 벽에 흙을 발랐다. 마루를 만들었다.

11월 11일 식후에 새 집에 올라갔다.

11월 15일 식후에 새집에 올라갔다.
11월 21일 송응기 등이 산역군山役軍을 거느리고 해남의 소나무 있는 곳으로 갔다.
12월 10일 배 만드는 곳에 나가 앉아 있었다.

충무공 기념비로 올라가는 숲속에는 홍살문이 버티고 서서 분위기를 돋우어 준다. 기념비를 보러 가는 길이지만 사당 참배를 가는 듯 마음이 경건해진다. 삼문에는 모충문慕忠門 현판이 걸려 있다. 모충은 이순신의 충성을 추모하고 그리워한다는 뜻이다. 비각도 삼문처럼 모충을 당호堂號(집이름)로 쓰고 있다. 유적지는 기와 담장이 둘러져 있어 단정하다.
이곳 비석의 조선 시대 공식 이름은 '有明朝鮮國유명 조선국 故三

道統制使고 삼도 통제사 贈左議政忠武李公증 좌의정 충무 이공 高下島遺墟記事碑고하도 유허 기사비'이다. 유명有明조선국朝鮮國이라는 표현이 거슬린다. 조선은 명나라의 속국이라는 뜻이기 때문이다.

문화재청은 긴 이름을 '고하도 이 충무공 기념비'로 줄여 사용하고 있다. 앞에 고하도를 붙인 것은 다른 곳에도 이순신을 기념하여 세운 비석들이 있기 때문이다. 이 비는 1709년(숙종 35)에 남구만南九萬(1629~1711)이 비문을 짓고, 조태구趙泰耈(1660~1723)가 글씨를 썼다. 전액篆額(제목)은 이광좌李光佐(1674~1740)가 썼다. 세 사람은 모두 영의정을 역임한 인물들이다. 이순신을 기리는 비석답게 당대 거물들이 글을 짓고 글씨를 썼다. 남구만이 남긴 글 중 교과서에 실리면서 '국민 시조' 반열에 오른 작품 한 편을 감상한다.

홍살문 안으로 모충각 삼문이 보이는 풍경(왼쪽)과 모충각(오른쪽)

동창東窓이 밝았느냐 노고지리 우지진다
소 칠 아이는 여태 아니 일어났느냐
재 넘어 사래 긴 밭을 언제 갈려 하느냐

비문 원문 17행 48자는 남구만의 《약천집藥泉集》에 '高下島李忠武公記事碑고하도 이 충무공 기사비'라는 제목으로 실려 있다. 비석 앞면에는 정유재란 때 이순신이 고하도를 군대 주둔지로 정한 과정, 전쟁시 군량미의 중요성, 1647년(인조 25) 군대 본부가 당곶唐串(목포시 이로동 하당)으로 이전되면서 이순신 유허가 소실 위기에 놓이자 통제사 오중주가 유허비 건립을 주도한 내용, 후임 통제사로 하여금 고하도가 진터임을 알도록 하기 위해 비석을 세우게 되었다는 내용 등이, 뒷면에는 건립 연대가 새겨져 있다.

고하도 이 충무공 기념비를 보호하고 있는 모충각의 문은 굳게 잠겨 있다. 삼문이 열려 있어 모충각을 보는 데에는 지장이 없지만 비각 문이 닫혀 있는 탓에 비석은 제대로 감상할 수가 없다. 당연한 일이다. 개방되어 있으면 훼손을 어찌 감당할 것인가. 물론 열려 있다 하더라도 돌에 새겨진 비문을 육안으로 읽어낼 수 있는 사람은 아주 드물 터, 폐문을 원망할 이는 별로 없을 터이다.

이 비석에 일본인들이 총을 쏘아댔다. 총을 난사한 일본인들은 비를 야산에 버렸다. 해방 이후 우리나라 사람들이 비석을 찾아 지금 자리에 다시 세웠다. 그리고 1949년 비각을 건립했고, 1973년 중수했다.

충모각 뒤로 가니 고인돌처럼 느껴지는 커다란 돌들이 여기저기 흩어져 놓여 있다. 모충각의 뒷모습과 삼문을 함께 네모 속에 집어넣어 한 장의 사진으로 찍는다. 작아진 삼문 안으로 바다가 희미하게 들어온다. 그 풍경이 어쩐지 쓸쓸하고 슬프다. 이곳에 당도한 지 한 시간이 넘었는데도 아무도 찾는 이가 없어서 그런 것일까.

이순신의 조카 이분李芬이 기록한 《이 충무공 행록》의 1597년

12월 5일자 내용이 떠오른다. 이순신은 그때 얼마나 쓸쓸하고 슬펐을까.

이순신이 감옥으로 끌려가고, 고문을 당하고, 백의종군으로 풀려나는 과정을 지켜보던 어머니 변씨가 마침내 4월에 이르러 세상을 떠났고, 10월에는 아들 면이 왜적들에게 죽임을 당했다. 그 후 이순신은 '너무나 애통한 나머지 정신이 날마다 쇠약해졌다.'

소문을 들은 선조가 '경은 아직도 상례喪禮(장례의 규칙)만 따르고 권도權道(특별한 상황에서 따라야 할 규칙)는 따르지 않는다고 들었다. 사사로운 정이 간절하지만 지금은 한창 나라가 어려운 고비 아닌가. 옛사람도 말하기를 전쟁터에서는 용기가 없는 것이 불효라 하였다. 나물만 먹어 기력이 떨어진 사람은 전쟁터에서 용기를 드러낼 수 없을 것이다. 그대는 내 뜻에 따라 권도를 따르도록 하라.'는 서신과 함께 고기 등을 보내왔다.

공은 '슬프고 감격한 마음을 누를 길이 없었다.' 어머니를 잃고, 또 아들을 잃은 것은 너무나 슬픈 일이지만, 임금이 용기를 내라면서 편지와 고기 등을 보내온 것은 그와 별개로 감사할 일이기 때문이다. 《선묘 중흥지》에 전하는 이순신의 고하도 기사를 현대문으로 번안해 읽으며 충무공 기념비 답사 여행을 마칠까 한다.

> 이순신이 보화도에 주둔하게 되었을 때 군사가 1,000여 명에 이르렀다. 군량 부족을 걱정할 수밖에 없었다. 이순신은 바닷길을 다닐 수 있는 통행첩通行帖(통행 허가서)을 만든 다음 '이 통행첩이 없는 배는 간첩으로 간주하여 처벌한다.' 하고 선포했다.
>
> 피란선들이 모두 와서 통행첩을 받았다. 이순신은 배의 크기에 따라 적당한 쌀을 받은 다음 통행첩을 주었다. 그 결과 불과 열흘 사이에 쌀 1만여 섬이 생겼다.

이번에는 군사들이 옷이 없어서 걱정이었다. 이순신은 피란을 온 백성들에게 '너희들은 왜 여기까지 따라 왔느냐?' 하고 물었다. 백성들은 모두 '사또를 믿고 왔습니다.' 하고 대답하였다.

"날씨가 춥고 바람이 사나워 군사들의 손가락이 얼어붙어 빠지고 있다. 이래서야 어떻게 군사들이 적과 싸울 수 있겠느냐. 너희들은 남는 옷이 있을 텐데 왜 군사들에게 나누어 주지 않는가?"

이순신의 말을 들은 백성들이 앞을 다투어 의복을 가져와 군사들에게 나누어 주었다. 또, 이순신은 사람을 모아 구리와 쇠를 실어와 대포를 만들고, 나무를 베어와 배를 만들었다. 사람들은 이순신을 도와 모든 것을 다 마련했다.29)

---

29) '전라남도 이순신 연구소' 노기욱 소장은 2017년 9월 8일 열린 '명량 대첩 7주갑(420주년) 기념 국제 학술 심포지엄'에서 발표한 논문 「이순신의 수군 재건과 명량 해전」을 통해 '1597년 8월 3일 이순신은 (삼도수군통제사로 재임명한다는) 교서를 받은 15일 후 수군의 진영을 갖춘다. 그리고 해상 초계哨戒(경계)와 순항巡航(배를 타고 여러 곳을 다님) 활동을 시작하였다. 1달여 만에 명량 대첩을 이루어 낸다. 전남 지역에서 펼쳐진 삼도수군통제사 이순신의 이러한 전략이 성공한 것은 전남 백성들의 적극적인 협조로 이루어지고 있음을 알 수 있다.'라고 설명하고 있다.

경남 남해도 **관음포 이락사**, **노량 충렬사**
"나의 죽음을 아무에게도 알리지 마라"

    1598년 8월 18일 풍신수길이 63세의 나이로 죽었다. 그가 죽자 일본군의 철수가 결정되었다. 울산성에 주둔 중이던 가등청정과 사천성에 있던 도진의홍島津義弘(시마즈 요시히로)의 부대는 보따리를 싸기 시작했다. 순천 왜성의 소서행장 부대도 그럴 계획이었다.
    생선을 싼 종이에서는 비린내가 나게 마련이다. 일본 측은 줄곧 '쉬쉬' 했지만 결국 전쟁 원흉이 죽었다는 소문은 명과 조선에까지 퍼졌다. 뿐만 아니라, 일본군이 11월 중순경 바다를 건너 철수하기로 결정했다는 말도 전파되었다.
    1598년 10월 조선과 명은 사로 병진책四路竝進策 시행에 들어갔다. 사로 병진책은 조명 연합군을 네四 길路로 나누어 한꺼번에竝 진進격시킴으로써 일본군을 한반도에서 완전히 몰아내려는 방책策이었다. 사로군은 동해안의 울산성을 향해 진격할 마귀의 동로군, 남해안 중간 지점의 사천성을 바라보고 행군할 동일원의 중로군, 왜성 중 유일하게 전라도 지방에 건설된 순천 왜성을 공격할 유정의 서로군, 바다에서 이순신의 조선 수군과 연합할 진린의 수로군, 그렇게 네 부대로 편성되었다.

사로 병진책은 궁지에 몰린 일본군을 단숨에 격퇴하겠다는 웅대한 작전이었지만 성과는 미미하거나 참혹했다. 울산으로 달려간 동로군 3만 명은 9월 22일부터 계속 싸움을 벌였지만 가등청정이 1만 군대를 거느리고 지키는 울산 왜성('학성 공원')을 격파하지 못했고, 가등은 11월 18일 유유히 부산으로 물러갔다.

사천성으로 간 중로군은 더 참혹한 성적을 거뒀다. 중로군 3만여 명은 9월 19일 이래 사천의 곤양성을 빼앗고 읍성에 주둔 중인 적을 몰아내는 등 한때 기세를 올렸다. 그러나 10월 1일 (사천시 용현면 선진리 746) 선진리성 전투에서 한꺼번에 7,000~8,000명이나 전사하는 대패를 기록했다. 일본군은 명군과 조선군의 코를 베어 일본에 보내 경도京都(교토)에 이총耳塚을 탄생시켰고, 선진리성 입구에도 '조명 군총'이라는 어마어마한 무덤을 남겼다.

소서행장이 마지막까지 항전했던 순천 왜성 **천수각 터**

일본군 중에서 철군에 가장 어려움을 겪은 것은 순천 왜성에 머물러 있던 소서행장이었다. 가등청정의 울산 및 도진의홍의 사천과 달리 소서행장의 순천은 자신들의 본거지인 부산으로부터 아주 멀리 떨어져 있었다. 그만큼 조선군과 명군의 공격을 받기 쉬운 위치였다. (국사편찬위원회의 《신편 한국사》는 '가등청정이나 도진의홍은 조·명 연합 함대의 봉쇄권 밖에 있어 철수가 비교적 용이하였지만 왜교(순천 왜성)의 소서행장은 조·명 연합 함대에 의해서 퇴로가 봉쇄당하고 있어서 본국으로의 철귀조차 매우 어려웠다.'라고 기술하고 있다.)

특히 순천은 이순신의 무대인 전라도 땅이라는 점에서 소서행장을 더욱 어렵게 했다. 1597년 7월 16일 칠천량 해전 이래 일본 수군은 '바다의 주인' 행세를 했지만, 1597년 9월 16일 명량 해전 이후 전라도 바다에서는 이순신이 무서워 결코 마음대로 다니지 못했다. 게다가 이순신은 일본군의 철수를 용납할 생각이 전혀 없는, '굽힐 줄 모르는 성품(《선조실록》 1597년 1월 27일 류성룡 발언)'의 조선 삼도수군통제사였다.

소서행장은 순천에서 탈출할 수가 어렵게 되자 명나라 제독 유정과 도독 진린에게 뇌물을 주면서 퇴로를 열어줄 것을 애원했다. 소서는 이순신에게도 접촉하려고 했다. 이순신은 소서의 애걸을 단호히 거부하였고, 적에게 퇴로를 열어주겠다고 밀약한 진린을 오히려 설득했다.

소서는 명나라 원수들과 몰래 맺은 약속만 믿고 여러 차례 선발대를 보내 바닷길을 탐색했지만 번번이 이순신의 판옥선에 막혀 뜻을 이룰 수가 없었다. 소서는 사천의 도진의홍과 고성의 입화통호立花統虎(다치바나 무네토라)는 물론 부산의 일본군 본부에까지 긴급 구원을 요청했다. 순천 왜성의 부대가 도착하면 함께 귀국하려고 기다리고 있던 일본군은 그제야 소서가 포위에 막혀 갇혀 있다는 사실을 알게 되었다.

소서행장의 구원 요청을 받은 도진의홍 등은 사천 앞바다를 출발, 500여 척의 전선을 이끌고 왜교성을 향해 항진해 왔다. 일본측 구원군은 그들의 출전을 예상하고 관음포에서 기다리고 있던 이순신 전함에 포착되었다. 이순신은 진린이 이끄는 중국 함대와 좌우에서 협공하기로 작전을 세웠다.

11월 18일 캄캄한 야음을 틈탄 적이 남해도에서 노량 해협으로 들어오자 진린이 북을 울려 공격 지시를 내렸다. 이순신도 북을 두드리고 나발을 불어 적을 무찌르라는 명령을 내린 후 직접 전선을 몰고 적진 한가운데로 뛰어들었다. 아군 전선들이 각종 대포를 발사하기 시작했다. 불화살을 퍼부은 것은 물론 적선이 가까워졌을 때는 장작에 불을 붙여 던지기도 했다. 기습 공격을 당한 적은 당황하여 어쩔 줄을 모르는 채 부서지고 죽고 다쳤다.

조명 연합군은 서쪽에서, 일본군은 동쪽에서 **노량**으로 진격했다.

가리포 첨사 이영남이 판옥선을 몰아 왜선의 옆구리를 들이박고, 적선이 휘청거릴 때 불화살을 수도 없이 날리니 밤하늘은 더욱 검게 돌변했다. 이영남은 무기를 특별히 잘 쓰는 병사들을 데리고 적선 갑판으로 뛰어올라 맹렬히 칼을 휘둘렀다. 본래 백병전에 능숙한 일본군들을 상대할 때에는 맞붙어 칼싸움을 하지 않는 것이 상례이지만 이날만은 달랐다. 이영남이 한 번 칼을 휘두르면 적병 셋이 쓰러졌고, 왜군의 창을 빼앗아 다시 한 번 휘저으면 적병 다섯이 바닥에 굴렀다. 하지만 이영남이 결국 유탄에 맞아 쓰러졌다. 함께 싸우던 아군 병사들이 겨우 그의 몸을 구하여 빠져나왔다. 적선은 물속으로 가라앉았다.

낙안 군수 방덕룡은 삼지창을 높이 치켜들고 적선에 뛰어올랐다. 그가 한 번 호령을 하며 창을 내지르면 적병 한 병이 죽고, 또 한 번 호령을 하면 적병 또 한 명이 죽었다. 아군 병사들이 그 광경을 보고 용기백배하여 적과 맞붙어 싸우는 데 겁을 내지 않았다. 아군의 칼날 아래 적병들은 무수히 죽어 넘어졌다. 그러나 방덕룡도 끝내는 가슴 한복판에 총탄을 맞았다.

순천 부사 우치적은 적장이 안택선 높은 곳에서 군사들을 지휘하는 것을 보고 활을 날려 그 자리에서 목숨을 빼앗았다. 안골포 만호 우수와 사도 첨사 이섬은 서로 호흡을 맞추어 두 배를 나란히 몰아 적선을 양옆에서 들이박고 함께 화포를 쏘는 방법으로 크게 무찔렀다. 흥양 현감 고득장과 군관 이언량도 적선에 올라 왜병들을 무찌르던 중 전사했다.

명군 부총병 등자룡은 70세의 노장이었지만 나이와 죽음을 무릅쓰고 직접 전투 현장에 뛰어들어 적과 싸웠다. 그는 고향에서 데리고 온 가정家丁(집의 장정) 200여 명과 함께 앞뒤 좌우로 돌진하며 적을 참살했다. 그 와중에 같은 명군이 쏜 포탄이 잘못 떨어져 그의 전선이 불길에 싸였다. 불길을 피해가며 어렵게 왜적과 싸울 수밖에 없었던 등자룡은 전사했고, 군사들도 많이 죽고 다쳤다.

이순신의 대장선도 한때 적에게 포위됐다. 적선들은 깊숙한 곳까지 들어온 이순신의 전함을 에워쌌다. 멀리서 이 광경을 지켜본 진린이 급히 달려오면서 대포와 화살을 난사하여 적선들을 물리쳤다. 거의 1,000여 개의 돛이 화염과 검은 밤하늘 속에서 뒤엉켜 아군과 적군을 구분하기조차 어려운 전투가 계속되었다.

동이 틀 무렵 진린의 배가 왜선에 포위되었다. 적병 둘이 진린의 배 위로 뛰어들어 상황이 급박해졌다. 아들 구경이 몸으로 왜병의 칼을 막아 간신히 진린이 살아남았다. 피투성이가 된 구경이 가까스로 왜병과 맞서는 중에 기고관旗鼓官(깃발과 북을 관리하는 군관) 문휘가 창을 휘둘러 적병들을 죽였다. 진린의 배를 둘러쌌던 다른 적선들은 이순신과 우수, 이섬이 박고 불을 질러 격퇴했다.

이윽고 적선들이 후퇴하기 시작했다. 적선들은 관음포 내항으로 몰려 들어갔다. 이미 해는 충전에 떠 있었다. 여전히 이순신은 선봉에 서서 적을 추격했다.

관음포 내항 이 충무공 전몰 유허지

해남 현감 류형, 당진포 만호 조효열, 진도 군수 선의경, 사량 만호 김성옥이 뒤질세라 통제사의 배에 합세했다. 아군은 적의 꽁무니를 바라보며 맹렬히 화포를 발사했다.

명군들도 호준포를 한꺼번에 천 발씩 소나기처럼 퍼부었다. 포구 안으로 들어섰던 적은 앞으로도 뒤로도 움직일 수 없게 되자 마침내 반격에 나섰다. 명군 중군장 도명재가 적장 화산구고樺山久高(가바야마 히사다카)를 급히 뒤쫓던 중 유탄에 맞아 전사했다.

해남 현감 류형도 총탄에 맞았다. 류형은 당시 33세의 젊은 무장이었는데 본래 뛰어난 무예로 이름이 높았다. 오늘도 그는 화살이 다하면 창을 들고 싸우고, 창이 부러지면 쌍검을 휘두르며 싸웠다. 그러나 군사들이 진격할 길을 앞장서서 개척하던 중 변을 당했다. 다행히 류형은 쓰러져 있던 중 큰 북소리를 듣고 깨어나 다시 적선으로 돌진했다. 군사들이 환호를 지르며 그의 뒤를 따랐다.

이때 이순신과 같은 전함을 타고서 군사들을 독려하고 있던 군관 송희립이 왼쪽 이마에 총탄을 맞고 쓰러졌다. 송희립은 1592년 5월 3일 녹도 만호 정운과 함께 전라 좌수군의 경상도 출전을 강력히 주장했던 무장이다. 어떤 군사가 송희립이 넘어져 정신을 잃는 것을 보고 놀라서 소리쳤다.

"송 군관이 총에 맞았다!"

이 고함이 이순신의 귀에 들렸다. 이순신이 깜짝 놀라 몸을 세워 송희립을 찾으려 했다. 바로 그 찰나, 적탄이 장군의 왼쪽 가슴을 깊숙하게 꿰뚫었다. 이순신의 몸이 천천히 갑판 위로 쓰러지자 장졸들이 일제히 경악하여 달려들었다. 우선 장군을 장막 안으로 모시고 피를 멈추게 하려고 애를 썼다. 하지만 이미 늦었다.

"싸움이 지금 급하다. 내가 죽었다는 말을 내지 마라."

장군의 마지막 말이었다. 통제사가 전사했다는 사실을 알면 아군은 사기가 땅에 떨어질 것이고, 적은 기세가 하늘로 치솟을 것이다. 이순신은 최후의 순간까지도 전투에서 이길 길만 생각했다.

500척 중 200척을 잃은 일본군은 소서행장을 구원하러 온 본래의 목적을 포기하고 그냥 물러갔다. 아군은 부산포 해전의 100여 척, 명량 대첩의 133척 이상 가는 전과를 얻었지만 삼도수군통제사 이순신과 여러 장수들을 잃었다. 소서행장은 노량 전투로 순천왜성에 대한 감시가 소홀해진 틈을 타 도망쳤다.

국사편찬위원회의 《신편 한국사》는 '이순신은 노량 해전에서 적의 유탄에 맞아 전사했다. 그는 절명하는 순간에도 왜군을 끝까지 섬멸시키려는 일념에서 자신의 전사를 격전 중인 장병에게 알리지 말 것을 유언하였다. 그는 왜군과 함대 결전에 앞서 하늘을 두고 "이 원수를 섬멸하면 죽어도 여한이 없다."라고 한 맹세를 실천하였다. 소서행장은 이 해전을 틈타 부산으로 도망하고 이곳에 집결하였던 왜군이 차례로 일본으로 돌아감에 따라 풍신수길의 무모한 침략 야욕으로 발발하였던 7년간의 왜란은 종결되었다.'라고 썼다.

노량 해전 관련 한 가지 기이한 기록을 읽어본다. 도원수 권율이 선조에게 아뢰는 《선조실록》 1598년 12월 18일자 기사이다.

"통제사 이순신이 전사한 후 손문욱 등이 임기응변으로 잘 처리한 덕택에 죽음을 무릅쓰고 혈전하였습니다. 손문욱이 직접 갑판 위에 올라가 적의 형세를 두루 살피며 지휘하여 싸움을 독려하였는데 진 도독이 함몰을 면한 것도 우리 수군의 공이었습니다. 우치적, 이섬, 우수, 유형, 이언량의 공이 뛰어났고, 가장 큰 공은 이순신이 타고 있던 배였습니다. 다만 이순신이 군사들에게 '적의 수급을 거두는 데 집중하다 보면 적을 많이 죽일 수 없다.'라고 경계한 까닭에 이번 전투에서 수급을 참획한 것이 매우 적었습니다."

이순신이 전사하고 난 뒤 손문욱이 해전을 지휘했다는 내용이다. 충무공을 대신하여 엄청난 전투를 이끈 손문욱은 누구인가?

결론을 말하면 손문욱이 누구인지 명확하게 아는 사람은 없다. 충무공을 대신하여 노량 해전의 후반부를 지휘할 만한 인물이라면 적어도 첨사 이상의 고위직 장군일 텐데, 그것도 아니다. 심지어 《선조실록》 1599년 2월 8일자에는 손문욱이 '하찮은 종놈么麼奴虜'으로 나온다. 왕의 말씀을 전하러 통제사가 주둔 중인 고금도에 다녀온 형조 정랑 윤양이 선조에게 아뢴다.

"그곳 사람들은 '노량의 전공은 모두 이순신이 이룬 것이다. 통제사가 불행히 탄환에 맞아 전사했을 때 군관 송희립 등 30여 명이 상인喪人(통곡하려는 장졸들)들을 소리내어 울지 못하게 막은 뒤 생시生時(이순신이 살아 있을 때)와 다름없이 영각令角(명령을 내리는 악기)을 불어 다른 전함들이 주장主將(이순신)의 죽음을 알지 못하게 함으로써 (아군의 사기가 떨어지는 것을 막아) 이길 수 있었다. 손문욱은 하찮은 종놈인데 우연히 통제사와 한 배에 탔다가 다른 사람들의 공로를 가로챘으므로 모두가 분격해 한다.'라고 말했습니다."30)

30) 관음포 내항 오른쪽 얕은 언덕은 이순신의 시신을 처음 안치했던 곳이다. 그로부터 230년 후인 1832년(순조 32) 이순신의 8세손 이항권이 통제사로 있으면서 왕명을 받아 임시 빈소 터에 제단을 설치하고 유허비를 세웠다. 그것이 이락사李洛祠의 시초이다. 왼쪽의 사진은 이락사 입구의 '이순신 장군 유언비戰方急愼勿言我死'이다. 물론 장군은 "전방급 신물언아사"라는 한자 발음이 아니라 '싸움이 지금 급하다. 내가 죽었다는 말을 내지 마라.' 하고 우리말로 유언을 남기셨다. 유언비의 글씨는 해군참모총장 류삼남이 1998년에 썼다.

고금도에 가서 전라도 수군들의 민심을 청취하고 돌아온 윤양의 말은 권율의 보고와 완전히 다르다. 권율은 손문욱을 노량 해전의 중요 공신으로 보고 있지만, 노량 해전에 참전했던 현지 군사들은 손문욱을 '우연히 통제사의 배에 탔던 종놈이 다른 사람들 모두의 공로를 가로챘다.'라고 분노하고 있다. 누구의 말이 사실에 부합하는 것일까? 남아 있는 기록이 변변하지 않아 알 수가 없다.

다만 손문욱이 노량 해전 때 이순신의 대장선에 탄 것만은 사실로 보인다. 서로 정반대의 평가를 내리고 있기는 하지만 권율도 윤양도 손문욱이 통제사의 판옥선에 승선했다는 데에는 인식을 함께하고 있기 때문이다.

손문욱이 노량 해전에서 이순신 전사 직후 활약을 했다는 기록은 《선조실록》 1598년 11월 27일자에도 실려 있다. 다만 이 기사에는 일본 전함의 숫자가 500척이 아니라 300척으로 나오고, 손문욱이 아니라 '이문욱'으로 나온다. 노량 해전의 전말을 요약해서 설명해주는 기사의 앞부분부터 읽어본다.

> 금월(12월) 19일 사천 등지에 있던 왜적의 배 300여 척이 합세하여 노량에 도착하자 통제사 이순신은 수군을 거느리고 곧바로 나아가 맞싸웠다. 중국 군사도 합세해서 진격했다.
> 왜적이 대패하여 (중략) 전함 200여 척이 부서지고, 죽고 부상당한 자가 수천여 명이나 되었다. 왜적의 시체와 부서진 배의 나무판자, 무기, 의복 등이 바다를 뒤덮어 물이 흐르지 못했다. 바닷물은 온통 붉은 빛이 되었다.
> 통제사 이순신과 가리포 첨사 이영남, 낙안 군수 방덕룡, 흥양 현감 고득장 등 10여 명이 탄환을 맞아 전사했다. 남은 적선 100여 척은 남해도로 도망쳤고 (중략) 소서행장은 자기 나라 왜선이 대패하는 것을 바라보고 (20일) 먼 바다로 도망쳐 갔다.

이어 사신史臣(역사를 기록하는 관리)은 자신의 의견을 덧붙인다. 의견은 칠천량 패전 이후 노량 해전까지 이순신이 한 일을 먼저 적은 다음 다시 이순신의 전사에 관해 또 언급한다.

> 사신은 논한다. 이순신은 사람됨이 충성스럽고 용맹하다. 재주와 전략도 있고, 군대의 법을 밝게 적용하고 군졸을 사랑했다. 그래서 사람들이 모두들 즐겨 따랐다.
> 통제사 원균이 욕심이 많고 잔학하여 크게 군사들의 인심을 잃었다. 사람들이 모두 그를 믿지 않아 마침내 정유년 한산(칠천량)의 패전을 가져 왔다. 원균이 죽은 뒤 (삼도수군통제사를) 이순신으로 대체했다.
> 이순신이 처음 한산도에 이르러 남은 군졸들을 모으고, 무기를 준비하고, 둔전屯田(군량미를 조달하기 위한 논밭)을 개척하고, 물고기와 소금을 팔아 군량을 넉넉하게 하니 불과 몇 달만에 군대의 명성이 크게 떨쳐 일어났다. 이때부터 이순신의 군대는 범이 산에 있는 듯한 형세를 지녔다.
> 예교 전투에서 육군은 앞으로 나아가지 못했지만, 이순신은 중국의 수군과 더불어 밤낮으로 혈전하여 많은 왜적을 죽였다. 어느 날 저녁 왜적 4명이 배를 타고 나가자 이순신이 진린에게 말했다.
> "틀림없이 구원병을 요청하려고 나간 왜적입니다. 나간 지 벌써 나흘이 지났으니 내일쯤은 많은 적군이 반드시 이곳에 도착할 것입니다. 우리 군사가 먼저 가서 기다리고 있다가 맞이해 싸우면 아마 성공할 수 있을 것입니다."
> 진린이 처음에는 이순신의 출전 요구를 받아들이지 않았다. 그러나 이순신이 눈물을 흘리며 계속 청하자 진린이 마침내 허락했다. 조선 수군과 중국군은 밤새도록 노를 저어 날이 밝기 전에 노량에 도착했다.

조금 지나자 과연 많은 왜적이 몰려 왔다. (조명 연합 수군이 기다리고 있다는 사실을 예상하지 못한 채 몰려오고 있는 적을 향해) 불의에 진격하여 한참 혈전을 하던 중 이순신이 왜적의 탄환에 가슴을 맞아 배 위에 쓰러졌다.

이순신의 아들이 통곡을 하고 군사들은 당황하였다. 곁에 있던 이문욱이 모두의 울음을 멈추게 하고 옷으로 이순신의 시신을 가려놓은 다음, 북을 치며 진격하니 (다른 배는 물론 대장선에 탔던) 모든 장졸들이 이순신이 전사한 줄 알지 못한 채 더욱 용기를 내어 적을 공격하였다.

왜적이 마침내 대패하니 사람들은 모두 '죽은 순신이 산 왜적을 물리쳤다.'31)라고 하였다. 부음訃音(죽은 소식)이 전파되자 호남 사람들이 모두 통곡하여 노파와 아이들에 이르기까지도 슬프게 울지 않는 자가 없었다.

나라를 위한 충성과 몸을 잊고 전사한 의리는 비록 옛날의 어떠한 어진 장수라 하더라도 이순신보다 더할 수 없다. 조정이 사람을 잘못 써서 이순신으로 하여금 그 재능을 다 펼치지 못하게 한 것이 참으로 애석하다. 만약 순신을 병신년(1596)과 정유(1597) 연간에 통제사에서 물러나게 하지만 않았어도 어찌 한산 패전을 가져왔겠으며 양호(전라도)가 왜적의 소굴이 되었겠는가. 아, 애석하다.

---

31) 위의 조조, 촉의 유비, 오의 손권, 그리고 제갈공명, 관우, 장비 등의 이름으로 우리나라에도 널리 알려진 중국 삼국 시대 때, 촉 승상 제갈공명이 군사를 이끌고 위의 사마의와 싸우던 중 병사한다. 죽기 전 제갈공명은 자신의 인형을 수레에 앉혀 놓는다. 제갈공명이 죽었다는 소문을 들은 사마의는 군대를 몰아 촉병을 공격하다가 제갈공명의 수레는 보고는 '또 제갈공명에게 속았다!'라고 탄식하면서 물러간다. 촉병은 무사히 철군하여 돌아온다. 이 일 이후 '죽은 제갈량이 산 사마의를 이겼다'라는 말이 유행했다.

실록 역시 '이문욱'이라고는 했지만 손문욱이 이순신 사후 노량 해전을 지휘했다고 증언하고 있다. 그런데도 손문욱은 우리 역사에 거의 남아 있지 않다. 고대사도 아니고, 세계 기록 문화유산으로 등재된 실록에 나오는 조선 중기 인물인데도 그의 흔적은 찾아보기 힘들다. 손문욱은 불가사의不可思議(이해할 수 없는)의 인물이다.

이순신의 시신이 잠시 머물렀던 남해 충렬사 사당 뒤에 그의 가묘假墓가 조성되어 있다.

이이화의 《조선과 일본의 7년 전쟁》과 이경석의 《임진 전란사》에는 손문욱의 이름이 등장하지 않는다. 이이화는 '기묘하게도 이순신의 전사와 (임진왜란의) 완전한 종전이 같은 날 이루어졌다. (중략) 일본군은 소서행장 부대가 부산으로 합류하자 정해진 기한(11월 11일)보다 조금 늦은 11월 23일부터 사흘에 걸쳐 완전 철수해 쓰시마(대마도)로 돌아갔다. 처음 침입할 때의 코스를 되밟아 돌아간 것이다.'라고 기술했다.

손문욱의 이름이 없는 대신 송희립의 활약이 돋보이는 이경석의 기록을 통해 노량 해전의 마지막 장면을 돌이켜본다.

이순신은 임종하기에 앞서 당부하기를
"싸움이 바야흐로 급하니 이 사람의 죽음을 삼가고 삼가, 말하지 말고 군사들을 놀라게 하지 말라."
하고 조용히 눈을 감았다. 사람들이 비통하게
"사또! 사또! 정신 차리시오! 사또!"
"저 북소리가 들리지 아니 하옵니까?"
"우리가 이겼나이다."
하며 울부짖으니 그는 간신히 다시 눈을 떴다가 미소를 지으며 고요히 운명殞命(세상을 떠남)하였다. 함상艦上(배 위) 전사戰士(싸움터의 군사)들이 경동驚動(놀라서 움직임)하여 소리를 더욱 높여서
"사또! 사또……!"
하고 연호하니, 이 소리에 송희립이 정신이 들어 일어나본즉 피가 흘러서 얼굴과 옷을 물들였으므로 옷 속 천을 째서 동여매고 급히 장대將臺(장군의 지휘소)에 올라가 보니 이순신은 이미 숨을 거두었고, 원수기元帥旗만 홀로 펄럭이고 있었다.

고인의 아들 회와 조카 완이 곡하려 하므로 그는 휘하 몇 사람으로 하여금 부축하게 하고 그들의 입을 막아서 곡성이

나지 않도록 한 뒤에 고인의 갑옷과 투구를 벗겨서 홍전紅氈(붉은 모직 천)으로 시체를 싸게 하였고, 그 위에 갑옷과 투구를 다시 씌우고 방패로 가린 뒤에 상喪(죽음)을 발發(발표)하지 않고 계속하여 북을 치면서 싸움을 재촉하였다. (중략)

전투가 끝난 직후에 제독 진린은 먼저 이순신에게 도와주어 감사하다는 말을 전하려 하다가 그가 죽은 것을 알고 의자에서 갑판 마루 위에 엎드려 대성통곡을 하니 비로소 아군과 명나라 군사들이 그의 죽음을 알고 일시에 모구 통곡하였으며, 산천도 같이 깊은 우수에 잠기었다. 명나라 군사들마저 모두 육식을 금하였으며 사민士民(선비와 백성)들이 통제사 이순신의 죽음을 듣고 "사또께서 우리를 버리고 어디로 가셨단 알이오!" 하면서 곡하여 마지않았는데 구柩(관)를 발인發靷(상여가 떠남)하여 고금도에서 아산으로 향하는 도중에도 남녀노소들이 모두 호곡號哭(소리 내어 욺)하면서 그 뒤를 따랐다.

노량 바다의 노을

이락사 경남 남해군 고현면 차면리 107

　이락사李落祠, 이李순신 장군이 떨어진落 곳에 세워진 사祠당이라는 뜻이다. 1598년 11월 19일, 순천에 고립된 소서행장을 구출하려고 부산, 사천 등지에서 500여 척의 왜선이 몰려온다. 이순신은 명나라 수군과 함께 노량 바다에서 이들을 맞이한다. 밤 내내 전투가 벌어지고, 왜선 중 200여 척이 불타고 부서져 바다 밑으로 가라앉는다. 엄청난 대승리였다. 하지만 이순신 장군이 전사한다. 이락사는 충무공이 세상을 떠난 관음포 내항 옆에 세워져 있다.

　노량 해전 이후 230여 년 뒤, 이순신의 유해가 누워졌던 그 자리에 제단이 만들어졌다. 1832년(순조 32) 이순신의 8대손인 통제사 이항권이 임금의 명을 받들어 관음포에서 제사를 지내고, 유허비와 비각도 세웠다. 비각에는 '큰 별이 바다에 떨어졌다'라는 뜻의 '大星殞海대성운해' 네 글자가 현판 삼아 걸려 있다.

　이락사에서 오른쪽 숲길로 10분가량 들어서면 첨망대에 닿는다.

1990년대에 세워진 정자이므로 임진왜란 유적은 아니지만 노량과 관음포 앞바다를 잘 볼 수 있는 전망대로는 아주 멋진 곳이다.

이락사에서 첨망대까지 가는 가느다란 숲길 또한 전쟁의 느낌은 커녕 최고의 산책길로만 여겨진다. 한국인이라면 누구든지 한 번쯤 걸어볼 만한 오솔길로 추천해도 전혀 모자람이 없다. 솔향기, 바다 내음, 한적하고 맑은 공기, 따뜻한 그늘…….

아, 중요한 답사지를 빠뜨릴 뻔했다. '관음포 이 충무공 전몰 유허' 주차장에 닿으면 곧장 가볼 곳이 있다. 도로를 따라 오른쪽으로 접어들면 이내 이락사에 닿지만 그에 앞서 이곳부터 찾아야 한다. 매점 왼쪽에 바다가 있다. 첨망대가 있는 작은 언덕의 왼쪽이다. 눈앞에 펼쳐지는 이 바다가 우리 수군이 임란 중 마지막으로 왜적을 격파한 곳, 충무공이 '나의 죽음을 아무에게도 말하지 마라'는 유언을 남기신 곳이다. 어찌 이곳부터 찾지 않을 수 있으랴!

'관음포 이 충무공 전몰 유허' 답사 순서를 정리해 본다. '눈 오는 밤길 걸어갈 때踏雪夜中去 어지럽게 걷지 마라不須胡亂行 오늘 내가 남긴 발자국이今日我行跡 뒷사람에게는 이정표가 되리라遂作後人程'는 서산 대사의 말씀이 생각나서이다.

(1)관음포 바다 주차장 앞 (2)이순신 장군 유언비 해군참모총장 류삼남 글씨 (3)이락사 대성운해 현판, 사당 참배 (4)첨망대 노량과 관음포 바다 조망 후 돌아나와 '남해 충렬사'로 옮겨간다. 충렬사에서는 (5) 남해 척화비 (6)자암 김구 비 (7)삼도 통제사 이태상 비 (8)청해루 (9)충렬사 비 정인보 문장 (10)외삼문 (11)노량 묘비 統制使贈諡忠武李公廟碑통제사 증시 충무이공 묘비 (12)충민사 비 (13)사당 충무공 표준 영정, 충무공 무장 모습 그림, 거북선 그림 (14)가묘假墓 순서로 답사하는 것이 좋다.

마지막으로 볼 것은 노량 바다의 노을이다. 이순신은 1593년 7월 14일자 《난중일기》에 '달빛이 뱃전에 스며들자 정신이 맑아져 잠을 이룰 수가 없었는데 벌써 닭이 우는구나.'라고 했다. 이순신이 본 임진왜란 때의 달을 나도 한 번 보아야지.

노량 충렬사 경남 남해군 설천면 노량리 350

  경상남도 남해군 설천면 노량리 350 주차장에서 '노량 충렬사'로 올라가는 계단 앞에 서면 정면으로 멀리 외삼문이 보인다. 정원처럼 꾸며져 있는 오른쪽 비탈에는 비석 세 기가 나란히 세워져 있어 이곳을 더욱 역사 유적지답게 만들어준다.

  가장 앞의 비석은 1871년(고종 8)에 건립된 '남해 척화斥和비'이다. 척화는 서양 오랑캐和를 배척斥하자는 뜻이다. 그 다음 비석은 '자암 김구金絿 비'이다. 우리가 흔히 아는 독립 운동가 김구金九 선생은 호가 백범이니 이 비석의 주인공은 그와 다른 인물일 것이다.

  예로부터 남해도에는 거지, 글소경文盲(글자를 모르는 사람), 도둑이 없다고 했다. 이는 조선 시대에 수십 명의 학자들이 귀양을 와 있어서 그들로부터 글을 배운 덕분이라고 한다. 이 비석의 주인공 김구(1488~1534)도 연산군 시절 이곳 남해도에서 13년 동안 유배 생활을 했다. 서울과 충남 예산이 주 근거지인 김구 선비를 기리는 비가 1706년(숙종 32) 남해도에 건립된 것은 그 때문이다.

그 다음 비석은 1882년(고종 19)에 세워진 '삼도 통제사 이태상 비'이다. 이태상은 이순신의 5대손이다. 그는 1760년(영조 36) 청해루淸海樓를 건립했다.

이태상이 세운 청해루와 현재 충렬사 외삼문 앞 오른쪽에 있는 청해루는 다른 건물이다. '루'는 일반적으로 2층 건물이다. 지금의 청해루 건물은 단층 재실이므로 보통의 경우라면 '청해재'라는 현판을 달았을 것이다. 이태상의 청해루에 서린 역사를 이어받으려는 마음에서 후대인들이 청해'루'라는 이름을 붙였다는 뜻이다.

외삼문과 청해루 사이에 있는 비석이 1948년에 세워진 점도 그 사실에 대한 증인 역할을 해준다. 비석에는 '로량 바다는 리충무공 전사하신 데라 여긔에 충렬사를 세우니라'라는 정인보의 글이 붉게 새겨져 있다. 남해 충렬사와 청해루가 대원군의 서원 철폐령 때 훼철되었기 때문이다.

남해 척화비, 자암 김구 비, 삼도 통제사 이태상 비에 새겨져 있는 비문을 읽는 일은, 다른 곳의 비석들도 거의 대부분이 그렇듯이, 가능하지 않다. 그렇다 하더라도 이태상 비 앞에서는 한 가지 짚고 지나가야 할 것이 있다. 비문이 이태상이 아니라 이순신의 왜적을 무찌른 전공과 백성들에게 베푼 선정을 담는 데 주력하고 있다는 사실이다. 이태상이 청해루를 건립한 공로를 기려 비를 세우되, 그가 자신의 선조인 충무공을 위하는 마음에서 누각을 세운 점을 인정하여 이순신을 추앙하는 내용으로 비문을 채운 것이다. 그런 점에서 1882년의 선비들의 지혜와 배려가 돋보인다.

정인보 충렬사 비

충렬사 사당이 최초로 지어진 때는 1632년(인조 10)이다. 이 지역 선비들은 충무공이 노량에서 마지막 전승을 이루었고, 전사한 후 시신이 관음포에 처음 안치되었다가 이곳 충렬사 자리를 거쳐 고금도로 옮겨간 일을 잊을 수 없었다. 김여빈, 고승후 등의 선비들이 앞장서서 애쓴 결과 비록 초가이지만 사당이 세워졌고, 위패를 모시고 제사를 지낼 수 있게 되었다. 선비들을 뒤에서 적극 도왔던 현령 이정건도 '忠愍公碑충민공 비'라는 비석을 뜰에 세워 사당을 더욱 빛나게 했다.

그로부터 10여 년이 지난 1643년(인조 21) 이순신에게 '忠武公충무공'이라는 시호가 내려졌다. 비석의 '충민공' 표현에 문제가 생긴 것이다. 게다가 1658년(효종 9)에는 조정이 나서서 사당을 본격적으로 신축했다. 충민공 비는 땅속에 파묻히고 말았다.

1973년, 남해 충렬사 전체에 대한 대규모 정비 사업이 진행되었다. 이때 땅속에 묻혀 있던 충민공 비가 '발굴'되었다. 다시 빛을 보게 된 충민공 비는 사당 왼쪽에 고이 모셔졌다.

충민공 비를 한때 땅속으로 밀어 넣었던 '노량 묘비'는 내삼문 안 첫머리에서 비각의 보호를 받으면 장중하게 서 있다. 본명이 '統制使贈諡忠武李公廟碑통제사 증시 충무 이공 묘비'인 노량 묘비는 1661년(현종 2)에 송시열이 글을 짓고, 1663년에 박경지 등이 건립했다. 묘비는 서원이나 사당 등의 역사를 기록한 비석이다. 따라서 노량 묘비에는 충렬사의 내력이 새겨져 있다.

충민공 비와 노량 묘비를 본 뒤 사당 안으로 들어선다. 다른 곳에서는 보기 힘든 투구와 갑옷 차림의 이순신 그림이 먼저 눈길을 끈다. 물론 거북선 그림과 충무공 표준 영정도 있다. 충무공 표준 영정은 나라 안 곳곳에서 볼 수 있는 이순신 초상으로, 1953년에 장우성 화백이 그렸다. (《전라도 내륙 임진왜란 유적》 **방진관** 기사 참조)

충무공에게 엎드려 인사를 올렸으니 이제 주차장으로 돌아갈 것인가. 아니다. 사당 오른쪽 뒤로 작은 문이 보인다.

문 안으로 들어서면 충무공의 가묘假墓를 보게 된다. 가묘는 앞의 사당, 뒤와 좌우의 나무들로 에워싸여 있다. 가묘를 그윽이 바라보고 있노라니, 충남 아산의 충무공 묘소를 참배하는 것과는 아주 다른 느낌이 솟구친다. 마치 충무공이 이곳에 누워 계시는 듯하여 갑자기 슬픔이 밀려온다.

충무공이 고금도로 가시기 전에 누워 계셨던 이 자리…… 지금은 아무도 지키지 않는구나……. 예전에는 화방사라는 사찰의 승려들이 이 사당을 줄곧 지켰다는데…….

현지 안내판과 문화재청 누리집의 해설이 생각난다. '옛날에는 이 사당 곁에 호충암이란 암자가 있었는데, 화방사의 승려 10명과 승장 1명이 번갈아 와서 사당을 지켰다고 한다. 충렬사는 충무공의 노량 앞바다를 지키고 있는 수호신의 사당이라 할 수 있다.'

그러고 보니, 현지 안내판에는 없지만 문화재청 누리집에는 '충무공이 죽은 후 자운이란 승려가 공을 사모하여 쌀 수백 섬을 싣고 와서 공을 위해서 제사를 지낸 것으로도 유명한데 자운은 원래 충무공의 밑에 있던 승병이었다.'라는 내용도 있었다.

서산 대사, 사명 대사, 영규 대사 등 육지에서 활동한 승병 사례는 많이 들어보았지만 수군 의병 이야기는 조금 낯설다. 임진왜란 때 승려들이 스스로 수군에 참여하여 나라와 백성을 지키느라 피를 쏟은 유적지를 찾아보아야겠다. 여수 흥국사가 바로 그곳이다. 의승군義僧軍(임진왜란 참여 승려)만 기려 세워진 것은 아니지만 수군 모두의 노고를 위로하기 위해 건립된 여수 자산 공원의 「임진란 호국 수군 위령탑」도 흥국사 찾는 길에 더불어 답사하면 좋으리라.

어느덧 해가 저물어간다. 노량 대교 근처는 노을이 아름답기로 이름 높은 곳이다. 이순신과 노량 해전 참전 수군들도 그 노을을 보았을 터이다. 예나 제나 이곳 노을은 아름답지만, 그 분들은 아름다운 노을을 보면서도 어떻게 싸워야 이길 것인가만 생각했을 것이다. 내가 오늘 그 분들 몫까지 노량의 노을을 보리라.

충무공 애도 유적들 타루비, 통영 및 남해의 충렬사, 관음포 이락사 등은 모두 이순신의 전사를 슬퍼하는 유적들이다. 그 외에 여수의 충민사와 석천사, 고금도 충무사와 월송대도 꼭 찾아보아야 할 이순신 애도 유적이다. 다만 충민사는 통영 및 남해 충렬사와, 석천사는 흥국사와, 고금도는 남해도와 내용상 중복되기 때문에 간략하게만 소개한다.

(1) **여수 충민사** 사적 381호, 여수시 덕충동 1808

1601년(선조 34)에 건립되어 통영 충렬사 및 아산 현충사보다 각각 62년 및 103년 더 오래된 역사를 자랑한다. 또 충무공을 모시는 사당 중 가장 먼저 (임금으로부터 이름과 재정 지원을 받는) 사액 사당이 되었다. 충무공 이순신 외에 의민공 이억기와 충현공 안홍국을 함께 모시고 있다.

의민공 이억기(1561~1597)는 임진왜란 때 이순신과 함께 당항포, 한산도, 안골포, 부산포 등에서 왜적을 무찔렀다. 이순신 장군이 감옥에 갇혔을 때 이항복 등과 함께 무죄를 주장했다. 1597년 7월 16일 칠천량 해전에서 전사했다.

충현공 안홍국(?~1597)은 임진왜란 때 선조를 모시고 의주까지 갔고, 뒤에는 이순신 장군 휘하에서 많은 공을 세웠다. 정유재란 때 안골포 해전에서 전사했다.

충민사 유물관

(2) **여수 석천사** 여수 충민사와 나란히 서 있음

석천사石泉寺는 정유재란 종전 3년 뒤, 옆의 충민사와 같은 1601년(선조 34)에 세워졌다. 현지 안내판은 '이순신 장군과 판옥선을 함께 타고 종군한 승장 옥형 스님과 자운 스님이 충무공의 인격과 충절을 기려 세운 암자'라고 해설하고 있다. 과연 석천사는 의승군 유적답게 '의승당'이라는 한글 현판을 단 건물 한 채를 거느리고

있다. 의승당 기둥에 여섯 줄로 게시되어 있는 주련柱聯(기둥에 붙어 있는 글)도 법어法語(불교의 말)가 아니라 임진왜란 관련 내용이다.

> 옥형 자운 두 큰스님 삼백여 의승군義僧軍32)
> 임진 정유 왜란에 온 중생 허덕일 제
> 연꽃 잡은 손으로 호국의 기치 들어
> 왜인의 침략 야욕 파사현정破邪顯正 하셨네
> 충무공 순국하여 호국의 용 되시고
> 의승군 대승大乘의 얼 등불 되어 빛나네

(3) **고금도 충무사** 사적 114호, 완도군 고금면 덕동리 산58

 전사한 충무공은 남해도 관음포와 충렬사 터를 거쳐 묘당도 월송대로 왔다가 아산으로 안치되었다. 월송대(↓사진)는 홍살문 건너 바다 쪽으로 돌출된 얕은 언덕 위 솔밭이다. 묘당도는 고금도의 부속 섬이었는데 간척 사업에 따라 두 섬이 붙었기 때문에 근래에는 두 섬 모두를 흔히 고금도라 부른다. 고금도는 이순신이 살아 있을 때 마지막 통제영으로 삼았던 곳이다(그 전에는 목포 고하도 위치).

 충무사에서는 이순신 장군을 모신 사당, 이영남 장군을 모신 동무, 관운장을 모신 내력을 적은 '관왕묘 비', 임진왜란 당시의 식수 공급처로 추정되는 우물 등을 꼭 보아야 한다.

---

32) **의승군**: 고려 시대 등의 참전 승려는 보통 승군이라 하고, 임진왜란 참전 승려만 의승군이라 부름. **파사현정**: 나쁜 것을 부수고 바른 것을 일으켜 세움. **대승**: 모든 중생을 구제하려는 (큰大 수레乘와 같은) 불교.

전남 여수 **흥국사**
승려들의 수군 활동을 증언해주는 사찰

> "(전략, 이들은) 난리 때에 자기 몸 편안히 할 것은 생각도 하지 않고, 정의와 기개를 발휘하여 군병을 모집하여 각각 300여 명씩을 거느리고 나라의 수치를 씻으려 하니 참으로 가상한 일입니다. 2년째 해상에 진을 치고서 자기 스스로 군량을 준비하여 이곳저곳 나누어 공급하며 간신히 양식을 이어대는 그 고생스러운 정황은 관군보다 갑절이나 더한데, 아직도 수고로움을 거리끼지 아니하고 더욱 더 부지런할 따름입니다. 일찍이 적을 토벌할 적에도 현저한 공이 많았으며, 나라를 위한 분개심은 처음부터 지금까지 변하지 않으니 참으로 가상한 일입니다. (중략) 조정에서 특별히 표창하여 뒷사람을 격려해 주시기 바랍니다."

이순신이 1593년 3월 10일 조정에 보낸 장계의 일부이다. 이순신은 공을 세운 사람들에게 상을 줄 것을 요청하면서, 그렇게 하면 앞으로 의병이 되어 왜적과 싸울 뒷사람들을 격려하게 될 것이라고 말하고 있다.

이순신은 (인용문에는 생략했지만 원문에는) 상을 주어야 할 인물들의 이름을 거론하면서, 그들이 제 몸을 돌보지 않고 스스로 의병을 일으켰고, 2년 동안 자기가 먹을 양식을 직접 마련했을 뿐만 아니라 다른 사람들에게 나누어주었고, 전에도 전투에서 공을 세웠으며, 전쟁 초기부터 지금까지 변하지 않는 충성심을 발휘하고 있는데, 고생은 관군보다 두 배나 더 하고 있다고 증언하고 있다.

이순신이 거론하고 있는 사람들은 누구일까? 그들은 의병이고, 관군의 갑절이나 되는 고생을 바다 위에서 2년째 하고 있다는 표현으로 볼 때 수군이다. 물론 원문의 '전략'과 '중략' 부분에는 순천교생 성응지, 의승 수인, 의승 의능 등 이름들이 밝혀져 있지만, 인용문만 읽고는 그들이 어떤 활동을 했는지 짐작하기 어렵다.

답을 말하면, 이들은 의승義僧 수군水軍이다. 그냥 의승군義僧軍이 아니라 의승 수군이다. 의승 수군은 승려로서 임진왜란 때 수군에 참전한 의병들을 가리킨다. (임진왜란 이전의 전쟁 참여 승려를 일반적으로 승군僧軍이라 하고, 임진왜란·정유재란·병자호란·정묘호란 참전 승려는 그와 구별하여 의승군이라 한다.)

흥국사 전경 흥국사 수군 유물 전시관 게시 사진

의승 수군이라는 어휘가 생소하게 느껴지는 독자도 있을 것이다. 양은용의 논문 「임진왜란 시기 의승의 활동과 역할」에 나오는 '의승군에 대한 연구는 서산 대사, 사명 대사 등 대표적인 몇 인물에 한정된 성격이 강하다.'라는 표현을 굳이 원용하지 않더라도, 육지에서 큰 활약을 펼친 의승장들조차 별로 알려지지 못하고 있는 상황에서 의승 수군은 더욱 낯설 것은 자명하다.

하지만 《충무공 전서》에 따르면, 이순신은 임진왜란 직후라 할 만한 1592년 8~9월에 이미 영·호남 경계 지역을 지키기 위해 가까운 사찰들에 창의를 요청하고, 실제로 의승군을 몇 개의 부대로 나누어 곳곳의 요해지에 배치한다. 《충무공 전서》 1593년 1월 25일자 '분송 의승 파수 요해 장分送義僧把守要害狀'을 읽어보자.

> 8~9월 사이에 가까운 지역과 여러 절에서 가만히 있는 승려들에게 (영호남 경계 지역 방어 계책을) 보냈더니, 그 달 안에 400여 명이 모였습니다.
>
> 그 중에서 용맹과 지략이 있는 순천승(송광사의 승려라는 뜻) 삼혜를 표호별도장, 흥양승(흥국사의 승려라는 뜻) 의능을 유격별도장으로, 광양승(백계산 옥룡사의 승려라는 뜻으로 추정) 성휘를 우돌격장, 광주승(화엄사의 승려라는 뜻) 신해를 좌돌격장, 곡성승(지리산 실상사의 승려라는 뜻으로 추정) 지원을 양병용격장으로 차등 있게 정했습니다. (중략)
>
> 성휘 등을 두치, 신해를 석주관, 지원을 운봉 팔양재에 파견하여 요해지를 지키게 하였습니다. (중략)
>
> 승장 삼혜는 순천에 진을 쳐 머물게 하고, 승장 의능은 본영(전라 좌수영)에 머물며 적을 지키게 하면서, 적군의 정도를 살펴 육군이 세면 육지에 가고 수군이 세면 바다에 가기로 약속하였습니다. (그 결과 승전을 거둘 수 있었습니다.)

《충무공 전서》에 실려 있는 이순신의 '의승들을 요해처에 나누어 보낸 보고서'는 육지 의병들이 관군과 별도로 움직인 것과 달리 의승 수군은 관군(이순신)의 지시를 받으며 전투에 참여했다는 사실을 증언해준다. 여수 흥국사의 '의승 수군 유물 전시관義僧水軍遺物展示館'에 '水수 左營좌영' 명문銘文이 새겨진 기와와, 충무공 이순신의 친필로 여겨지기도 하는 현판이 보관되어 있는 것도 그러한 역사를 말해준다.

흥국사에 의승 수군 유물 전시관이라는 건물이 별도로 존재하는 것은 이 사찰이 임진왜란 당시 주진사駐鎭寺였기 때문이다. 주진사는 말 그대로 군대鎭가 주駐둔했던 사寺찰이다. 그래서 전시품 중에는 '拱北樓공북루'라는 나무 현판도 있다. 공북루는 임금이 계시는 곳(북北은 옥황상제가 머무르는 북두칠성을 상징)을 향하여 두 손 모아供 절을 하는 문루門樓이라는 뜻으로, 성문의 이름으로 쓰이는 말이다.

특히 1593년에 제작된 것으로 추정되는 262×98cm 크기의 '拱北樓' 현판 글씨는 이순신의 친필로 여겨지기도 한다. 전시관은 공북루 현판 아래에 '공북루는 북쪽 성문으로 흥국사 의승 수군 진주사鎭駐寺의 성문에 해당된다. 일주문처럼 사찰의 전통적인 문이 아니라 군사적 목적에 의해 지어진 방어 개념의 문이다. (현판의 글씨는) 이 충무공의 친필로 무인武人의 글씨체를 엿볼 수 있다. 문의 위치는 천왕문과 영성문 아래'라는 안내문을 붙여 두었다.

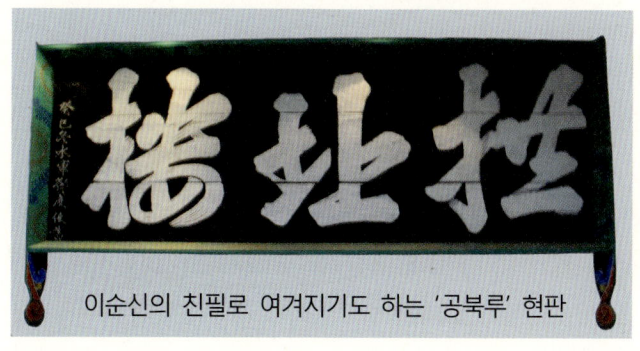

이순신의 친필로 여겨지기도 하는 '공북루' 현판

요약하면, 공북루는 일주문처럼 사찰의 문을 가리키는 용어가 아니라 북쪽 성문 위에 세워진 누각이다. 따라서 절의 출입문을 "공북루"라 불렀다는 것은 임진왜란 당시 이 지역 사람들이 흥국사를 단순한 절이 아니라 군대 주둔지로 인식했다는 사실을 말해준다. 승려들은 이곳에서 군영의 기와를 굽는 등 군사 관련 노동을 했고, 전투 준비를 했고, 군사 훈련을 했다.

수군 의승 유물 전시관은 안으로 들어선 답사자에게 흥국사가 주진사였다는 사실부터 강조한다. 답사자가 맨 처음 보게 되는 전시물을 그렇게 배치했다. 사찰 전체의 건물 배치를 축소한 조감도이다. 조감도는 대웅전 앞뜰과 적묵당 뒤뜰에서 승려들이 군사 훈련을 받고 있는 모습을 형상화했다. 조감도 아래에는 '전라 좌수영(절도사 이순신) 수군 소속으로 임진왜란에 참전했던 흥국사 승려들의 훈련 모습'이라는 작은 안내문이 붙어 있다.

조금 더 안으로 들어가면 당시 의승 수군이 왜적과 싸울 때 입었던 피 묻은 옷을 보게 된다. 다 낡은 전투복은 곳곳에 찢겨 있고, 핏자국이 뚜렷하다.

의승 승군의 피 묻은 옷 흥국사 의승 수군 전시관

이순신이 장계에서 말한 바처럼, '자기 스스로 군량을 준비하여 이곳저곳 나누어 공급하며 간신히 양식을 이어대는 그 고생스러운 정황은 관군보다 갑절이나 더했고, 일찍이 적을 토벌할 적에도 현저한 공이 많았으며, 나라를 위한 분개심은 처음부터 끝까지 변하지 않았던' 의승 수군들이 적과 싸우다 죽고 다치는 모습을 저절로 떠올리게 하는 참혹한 핏빛 유품이다. 피 묻은 임진왜란 당시 의승군의 옷을 보노라니 곧장 떠오르는 분이 있다.

피 묻은 옷을 보면 떠오르는 분은 '여자 안중근' 남자현南慈賢 지사이다. 지사는 1873년 경북 영양군 석보면 지경리에서 태어나 19세이던 1891년 같은 면 답곡리의 김영주金永周와 결혼했다.

남편 김영주는 1895년 의병을 일으켜 일제와 싸우다가 1896년 청송·진보 전투에서 전사한다. 남편의 의병군에 함께 참여했던 그녀는 시어머니와 유복자를 돌보며 민족 계몽 운동을 펼치다가 3·1 운동 후 유복자 김성삼金星三을 데리고 만주로 건너간다.

만주에서 그녀는 '재만在滿 조선 여자 교육회'를 설립하여 여성 계몽 운동에 앞장서던 중, 길림의 안창호 연설장에서 47명의 독립 지사가 체포된 1927년 중국과 교섭하여 전원 석방시키는 업적을 이룩한다. 이 일로 지사의 명성은 중국 사회에 널리 알려진다.

1931년, 일본이 무력으로 만주 일대를 무단 점령한 만주 사변 사건을 조사하기 위해 국제연맹 파견단이 중국을 방문했다. 남자현 지사는 왼손 무명지를 잘라 '朝鮮獨立願조선독립원'이라는 혈서를 쓴 흰 천에 담아 조사단으로 보냈다. 그토록 그녀의 독립 투쟁 의지는 강건하였고, 그래서 '여자 안중근'이라는 별명을 얻었다.

이윽고 1933년 3월 1일, 일제는 중국 동북 지역을 강점하여 괴뢰정권 만주국을 세운 1주년 기념 행사를 열었다. 지사는 일제의 만주국 전권 대사 무등신의武藤信義를 '처단'하려 시도했으나 성공하지 못한 채 체포된다. 혹독한 고문은 뻔한 일이고, 그녀는 단식 투쟁으로 항거했다. 결국 지사는 사경에 빠졌고, 출옥하였으나 8월 22일 하얼빈 조선 여관에서 순국(당시 61세)했다.

그녀의 순국은 사람들을 충격에 빠뜨렸지만, 장례를 준비하면서 사람들은 더욱 놀라운 감동의 충격으로 눈물을 쏟아야 했다. 그녀는 의병 전쟁 중 전사한 남편의 피 묻은 옷을 내복으로 입고 있었다. 그녀는 24세 이후 61세까지 줄곧 남편의 피 묻은 군복을 속옷으로 입고 살아온 것이었다. 남편의 죽음을 잊지 않고 살겠다는 그녀의 사랑과 독립 정신 앞에서 모두들 뜨겁게 통곡해야 했다.

흥국사 興國寺
– 일주문 앞 안내판의 글

영취산 기슭에 자리 잡은 절로 고려 시대인 1195년(명종 25)에 보조 국사 지눌이 창건하였다고 한다. 그 뒤 조선 시대인 1560년(명종 15)에 법수 대사가 중창하였으나 임진왜란과 정유재란 동안 의승군의 주둔지와 승병 훈련소로서 호남 지방 의병·승병 항쟁의 중심 역할을 하면서 법당과 요사가 소실되었다.

1624년(인조 2)에 계특 대사가 건물을 중창하였으며, 1690년 법당을 증축하고 팔상전을 새로 지었다. 1780년 선당禪堂을, 1812년 심검당尋劍堂을 각각 중건하였고, 1925년 칠성각과 안양암을 새로 짓고 팔상탱화를 봉안하였다.

가람의 배치는 대웅전을 주축으로 하고 있다. 경사지 위에 사천왕문을 지나 봉황루, 법왕문, 대웅전, 팔상전이 순서대로 일축선상에 배치되었고, 대웅전 전면 좌우에는 적묵당과 심검당이 있다.

경내에는 보물 396호인 대웅전을 비롯해 팔상전, 불조전, 등 10여 동의 목조 건물이 있고, 대웅전 후불탱화, 흥국사 홍교, 괘불, 경전, 경서 판각본 등 많은 문화재가 있다.

흥국사에는 옛날부터 "나라가 흥하면 이 절도 흥하고, 이 절이 흥하면 나라도 흥할 것"이라는 말이 전해져 내려오고 있다.

문화재청 누리집이 '임진왜란 때에 크게 활약한 의승 수군의 본거지로서 호국 불교의 성지'로 소개하고 있는 흥국사는 여수시 중흥동 17에 있다. 여수 지리에 익숙하지 않은 외지인으로서는 주소만으로 감을 잡을 수 없겠지만, 흥국사는 여수를 여행하는 서울·인천·부산·대구 등지의 답사자들이 가장 먼저 찾기에 아주 안성맞춤인 위치에 있다.

특히 진달래 절경으로 이름 높은 봄철 영취산을 오를 계획으로 여수에 온 답사자는 영취산에서 「상춘곡賞春曲」 한 수를 읊은 뒤 흥국사를 둘러보면 그야말로 금상첨화일 것이다. 그런 뜻에서 이 절은 일주문을 지나 「흥국사 중수 사적비」 앞에 이르면 좌우로 갈라지는 삼거리를 내놓으면서, 왼쪽으로 가면 영취산 등산로이고 오른쪽으로 작은 다리를 건너면 천왕문이 눈앞이라고 말한다. 1703년 (숙종 29)에 건립된 중수 사적비는 전라남도 유형문화재 312호로 지정된 문화재이다.

천왕문을 지나면 봉황루와 법왕문이 잇달아 나타난다. 보물 396호인 대웅전은 그 다음에 얼굴을 보여준다. 문화재청 누리집은 '여수 흥국사 대웅전'을 소개하면서 '흥국사는 (중략) 임진왜란 때 이 절의 승려들이 이순신 장군을 도와 왜적을 무찌르는 데 공을 세웠으나 절이 모두 타 버려 지금 있는 건물들은 1624년(인조 2)에 다시 세운 것들'이라고 해설한다. 대웅전 역시 임진왜란 이전의 건물은 지금 볼 수 없고, 1624년에 중창된 것이다.

석가삼존불을 모시고 있는 대웅전은 흥국사의 중심 법당이다. 앞면 3칸·옆면 3칸으로, 옆면에서 볼 때 여덟 팔八자 모양을 한 팔작지붕과, 지붕 처마를 받치기 위해 장식하여 짠 +조가 기둥 위뿐만 아니라 기둥 사이에도 있는 다포 양식을 보여준다.

대웅전 안의 천장은 정#자 모양의 우물천장으로 꾸몄는데, 불상이 앉아 있는 자리를 더욱 엄숙하게 만들기 위해 지붕 모형의 닫집을 만들어 놓았다. 문화재청은 흥국사 대웅전에 대해 '같은 양식을 가진 건물들 중 그 짜임이 화려하고 엄숙한 분위기를 느끼게 하며, 조선 중기 이후의 건축 기법을 잘 간직하고 있는 건축물'이라고 평가하고 있다.

불상 뒷면에는 보물 578호 '흥국사 대웅전 후불탱興國寺大雄殿後佛幀'이 있다. 탱화는 천이나 종이에 그린 그림을 족자 또는 액자 형태로 만들어 거는 불교 그림을 말한다.

대웅전 후불탱은 가로 4.27m, 세로 5.07m의 큰 그림으로, 석가가 영취산에서 설법하는 내용을 담고 있는 탱화이다. (그래서 흥국사가 있는 산에도 영취산이라는 이름이 붙었다.) 그림은 1693년(숙종 19)에 왕의 만수무강과 나라의 평안을 기원하기 위해 천신天信과 의천義天 두 승려 화가가 그렸다.

후불탱은 화면 가운데에 식가여래, 그 좌우 양옆으로 여섯 명의 보살들이 배치되어 있고, 다시 그 옆으로 사천왕을 거느리고 있다. 석가여래상 바로 옆과 뒤편으로는 10대 제자 등 따르는 무리들이 조화롭게 배열되어 있다. 탱화의 채색은 비단 바탕 위에 대체로 붉은색과 녹색으로 이루어졌다.

문화재청은 '머리광배의 녹색은 지나치게 광택이 있어 은은하고 밝은 맛이 줄어든다.'면서 '그러나 꽃무늬나 옷주름선 등에 금색을 사용하고 있어 한결 고상하고 품위 있는 분위기를 만들고 있다.'라고 해설한다. 흥국사 스스로는 이 탱화를 '원만한 형태와 고상한 색채의 조화에 힘입어 17세기 후반기의 걸작으로 높이 평가된다.'라고 자평하고 있다.

후불탱 외에도 흥국사에는 관음보살 벽화(보물 1862호), 노사나불 괘불탱(보물 1331호), 수월관음도(보물 1332호) 등 보물급 불교 그림이 많다. 절 입구에 있는 홍교(보물 563호)도 보물이고, 대웅전 자체도 보물이다. 이렇게 흥국사가 거느린 보물들을 열거하는 것은, 그만큼 뛰어난 문화재가 많은 절이므로 유심히 살펴보며 답사를 해야 한다는 뜻이다.

호국 불교의 성지 흥국사에는 이들 보물들 외에도 꼭 보아야 할 곳이 있다. 절대 빠뜨려서는 안 될 답사 장소이다. 다른 곳에는 없는 '의승 수군 유물 전시관'이 바로 그곳이다. 이순신 휘하 의승 수군들의 군사 훈련 조감도, 이순신의 친필 글씨로 추정되기도 하는 '공북루' 현판, 의승 수군들의 피 묻은 옷과 무기들⋯⋯ 흥국사에 와서 이들을 아니 보고 어찌 돌아설 수 있겠는가.

의승 수군 군사 훈련 조감도 흥국사 의승 수군 유물 전시관

　흥국사 일원을 둘러보고 나오는 길에 일주문 뒤 부도밭을 찾아 의승 수군들의 순국과 고초를 생각하며 경건하게 고개를 숙인다.
　흥국사 부도밭에는 전라남도 동부 지역의 불교계를 이끌었던 대표적인 인물들의 부도 12기가 모여 있다. 부도에 모신 승려들은 보조 국사 지눌, 중흥당 법수 대사, 낭월당, 일명승, 호봉당, 금계당, 능하당, 취해당, 경서당, 응운당, 우룡당, 응암당이다. 고려를 대표하는 승려로서 흥국사를 창건한 보조국사, 절을 다시 세운 법수 대사, 계특 대사, 통일 대사와 조선 시대 최고 승직인 도총섭이었던 응운과 응암 등의 이름에서 보듯이 이 지역 역사와 한국 불교사를 이해하는 데 중요한 유적으로 꼽힌다.
　아직도 흥국사 답사는 끝나지 않았다. 일주문을 들어설 때에는 미처 눈에 담기 어렵지만, '내려올 때 보았네 / 올라갈 때 못 본 그 꽃'이라는 고은의 촌철살인처럼, 나오는 길에는 뚜렷하게 보이는 것이 있다. 매표소 앞의 커다란 바위가 그것이다. 들어올 때는 그 앞면에 새겨진 불상 무늬만 보였다. 그런데 나가면서 보니 '남북 평화 통일 기원 – 영취산 흥국사'가 붉은 글씨로 새겨져 있다.

남북 평화 통일 기원- 영취산 흥국사!

진정 호국 불교의 성지다운 조형물이자, 민족사의 시대적 과제를 간결하게 드러낸 선언이다.

임진왜란 당시 나라와 사람들을 살리기 위해 온몸을 붉은 피로 적셨던 흥국사, 이제는 평화 통일이라는 민족사의 결정적 순간을 앞당기는 사찰이 되어 우뚝 서리라.

'나라가 흥하면 흥국사가 흥하고國興則寺興 흥국사가 흥하면 나라가 흥한다寺興則國興'고 했으니. 우선 흥국사부터 크고 높게, 그리고 끝없이 번창할지어다.

흥국사 답사 순서
(1) 홍교 (2) '남북 평화통일 기원' 명문 주차장과 일주문 사이 표지석 (3) 일주문 (4) 부도밭 (5) 중수비 (6) 천왕문 (7) 봉황루 (8) 법왕문 (9) 대웅전 (10) 팔상전 (11) 의승 수군 유물 기념관 군사 훈련 조감도, 의승 수군들의 무기와 피 묻은 옷, 이순신 장군 친필 추정 공북루 현판

사운과 옥형 양은용 「임진왜란기 전남 지방의 의승군 활동」

흥국사를 임진왜란과 관련시켜 보면 자운慈雲과 옥형玉炯이라는 승대장僧大將(의승장)이 부각된다. 《충무공전서》 행록에 의하면 '승려 자운은 충무공의 군대에 따르면서 늘 승대장이 되어 승군을 거느리고 자주 공을 세웠는데, 공이 죽은 후 쌀 600석을 가지고 (공의 전몰지) 노량에서 수륙재水陸齋(뭍과 물의 외로운 영혼들을 위한 불교식 제사)를 크게 펼쳤고, 또 충민사에 성전盛奠(큰 제사)을 베풀었다.'

이수광의 《지봉유설》에도 '옥형은 일찍이 이 통제 순신을 따라 주사舟師로서 공을 세웠는데, 통제사가 전사하자 충민사에 살면서 수십 년 간 스스로 제사를 갖추어 올렸다. 지금 80여 세이다. 바다에 급한 전쟁 소식이 있을 때면 반드시 통제사가 미리 그의 꿈에 보이는데 실제와 맞지 아니한 때가 없었다.'라고 기록되어 있다.

(중략) 자운은 구례 화엄사와 남원 실상사에 부도를 남겼다. 다행히 이들 부도와 《구례지》, 《송광사 사고》, 흥국사 상량문 등을 통하여 자운이 바로 순천(송광사) 승장 삼혜라는 것이 증명된다. (중략)

송광사

삼혜는 임진왜란이 일어나고 승군이 조직될 때 표호 별도장으로서 순천 지방의 의승 수군을 지휘하다가, 거북선이 등장하는 단계에서 충무공의 부장으로서 승군을 총지휘하여 혁혁한 전공을 세웠다. (중략) 옥형 승장은 고흥 출신 승려이며 법명이 의능이다. 의승 수군 조직 때 유격 별도장에 임명되어 좌수영에 위치하면서 충무공의 부장으로 혁혁한 공을 세웠다. 흥국사 내 본영에 주로 있다가 임진왜란이 끝난 뒤 충민사에서 충무공의 추선追善(죽은 이의 명복을 빌기 위해 착한 일을 함) 공양에 노력하였고, 석천사를 지어 충무공 제사의 전통을 확립하였다.

여수 석천사 의승당 (오른쪽 건물)

전남 여수 '임진란 호국 수군 위령탑'
임란 수군의 고된 역사를 추념하는 자산 공원

임진왜란 당시 바다에서 일본 침략군을 제압한 우리나라 주사舟師(수군)의 주력 부대는 이순신이 이끈 전라 좌수영 수군이었다. 하지만 이순신 수군의 형편도 실제로는 말로 표현할 수 없을 만큼 어려웠다. 《난중일기》 1594년(선조 27) 1월 21일자는 전라 좌수영 수군의 참혹한 고생을 단적으로 증언해준다.

이날 저녁, 녹도 만호 송여종은 이순신을 찾아와 '병들어 죽은 214명의 시체를 거두어서 묻었습니다.' 하고 보고한다. 바로 다음 날인 1월 22일에 송여종은 또 다시 '병들어 죽은 217명의 시체를 거두어 묻었습니다.' 하고 보고한다. 이 기사는 왜적과 싸우다가 전사한 경우 말고도 이렇게 질병과 굶주림으로 죽은 수군이 엄청나게 많았다는 사실을 생생하게 상징해준다.

본래부터 조선의 수군은 육군에 비해 훨씬 힘들게 복무하였다. 육군에 소속된 사람은 1년에 3개월씩 군역軍役(군대 복무)을 담당했지만 수군은 그 두 배인 6개월씩 근무했다. 게다가 수군은 군량미를 조달하기 위해 농사를 짓고, 배를 만들고, 성과 궁궐을 쌓는 노동에 동원되는 등 기타 잡역에도 무수히 끌려 다녔다.

권력이나 돈 있는 집안 자제들은 수군에 징집되지 않았다. 그들은 뇌물을 쓰고 뒷배를 움직여 아예 군대를 가지 않거나, 적어도 수군에 끌려가는 것은 면했다. 힘없고 가난한 이들만 배를 탔고, 수군 복무를 피해 도망을 쳐버리는 사람들도 부지기수였다. 국사편찬위원회의 《신편 한국사》는 '조선 수군은 기본 병력도 채우지 못한 채 임진왜란을 맞이했다.'라고 기술한다.

　그렇게 된 데에는 조정의 잘못된 판단도 크게 한몫을 했다. 당시 집권 세력은 섬나라 일본의 군대는 바다 싸움에 능하고, 육전에는 상대적으로 약할 것으로 여겼다. 100년 내내 육지에서 자기들끼리 통일 전쟁을 해온 일본 육군의 대단한 전투력과 조총 등 신무기에 대해 아무 것도 모르는 채 결정적 오판을 한 것이었다.

1 거북선 2 진남관 3 고소대
돌산 공원에서 바라본 여수 시내
자산 공원은 고소대 동쪽에 위치

일본군이 쳐들어오면 땅으로 끌어올려서 격퇴해야 한다고 믿었던 조선 조정은 임진왜란 발발 직전에 수군 해체 명령을 수사들에게 내려보낸다. 전쟁이 시작된 바로 그 날인 1592년(선조 25) 4월 14일자 《선조수정실록》에 '해도海道(바다를 끼고 있는 도)의 주사(수군)를 없애고 장사將士(장수와 병사)들은 육지에 올라와 싸우고 지키도록 명했는데, 전라 수사 이순신이 "수륙水陸의 전투와 수비 중 어느 하나도 없애서는 안 됩니다." 하고 반대, 호남의 주사만 홀로 온전히 남았다.'라고 기록되어 있다.

결국 경상 좌수사 박홍, 경상 우수사 원균은 일본이 쳐들어오자 스스로 배를 부수어 바다에 밀어넣고 땅으로 올라온다. 이순신을 제외하고 선조, 대신들, 원균, 박홍 등은 세종 때의 병조 참의 박언신이 1430년(세종 12) 4월 14일에 이미 '육병陸兵(육군) 수십 만보다 병선兵船(전함) 몇 척이 적을 제압하는 데 낫다는 사실은 (정지, 최무선 등 고려의 장수들이 10여 척 배로 왜구 대군을 물리친) 경험이 거울이 되어 가르쳐줍니다.' 하고 짚어준 교훈을 잊었던 것이다.[33]

이순신(1545~1598)은 임진왜란 발발 1년여 전인 1591년(선조 24) 2월에 전라 좌수사로 부임했다. 조정의 수군 해체 명령을 따르지 않은 예에서 극명하게 드러나듯이, 원칙주의자였던 이순신은 평소에도 옳지 않은 일이면 상관의 지시에 거부하기 일쑤여서 과거 합격 15년이 되도록 종6품 현감(읍장 수준)에 머물러 있었다.

그러던 중 어릴 적 친구 우의정 류성룡柳成龍(1542~1607)의 추천으로 하루아침에 정3품 전라 좌수사(해군 소장 수준)에 올랐다. 수사로 부임한 즉시 이순신은 수영의 군사 시설과 무기 상태를 점검하고 정비하는 한편, 장수와 병졸들의 복무 태도를 바로잡았다. 《난중일기》 1592년 1월 16일자를 보면 이순신은 하급 관리인 아전들과 일개 병사들까지도 엄중하게 다스리는 모습을 보여준다.

---

33) 동아일보 2017년 3월 11일 사설 : 역사에서 배우지 못하는 국가와 민족, 지도자에게는 미래가 없다.

이날 기사 중에는 '(10일에 이순신李純信이 방답 첨사로 부임했는데) 방답(여수 돌산읍 군내리)의 병선兵船(전함)을 관리하는 군관軍官(중간 장교)과 색리色吏(하급 관리)들이 배를 고치지 않았기에 곤장을 쳤다. (중략) 성 밑에 사는 토병土兵(의병) 박몽세가 쇄석鎖石(쇠사슬 박을 돌)을 뜨러 갔다가 이웃집 개에게 피해를 끼쳤기에 곤장 80대를 쳤다.'라는 대목이 두드러지게 눈에 띈다. 이 기사는 이순신이 군율을 바로세우는 일에 큰 관심을 기울였다는 사실도 말해주지만, 한편으로는 바다 속에 철쇄鐵鎖(쇠사슬)를 설치하는 작업을 시작했다는 증언이 되기도 한다.

《신편 한국사》는 이를 두고 '이순신이 군비軍備(군대의 준비)를 갖추는 데 가장 관심을 쏟은 것은 거북선 건조 문제와 수영 앞바다에 가설한 철쇄 장치였다.'면서 '철쇄 설치는 3월 하순경에 완료

1 임진란 호국 수군 위령탑 2 이순신 장군 동상 3 애기섬 학살지 안내판
돌산 공원과 자산 공원을 오가는 해상 케이블카

된 것으로 보이며, 거북선은 일본군의 침공 직전인 4월 11일에 돛 제작을 끝내고 다음날 선상에서 지자포地字砲와 현자포玄字砲를 시험 발사하였다.'라고 기술하고 있다. 이윽고 4월 15일, 경상 우수사 원균에게서 입본이 전쟁을 도발했다는 급한 연락이 온다.

그로부터 20일 후인 5월 4일 이순신 휘하의 전라 좌수군이 경상도로 출동한다. 전쟁이 벌어지고 20일이나 지난 뒤에 이순신의 전라 좌수군이 출전을 했다는 것은, '이순신이 부임한 후 1년간에 걸쳐 전라 좌수군은 적침에 대비한 방어 태세를 모두 완비한 셈(《신편 한국사》의 표현)'이라는 일반적 상식에 견줘볼 때 언뜻 이해가 되지 않는다. 《신편 한국사》는 '전라 좌수군의 출동이 지체된 까닭은 정확한 정보를 얻지 못했고, 경상도의 바닷길에 어두웠으며, 도망병이 나오는 등 병사들의 사기가 떨어져 있었기 때문으로 보인다.'라고 설명하고 있다.

'원균과 협의하여'라는 단서가 붙어 있는 수준이기는 했지만 전라도 수군의 경상도 출전을 허용하는 조정의 문서가 도착한 것도 4월 27일이나 되어서였다. 이순신도 그 이전까지는 현실적으로 경상노 줄정을 망설일 수밖에 없었다. 그 날도 이순신은 장계에 '나아가 (경상도 수군과) 함께 싸우라는 조정의 명령을 엎드려 기다리면서' 출전 준비를 해 왔다고 보고하고 있다.

이윽고 4월 30일 이순신은 '신의 어리석은 생각으로는 오늘날 적의 세력이 이처럼 왕성하여 우리를 업신여기는 것은 모두 해전으로 막아내지 못하고 적을 마음대로 상륙하게 하였기 때문입니다.'라면서 '지난 번(1592년 4월 14일 왜적이 처음 상륙했을 때) 부산과 동래의 연해안 여러 장수들이 배를 잘 정비하고 바다에서 가득 진을 벌여 엄격한 위세를 보이면서 정세를 보아 전선을 병법대로 알맞게 진퇴하여 적을 육지에 기어오르지 못하게 했더라면 나라를 욕되게 한 환란이 이렇게까지 되지는 않았을 것입니다.'라는 내용의 장계를 보내 경상도 바다로의 출전을 보고했다.

이순신이 경상도 바다로 출정을 결심하게 되는 데에는 부하 장수들의 뜨거운 전투 의욕이 큰 보탬이 되었다. 훌륭한 장수들을 휘하에 많이 거느렸으니 그것은 이순신의 사람 복이었다. 실제로 출동을 하는 5월 4일보다 불과 이틀 전인 5월 2일까지만 해도 이순신은 결심을 굳히지 못하고 있었는데, 녹도 만호 정운, 방답 첨사 이순신, 흥양 현감 배흥립, 군관 송희립 등이 5월 1일 진해루鎭海樓 (현재의 진남관 자리)에 모여 '죽기로 싸우겠다'면서, '신속히 경상도로 나아가자'라고 모두들 입을 모았다. 일부 장수들이 전라 좌수영 관할이 아닌 경상도까지 나아가는 것은 문제가 있다고 주장하자 송희립은 '영남도 우리 조선의 땅이오. 적을 치는 데 전라도와 경상도에 무슨 차이가 있겠소. 경상도에 쳐들어온 적의 선봉을 꺾으면 전라도는 자연스레 보전될 수 있을 것이오.' 하고 역설했다.

5월 3일에는 정운이 혼자 이순신을 찾아와 출정 직전 최후의 대화를 나누었다. 정운은 '전라 우수군(이억기의 전라 우수영 수군)은 아직 오지 않았지만, 적이 이미 서울까지 박두했으니 분함을 이길 수 없소. (출정을 미루다가) 기회를 놓치면 뒷날 후회해도 돌이킬 수 없을 것이외다.'라면서 목소리를 드높였다. 정운과 대화를 마친 이순신은 내일(5월 4일) 새벽 출전을 명령했다.

5월 4일, 이순신의 전라 좌수군은 주전함인 판옥선板屋船 24척과 작은 협선挾船 15척, 포작선鮑作船(고기잡이배) 46척을 이끌고 거제 앞바다를 향해 나아갔다.

임란 공신 추모비 송희립, 송대립 등, 전남 고흥군 대서면 화산리 16

이틀 뒤인 5월 6일 아침, 당포(경남 통영시 산양읍 삼덕리)에서 경상 우수사 원균의 판옥선 4척, 협선 2척과 만났다. 7일 아침, 옥포에서 최초의 해전이 벌어졌다. 이 해전에서 조선 수군은 26척의 일본 전함을 부수었다.

이어 벌어진 합포 전투와 8일의 적진포 전투에서 수군 연합 부대는 왜적의 배 16척을 또 불살라 없앴다. 처음 맞붙은 옥포 해전의 결과는 조선 수군에게 자신감을 안겨주었고, 일본 수군에게 낭패감을 안겨주어 향후 바다에서의 전투에 큰 영향을 끼쳤다.

그 이후 이억기의 전라 우수군까지 가세한 연합 수군은 6월 10일까지 사천, 당포, 당항포, 율포 등지 해전에서 적선 70여 척을 불살랐다. 또 일본 수군 장수 래도통구來島通久(구르시마 미치히사) 등 일본군 300여 명의 목을 베었다. 아군의 피해는 13명 전사, 34명 부상에 지나지 않았다.

일본 수군의 연패 소식을 들은 풍신수길豊臣秀吉(도요토미 히데요시)은 협판안치脇坂安治(와키자카 야스하루), 구귀가융九鬼嘉隆(구키 요시다카), 가등희명加藤嘉明(가토 요시아키라) 등에게 하루 빨리 연합 부대를 이끌고 가서 조선 수군을 격파하라고 명령했다. 혼자 큰 공을 세우겠다는 욕심에 빠진 협판안치가 7월 8일 혼자서 73척의 전함을 이끌고 거제도 견내량으로 달려왔다. 조선 수군은 크고 무거운 판옥선이 전투하기에 좋은 한산도 넓은 앞바다로 이들을 유인, 60여 척 침몰시켰다. 이어 안골포 해전에서 구귀가융과 가등가명의 수군까지 무참하게 격파, 일본 수군의 존재를 거의 없애버렸다.

그 후 일본군은 서해 바다를 통해 군수품과 군대를 한양과 평양 지역으로 이동시키고, 전라도를 점령하여 군량미를 조달하려던 당초 계획을 포기할 수밖에 없었다. 평양에 주둔하고 있던 소서행장小西行長(고니시 유키나가) 부대도 더 이상 북상하지 못한 채 발이 묶였다. 전쟁 전체의 흐름을 바꾼 한산도 승리는 그래서 임진왜란 3대 대첩의 하나로 일컬어진다.

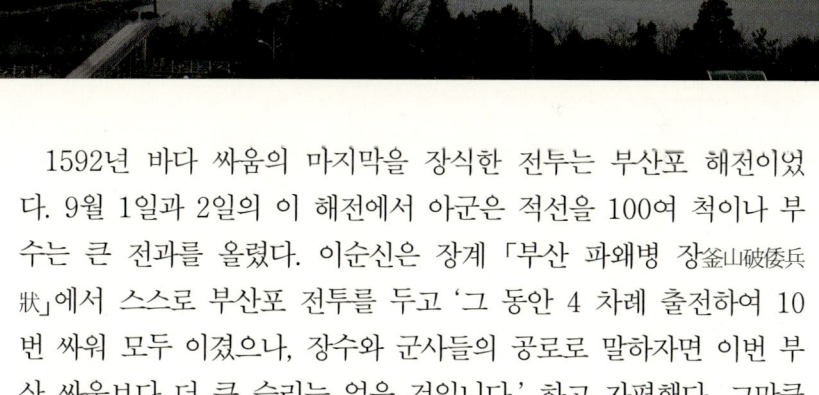

진남관 (전라 좌수영 자리) 앞에서 이순신은 경상도 바다로 출발했다.

1592년 5월 4일, 전라 좌수영을 떠난 이순신의 수군은 두 부대로 나누어 돌산도를 양쪽으로 돌면서 서쪽으로 개도, 동쪽으로 남해도 상주포 등을 수색한 뒤 미조항에서 다시 만났다. 이순신의 수군은 5월 6일 아침 당포(경남 통영시 산양읍 삼덕리)에서 원균의 경상도 수군과 회동했고, 7일 옥포에서 첫 전투를 벌였다.

    1592년 바다 싸움의 마지막을 장식한 전투는 부산포 해전이었다. 9월 1일과 2일의 이 해전에서 아군은 적선을 100여 척이나 부수는 큰 전과를 올렸다. 이순신은 장계 「부산 파왜병 장釜山破倭兵狀」에서 스스로 부산포 전투를 두고 '그 동안 4차례 출전하여 10번 싸워 모두 이겼으나, 장수와 군사들의 공로로 말하자면 이번 부산 싸움보다 더 큰 승리는 없을 것입니다.' 하고 자평했다. 그만큼 부산포 전투는 대승이었기 때문이다. 그러나 이 부산포 전투에서 이순신은 녹도 만호 정운을 잃는 비극을 겪었다.

    해가 바뀌어 1593년 2월, 조선 수군은 5차 출동을 하여 웅포에서 적과 싸웠다. 하지만 그 이후, 군대를 지원하여 평양성 탈환에는 큰 도움을 주었지만 더 이상 싸우려 들지 않는 명나라 때문에 조선 수군은 승전을 일굴 기회가 없어졌다. 일본군이 중국땅 요동으로 난입할 가능성 없어졌다고 여긴 명은 조선 조정을 제쳐둔 채 일본 측이 제안한 강화 협상에 나섰다.

명은 4월 19일 한양을 버리고 남쪽으로 후퇴하는 일본군을 조선군이 추격하려 하자 제독 이여송을 앞세워 가로막았다. 이순신이 1594년 3월 4~5일 당항포의 적을 공격하여 30척가량의 일본 진함을 불태웠을 때에도 '공격 금지'의 패문牌文(나무에 새긴 명령문)을 내려 저지했다.

당시 일본군은 전쟁 초기 병력의 절반 정도를 잃은 채 굶주림과 질병에 시달리고 있었다. 약 1년 전 부산에 상륙했을 때 1만 8,700명이었던 소서행장의 1군은 이제 7,000여 명밖에 남지 않았고, 가등청정의 2군 등도 대략 마찬가지였다. 20여 만을 헤아리던 일본군은 12만여 명으로 크게 줄어 있었다.

왜적은 전쟁 재개에 필요한 준비를 위해 시간이 필요했고, 명은 평양과 한양을 수복했으므로 참전의 명분과 성과에서 충분한 실익을 얻었다고 판단했다. 명과 일본은 동상이몽同床異夢으로 협상 자리에 앉았다.

전쟁도 아니고 휴전도 아니고 종전도 아닌 시간이 계속 흘러갔다. 그 동안 일본군들은 남해안에 왜성을 쌓은 채 주둔하는 한편, 일부는 일본으로 돌아가서 머물렀다. 조선 수군도 밭을 갈아 군량미를 축적하고, 배를 수리하는 등 비전투적인 일을 하는 것이 일상이 되었다.

애당초 성립될 수 없는 협상이었다. 일본은 한양 이남의 경기도, 충청도, 경상도, 전라도 땅을 자신들에게 양도할 것, 조선의 왕자 두 명을 인질로 보낼 것, 명 황제의 딸을 일본왕의 후처로 보낼 것, 일본 배의 명나라 왕래를 허락할 것 등을 요구했기 때문이다.

결국 협상은 깨어지고, 1597년 다시 전쟁이 본격화되었다. 정유재란이었다. 일본은 재란 직전 이순신 제거 작전에 돌입했다.

일본의 이순신 제거 작전은 성공했다. 1596년 12월 1일 소서행장은 조선 조정에 정보를 제공했다. 줄곧 강화를 반대해 온 가등청정이 1~2월에 바다를 건너온다면서 수전에 능한 조선이 부산 앞바다에서 기다리고 있다가 죽이면 평화가 이룩될 것이라고 했다.

선조는 이순신에게 출정을 명했다. 이순신은 부산과 남해안 일대에 주둔하는 기존의 일본군과, 바다를 건너 쳐들어오는 재침략군 가운데에 들어갔다가는 포위되어 전멸을 면하지 못할 게 뻔했으므로 선조의 지시에 따르지 않았다.

몇 차례나 왕명을 내려도 이순신이 듣지 않고, 그 와중인 1월 12일과 13일에 가등청정 부대가 부산에 상륙하자 분노한 선조는 1월 23일 어전 회의에서 고함을 질렀다.

"倭酋倭酋(소서행장)가 모든 것을 손바닥 보이듯이 가르쳐주었다. 그런데도 우리는 해내지 못했다. 우리나라야말로 천하에 용렬한 나라다. 우리나라는 왜추보다도 못하다. 한산도의 장수(이순신)는 편안히 누워서 어떻게 해야 할지도 몰랐다."

선조는 2월 6일 이순신 체포령을 내렸다.

이순신은 감옥에 갇혀 고문까지 당하는 등 고초를 겪다가 4월 1일 벼슬 없는 일반 군사 신분으로 풀려난다. 이른바 백의종군白衣從軍을 하게 된 것이다. 삼도수군통제사는 원균이 대신 맡았다.

원균이 이끄는 조선 수군 100여 척은 7월 16일 새벽, 칠천량 바다와 인근 섬을 뒤덮은 채 기습 공격을 해온 일본군에 당해 전멸해 버렸다. 이날 전라 우수사 이억기, 충청 수사 최호 등 주요 장수들이 전투 중에 죽고, 원균 본인도 남해도에 내려 도망치던 중 일본 매복군에 걸려 비명횡사했다.

경상 우수사 배설이 간신히 탈출시킨 8척의 판옥선이 이제 조선 수군의 전부가 되고 말았다. 칠천량은 조선 수군 최대의 패전과 죽음이 서린 한 많은 바다로 우리 역사에 남게 되고, 조정은 7월 22일 이순신을 다시 통제사로 임명한다.

8월 3일 통제사 재수임 교서를 받은 이순신은 기적의 명량 대첩을 이루지만, 마지막 노량 해전에서 본인도 전사하고 만다. 칠천량에서 전몰한 엄청난 장졸들에 이어 마침내 이순신도 죽음을 맞이한 것이다.

임진란 호국 수군 위령탑 여수 자산 공원

전국 수많은 곳에 이순신을 기리는 비가 세워지고, 사당이 건립되고, 후대에는 동상도 만들어졌지만, 여수 자산 공원에는 이순신 동상만이 아니라 '임진란 호국 수군 위령탑'이 있다. 자산 공원과 돌산 공원 사이에는 여수항을 사이에 두고 해상 케이블카도 운영되고 있다. 이순신이 출정할 때마다 지나쳤던 바다도 구경할 겸 자산 공원에 오른다.

여수 자산 공원 주차장에 도착하면 숲길이 이어진다. 100m가량 갔을 때 왼쪽으로 오르막 오솔길이 나타난다. 그 바로 위에 임진란 호국 수군 위령탑이 있다. 탑 좌우로 큰 북이 있고, 병사들이 그 북소리에 맞춰 무기를 들고 뛰어나가는 모습이 탑신에 부조되어 있다. 탑은 판옥선을 형상화한 듯 오른쪽인 앞이 하늘로 치솟으며 뾰족하고, 전체적으로 물 위에 뜬 배처럼 느껴진다. 이 탑에 몇 만 수군 전몰 위령의 혼이 깃들어 있다고 생각하니 참으로 아득하다.

위령탑에 참배를 마친 뒤 조금 더 올라가니 '성웅 이순신 상'이라는 이름의 이순신 장군 동상이 나타난다. 동상 앞에 비석이 서 있다. 제목이 '박정희 대통령 각하 성금 기념비'이다. '박정희 대통령 각하 성금 기념비'를 앞에 둔 이순신이 그저 애처로울 뿐이다. '성웅'을 정치적으로 이용하다 보니 이런 일이 빚어진 것이다.

돌아서서 자산 공원을 내려온다. 위령비 쪽이 아닌, 관리 사무소 뒤편 다목적 전망대 방향으로 계단을 내려간다. 하늘 위로 케이블카가 오가고 있다. 케이블카가 오가는 아래, 위령탑으로 가는 산책로의 바다쪽 길섶에 '애기섬 학살지'라는 이름의 작은 안내판 하나가 눈에 띈다.

애기섬 학살지

1949년 6월 5일부터 이승만 정부는 전국적으로 좌익 성향자들을 '국민보도연맹'에 가입시켰는데, 여수의 보도 연맹원들을 거의가 여순 사건 관련자들이었다. 보도연맹은 좌익 활동을 하다가 전향한 사람들을 중심으로 만든 조직으로, 정식 명칭은 국민보도연맹이었으나 통상 보도연맹으로 불렀다. 1949년 말까지 가입자는 전국적으로 30만 명에 달했으며, 결성 목적은 좌익 세력을 통제, 회유하려는 것이었다.

여수의 경우도 한국 전쟁이 일어나자 보도연맹원들을 여수

> 경찰서 무덕관에 집결시킨 후에 경남 남해도 남단에 있는 애기 섬으로 끌고 가 총살, 수장하였으며, 남면, 화정면, 삼산면의 섬 지역은 주변의 무인도나 바다에서 처형 후 수장하였다. 당시 특무대 관계자의 증언에 따르면 애기섬 희생자는 약 120명 이내로 추정된다.

임진란 순국 수군 위령탑이 있는 곳이 저만큼 올려다 보인다. 숲에 가려 눈에 들어오지는 않는다. 문득 위령탑 위에서 흘러나온 10월 유신의 노래가 애기섬 쪽으로 몰려가고 있는 듯한 기운이 느껴진다. 아, 모든 것이 비극이다.

이순신 장군이 왜적을 무찌른 무술목 검은 자갈 해변 (돌산읍 돌산읍 평사리 1271-3)에서 바라본 애기섬 쪽 풍경

타루비 전남 여수시 고소동 620, 보물 1288호
통제 이공 수군 대첩비 소재지 같음, 보물 571호
동령 소갈비 소재지 같음

전남 여수 **고소대**
생각하면 늘 눈물이 나는 사람

우리나라에서 가장 널리 알려졌고, 가장 비극적으로 받아들여지는 사랑 이야기는 아마도 낙랑 공주와 호동 왕자 두 사람의 실화일 것이다. 두 사람 사이의 슬픈 사랑을 말해주는 단적인 증거물은 자명고自鳴鼓이다. 자명고, 스스로自 우는鳴 북鼓이라는 뜻이다.

여수에는 자명고, 아니 자명산이 있었다. 나라에 큰 어려움이 닥칠 듯하면 이 산은 자명고처럼 울었다. 임진왜란 발발 1년 전인 1591년에 전라 좌수사로 부임한 이순신도 이 산의 울음소리를 들었던 모양이다. 이순신은 산에 종고산이라는 이름을 붙였다. 종고산鍾鼓山, 소리를 내어 국가의 위기를 예고하는 산이라는 의미이다.

종고산 아래에 전라 좌수영이 있었다. 지금은 흔히 '진남대'라 부르는 곳이 바로 이순신이 장졸들을 지휘하며 전라 좌수영을 이끌었던 진해루鎭海樓 터이다. 그러나 진해루는 1597년(선조 27) 정유재란 때 왜적들에 의해 불타 없어졌고, 2년 뒤인 1599년 그 자리에 진남관鎭南館이 건립되었다. 진남관은 다시 1716년(숙종 42) 화재로 소실되었고, 2년 뒤인 1718년에 재건되었다. 진남관은 1911년 들어 여수 공립 보통학교 건물로 쓰이기도 한다.

종고산이 진해루의 뒷산이라면 고소산은 진해루의 앞산이다. 바다를 턱밑에 둔 고소산에는 대포가 설치되었고, 여수를 지키는 대장은 외적의 침입에 대응하며 이곳에서 군사 작전을 지휘했다. 그래서 포대가 있고, 장군의 지휘소인 장대將臺가 있다고 하여 고소산 정상부에는 고소대라는 또 다른 이름이 붙었다.

종고산이라는 이름은 이순신이 붙였다고 했다. 고소산이라는 이름은 누가 붙였을까? 일제 강점기 때 고소산에 신사神社가 설치되었다는 슬픈 역사가 이 질문에 대해 대답을 해준다.

무엇 때문에 일본인들은 다른 곳 아닌 고소산에 신사를 두었을까? 고소姑蘇라는 이름은, 일본인들이 이곳에 신사를 둔 까닭을 암시한다. 고소는 곧 사소沙蘇로, 대략 여신女神이다. 즉, 일본인들이 신사를 설치하기 전에도 고소산은 이곳 여수 사람들이 천지신명에게 제사를 지내는 곳이었다. 일본인들은 조선인들의 제사 장소에 자신들의 신을 모심으로써 우리나라 사람들의 정신을 지배하려 들었던 것이다.

사소가 등장하는 서정주의 시「꽃밭의 독백」을 읽어본다. 이 시에는 '사소 단장'이라는 부제가 붙어 있다.

노래가 낫기는 그 중 나아도
구름까지 갔다간 되돌아오고,
네 발굽을 쳐 달려간 말은
바닷가에 가 멎어 버렸다.
활로 잡은 산돼지, 매로 잡은 산새들에도
이제는 벌써 입맛을 잃었다.
꽃아, 아침마다 개벽하는 꽃아.
네가 좋기는 제일 좋아도,
물낯 바닥에 얼굴이나 비취는
헤엄도 모르는 아이와 같이

나는 네 닫힌 문에 기대섰을 뿐이다.
문 열어라 꽃아. 문 열어라 꽃아.
벼락과 해일만이 길일지라도
문 열어라 꽃아. 문 열어라 꽃아.

하늘나라, 인간 세상의 비루함이 없는 참된 세계로 나아가고 싶지만 참으로 어려운 일이다. 그것은 꽃이 피어나는 것과 같은 신비로운 영험이 있어야 비로소 가능한 일이다. 보통의 사람으로서는 도저히 성취할 수 없는 일이다. 그래서 서정주는 사소를 찾는다.

서정주는 시를 써서 사소를 찾았지만, 일반인들은 사소산에 직접 올라 길흉화복吉凶禍福의 길과 복을 빌고 흉과 화가 내쳐지기를 기원했다. 사소산에 사소가 있다고 믿었기 때문이다. 일본인들은 사소 대신 천황 앞에 절을 올리라면서 이곳에 신사를 설치했다.

사소가 남아 있는 대표적 지명으로는 경주 선도산 성모사聖母祠, 경기도 포천과 경남 하동의 고소성姑蘇城, 경북 문경의 고모산성姑母山城, 지리산 노고단老姑壇 등이 있다. 대전, 경기도 용인, 경북 성주 등지 전국 곳곳 할미산성의 '할미'도 모두 속뜻은 사소와 같다.

衰草斜陽欲暮秋
시든 풀 저녁볕 받아 늦가을빛 뚜렷하니
姑蘇臺上使人愁
고소대 위에서는 사람의 슬픔 짙어지네
前車未必後車戒
앞수레의 가르침을 뒷수레가 못 이으니
今古幾番麋鹿遊
예로부터 이곳에는 사슴들이 노닐었구나

정몽주鄭夢周도 고소대를 소재로 시를 남겼다. 정몽주는 중국 오나라의 옛일을 말했다. 오왕 합려闔閭는 봄, 가을로 고소대에서 제사를 지냈다. 그러나 오자서伍子胥는 오 나라가 머지않아 멸망할 것을 내다보며 '고소대에 사슴들이 노는 것을 보게 되리라.' 하고 한탄했다. 정몽주가 이 고사에 빗대어 고려 멸망의 예감을 애잔하게 노래한 것이 바로 앞의 한시이다.

결론은, 중국에서도 고대 이래 제사를 지내는 곳을 고소대라 했고, 그 이름이 우리나라로 옮겨왔다는 말이다. 자신이 '만력 30년(1603)'에 세워졌다고 소개하는 타루비의 비문도 마찬가지 인식이 낳은 결과물이다. '선조 36년(1603)'이 아니라 명나라 황제의 연호를 기준으로 건립 시기를 말할 만큼 조선 시대는 중국을 기준으로 모든 것을 생각했던 사대주의의 세월이었다.

빗돌의 이름 타루비도 마찬가지이다. 비문은 이 이름을 중국 진 나라 양호의 옛일에서 따왔다고 밝히고 있다. '이순신의 휘하에 있었던 수군 병사들이 그를 생각하여 세운 작은 비석營下水卒爲統制使李公舜臣立短碣'인 타루비의 몸돌에는 '중국 양양 사람들은 양호(221~278)를 생각하면서 그의 비석 앞에서 눈물을 흘리는 옛일에서 이름을 따왔다蓋取襄陽人思羊祜而望其碑則淚必墮者也'라고 새겨져 있다.

양호는 동오와의 국경 지대를 다스렸는데, 이른바 덕치德治를 펴여 동오 백성들까지 그를 존경했다. 뒷날 양호의 후임 두예가 동오 사람들이 양호의 비석 앞에서 눈물淚을 흘리는墮 것을 보고 그 빗돌에 「타루비墮淚碑」라는 이름을 붙였다. 타루비 역시 고소대처럼 중국의 것을 이 땅에 옮겨 심은 이름인 것이다.

정서적으로는 보물 1288호 타루비가 이곳의 주인공이지만 역사적으로는 보물 571호 「통제 이공 수군 대첩비統制李公水軍大捷碑」가 고소대의 대표 문화재이다. 그 옆 「동령 소갈비東嶺小碣碑」는 1698년(숙종 24)에 세워졌는데, 대첩비 건립 경위와 참여 인물들, 건립하기까지의 어려움 등이 기록되어 있다. 진안 현감 심인조沈仁祚가 썼다.

안내판은 '좌수영 대첩비라고도 부르는 통제 이공 수군 대첩비는 충무공 이순신 장군과 수군들의 공적을 기리기 위하여 건립된 비석으로, (문화재로 지정된) 국내 비석 중 가장 큰 것으로 유명하다.'라고 소개한다. 이 대첩비는 높이 305cm, 너비 124cm, 두께 24cm를 뽐낸다. 그 후 1956년「충무공 벽파진 전첩비」가 진도에 세워졌는데 높이 380cm, 너비 120cm, 두께 58cm로 여수 대첩비보다 조금 더 크다. 그러나 벽파진 전첩비는 건립 연대가 일천하기 때문에 문화재는 아니다.

안내판은 '(좌수영 대첩비는) 1615년(광해군 7) 이순신의 부하였던 류형이 황해도 병마사가 되어 그곳에서 보내온 가장 좋은 석질의 빗돌로 세웠다. 비의 이름은 김상용의 글씨이며, 비문은 오성대감 이항복이 짓고, 명필 김현성이 글씨를 썼다.'라고 소개하고 있다.

고소대에 신사를 설치하는 만행을 자행했던 일제가 이 대첩비를 고이 놓아둘 리는 없다. 1942년 일본 경찰은 우리나라 사람들의 민족 정기를 말살할 속셈으로 비각을 헐고 이 비석과 타루비를 감추어 버린다. 세월이 흘러 1946년, 대첩비와 타루비는 경복궁 뜰 냉속에서 발견된다. 그 이듬해인 1947년, 여수 사람들은 '충무공 비각 복구 기성회'를 조직, 열성을 바쳐 활동한 끝에 두 비를 제자리에 복원하였다.

이제 비각 왼쪽 앞에 세워져 있는 작은 표지석의 동판을 읽는다. 대첩비의 비문을 한글로 번역, 축약하여 새겨둔 글이다. 분량상 원문 전체를 이 작은 빗돌에 모두 담을 수는 없으므로 줄여서 소개하는 것은 불가피한 일이다. 그래도 전문의 내용을 가늠할 수 있는 표지석이 서 있는 것은 반갑고 고마운 일이다.

> 임진년에 왜적이 함대를 몰고 경상도에서 전라도로 몰려 들어올 때에 가로막힌 곳은 한산도요, 경계점은 노량이요, 가장 험한 곳은 명량이었다.

한산도를 빼앗기면 노량을 지키지 못할 것이요, 명량이 적의 손에 들어간다면 서울이 흔들리게 될 것이다. 당시에 이 세 군데의 요지를 막아낸 사람이 누구였는가? 그는 곧 통제사統制使 이공李公이었다.

왜란이 일어나자 공은 곧 적과의 결전을 개시하여 옥포, 노량, 당포, 율포, 한산도, 안골포 등 여러 곳에서 크게 승리하여 220여 척의 적선을 불태우고, 590여 명의 적병을 죽이는 등 많은 전과를 거두었다. 이로부터 적들은 감히 공의 진영 부근을 접근하지 못하였다. 공은 한산도에 주둔하여 적이 나아갈 길을 막았다.

1597년 공이 모함을 당하여 이곳을 떠나자 바로 한산도는 적에게 함락되었다. 이에 황급한 정부는 다시 공을 기용하여 통제사의 직에 재임시켰다. 단신으로 부임한 공은 병졸을 모아 명량에 주둔했다가 갑자기 습격해 오는 많은 적군을 적은 군대로 대항하여 새로 모은 십삼 척의 배로 수 만에 이르는 적군을 쳐부수고 적선 30척을 격파하고 계속해서 다그쳐 공격하니 적들은 마침내 멀리 달아나고 말았다.

이때 중국에서 많은 군대를 동원하여 원군하러 왔는데, 수군 제독水軍提督 진린陳璘이 공과 합세하게 되었다. 진린은 공의 인품에 경복하여 '이공李公'이라 부르고 이름을 부르지 않았다.

이해 겨울에 적군은 다시 모든 세력을 연합하여 노량에 대한 침공을 개시하였다. 공은 직접 정예 부대를 인솔하여 선두에서 지휘하였고, 중국군과 협공의 태세를 갖추어 전진하였다. 새벽에 이르러 일제히 공격을 개시하니 적군은 산산이 부서져 달아날 길을 찾기에 바빴다. 그러나 전투가 미처 끝나기 전에 공은 적탄에 맞아 쓰러지게 되었다.

그런 중에도 (이순신은) '내가 죽은 것을 비밀에 붙이고 그대로 전투를 강행하라.'는 주의를 주었다. 이 소식을 들은 진린은 배 위에서 세 번이나 쓰러지면서 '이제는 함께 싸울 사람이 없어졌다.' 하며 애통하였고, 중국군들도 고기를 먹지 않고 슬퍼하였으며, 남방 사람들은 노소를 막론하고 통곡하며 곳곳에서 길을 가로막고 음식을 차려 놓고 제문을 지어 제사를 올렸다.

선조는 체찰사體察使 이항복李恒福에게 명하여 이곳에 공의 사당을 지으라고 하였다. 항복이 현지에 오니 당시의 통제사인 이시언李時言이 감격한 마음으로 이를 주관하고, 공의 부하였던 장졸들이 기꺼이 앞을 다투어 공사에 참가하여 짧은 기간에 사당이 준공되었다.

15년 후인 1614년에 통제사 류형柳珩이 이곳에 기념비를 세

충렬사 류형 사당, 세종시 장군면 하봉리 90-3

우는 일을 추진하다가 황해도 관찰사로 전임하였는데, 강음江陰
에서 석재를 구하여 해로로 서울을 경유하여 현지에까지 운반
하였고, 몇 해가 지난 뒤에 절도사 안륵安玏이 새로 부임하여
충무공의 아들인 전 현감 이회李薈 공의 부하였던 전 현감 임
영林英, 전 판관 정원명鄭元溟 등과 함께 석공을 모집하여 작업
을 시작하고, 호조 참의 이창정李昌庭, 순천 부사 강복성康復誠
이 경비를 조달하고, 이웃 고을의 수령들도 물자를 보조하여
반 년만에 공사를 완성하였다.

충무공이 통제사로 있을 때에 류형은 해남 현감으로 보좌의
역할을 담당했다. 이러한 관계는 비를 세우기 위하여 앞장서게
된 중요한 인연이었다. 1620년 비가 완성되었고 앞서 충무공
의 부하들이 세운 타루비墮淚碑도 이곳에 옮겨 한자리에 세웠
다. 타루비는 이 지역 장졸들이 충무공의 유적을 밟을 적마다
눈물을 흘린 것을 기념하기 위해 세운 것이다.

원비는 류형의 부탁으로 오성 부원군鰲城府院君 이항복李恒福
이 짓고, 비가 준공된 뒤에 다시 작은 돌을 다듬어 비를 건립
한 전후 내력을 새겼는데, 시일이 경과되는 동안 글씨가 망그
러진 부분이 많았다.

1728년 류형의 증손 류성채柳星彩가 전라 좌수사로 부임하여
비각을 중수하고, 작은 비석을 갈고, 영중추부사領中樞府事 남구
만南九萬에게 부탁하여 추가로 그 후 사실을 새겼다.

1980년 9월
문화재위원 임창순任昌淳 역술하고
김병남金炳南 쓰다.

1980년 9월? 충남 금산군 남이면 702 보석사 일주문 바로 뒤
영규 대사의 「의병 승장비義兵僧將碑」 앞 표지석에서도 보았던 연월
이다. 역술(번역하여 적음)한 사람도 같다.

군사 반란으로 나라의 권력을 강탈한 전두환 정권이 마치 자기들이 나라와 민족의 역사 발전에 뜨거운 관심이라도 있는 양 국민을 속이려고 나라 곳곳의 임진왜란 유적지에 해설 표지석을 세웠구나!

 이순신은 백성들을 사랑하는 충심으로 전투에 나아가고 목숨까지 바쳤건만, 후배인 오늘의 정치 군인들은 어찌 이토록 철면피鐵面皮(쇠로 만든 듯 창피를 모르는 두꺼운 얼굴)란 말인가! 부귀영화를 위해 수단 방법을 가리지 않는 자신들의 진면목眞面目(진짜 모습)을 스스로 역사에 남기려고 부끄러운 줄도 모르는 채 이런 곳마다 낱낱이 표지석을 세웠구나……

장군의 얼굴을 보여주는 목포 유달산 **노적봉**

전남 목포 **노적봉, 목포진** 터
충무공의 기발한 계책, 영산강을 지킨 포구

　높이 530.2m인 경북 의성 금성산은 우리나라 최초의 사화산死火山이다. 185년, 신라와 조문국 사이의 치열한 전쟁이 이 산에서 벌어진다. 신라는 뒷날 삼국을 통일하여 우리 국사에 큰 이름을 남긴 강국이고, 조문국은 지금 그 이름을 아는 국민이 별로 없을 만큼 당시에도 약국이었으므로, 전쟁은 신라의 승리로 끝난다.
　별로 알려지지 않은 이 금성산 혈투에 유명한 전설이 깃들어 있다는 사실을 아는 이는 거의 없다. 바로 '노적봉 전설'이다. 노적봉 전설이라면 이순신 장군이 목포 유달산에 남긴 이야기 아닌가? 그렇다. 그 노적봉 전설이 금성산에 화산 잿더미와 함께 묻혀 있다.

노적봉露積峯은 금성산 정상과 해발 670.5m의 비봉산 중간에 있는 봉우리이다. 조문국 왕은 이 봉우리를 짚으로 덮어 군량미가 충분한 것처럼 신라군을 속였다. 흰 빛깔이 나는 흙을 계곡 물에 풀어 쌀뜨물처럼 보이도록 하는 방법도 썼다. 이순신 장군이 임진왜란 때 목포 노적봉에 적용했던 것과 대동소이한 속임수를 조문국 왕은 1,400여 년 전에 사용했던 것이다.

전쟁은 조문국 왕이 신라 벌휴왕의 항복 요구를 거절하면서 시작되었다. 벌휴왕이 사신 두 사람을 보내 항복을 요구하자 조문국 왕은 그들을 죽인다. 2,000명의 신라군이 조문국을 공격한다.

인구수를 감안할 때, 당시의 2,000명은 지금의 3만 명에 해당되는 대군이다. 현재 의성군 인구가 약 6만 명이라는 사실을 생각하면 애당초 조문국이 이길 수 없는 전쟁이었던 셈이다.

조문국 왕은 금성산에 석성石城을 쌓고 신라군에 대항한다. 신라군은 숫자로 상대도 되지 않는 조문국 군대를 격파하지 못한다. 그러나 전쟁이 길어지면서 산성 안의 식량이 떨어져 간다. 아무리 용맹한 군사들이라도 오랫동안 굶고는 제대로 싸울 수 없다.

조문국 왕이 노적봉 전술의 지혜를 발휘했다. 상대의 군량이 많아 보이자 신라군은 잠시 주춤했지만 철군하지는 않았다. 신라군이 돌아갔다면 금성산의 노적봉 설화는 더욱 빛이 났을 것이다.

경북 의성 금성산 우리나라 최초의 사화산으로, 노적봉 전설을 안고 있다.

수에서 워낙 차이가 나는데다 줄곧 굶주렸으니 싸움은 점점 조문국에 불리해졌다. 마침내 왕이 칼을 뽑아들고 신라군의 대장과 결투를 하게 되었다. 싸우던 중에 왕은 말에서 떨어져 진흙탕에 빠졌다. 신라 장군은 칼을 휘둘러 조문국 왕의 머리를 베었다.

조문국 왕의 노적봉 전술은 실패로 끝났다. 조문국 왕이 생각해 낸 노적봉 전술은 아주 멋진 계책이었지만, 처음부터 적국을 우습게 여긴 신라는 군량미가 산처럼 쌓인 노적봉을 보고도 물러나지 않았다. 조문국 왕은 절묘한 노적봉 계책을 창안하고도 적장에게 목숨을 잃었고, 나라는 멸망하고 말았다.

그에 비하면 이순신 장군의 노적봉 전술은 승리를 일구어 내었다는 점에서 차원이 다르다. 유달산 노적봉이 금성산 노적봉의

노적봉에서 바라본 유달산 가운데에 이순신 장군 동상이 보인다.

1/10 수준 높이밖에 안 되는 해발 60m 바위산이라는 데에도 큰 차이가 난다. 결론은, 적이 얕잡아본 조문국 왕에 비해 이순신 장군은 왜군들이 너무나 두려워 해온 불세출의 영웅이었기 때문에 왜소한 노적봉으로도 목포에서 적을 물리칠 수 있었다는 말이다.

목포시청 누리집이 간략하게 요약해서 소개하고 있는 노적봉 전설을 읽어본다.

> 노적봉은 해발 60m의 바위산에 불과하지만 왜적을 물리친 이순신 장군의 호국혼이 담겨 있다.
> 정유재란 때 12척의 배로 불가능해 보였던 명량 대첩을 승리로 이끌고 전열을 재정비하는 동안 조선의 군사와 군량미는 턱없이 부족하여 바로 왜적이 쳐들어온다면 함락 될 수밖에 없는 위기에 놓여 있었다. 이때 노적봉이 아주 큰 역할을 하였다.
> 유달산 앞바다에 왜적의 배가 진을 치고 조선군의 정세를 살피고 있을 때 이순신 장군은 노적봉을 이용하여 위장 전술을 펼쳤다. 노적봉 바위를 이엉(볏짚)으로 덮어 마치 군량미가 산처럼 많이 보이게 하고 새벽에 바닷물에 배토를 풀어 밥 짓는 쌀뜨물처럼 보이게 하여 왜군들이 군사가 많은 줄 알고 스스로 물러나게 하였다. 이러한 일이 있는 후로 이 봉우리를 노적봉이라 부르게 되었다.

유달산 노적봉은 생김새가 마치 대장군의 얼굴처럼 생겼다. 노적봉 꼭대기의 울퉁불퉁한 암석 능선은 마치 대장군이 머리를 뒤로 젖히고 하늘을 향해 포효하는 듯한 모습을 보여준다. 게다가 노적봉은 유달산 중턱의 이순신 장군 동상과 마주보며 서 있다. 장군의 동상이 응시하고 있는 바다 쪽 내리막 중턱에 노적봉이 불끈 솟아 있고, 그보다 한참 아래 바다에서 왜적들이 산더미처럼 쌓인 조선군의 군량미를 쳐다보고 있는 광경이 자연스레 연상되는 풍경이다.

노적봉에서 내려 왔다가 다시 계단을 올라 장군의 동상을 바라보며 올라간다. 장군은 금세라도 긴 칼을 뽑아들 듯한 자세로 약간 비스듬한 자세로 서 있다. 동상 받침돌에는 '忠武公충무공 李舜臣이순신 將軍像장군상'아홉 글자가 새겨져 있다.

동상에서 조금 높은 곳에 문화재자료 138호인 오포대午砲臺가 있다. (오포가 아니라 오포를 쏘았던 자리가 문화재라는 뜻) 오포대가 1986년 11월 8일 문화재로 지정된 것을 기념하여 목포 애향 협의회는 1988년 12월 (1609년에 제조된) 천자 총통天字銃筒과 후대의 차륜식 車輪式(차 바퀴식) 포가砲架(포 받침대)를 오포대 자리에 복원했다.

오포는 정오포正午砲의 준말이다. 조선 시대 말기와 일제 강점기에는 시계를 가진 사람이 드물었으므로 관청에서 낮 12시에 맞춰 포를 쏘아 정오를 알렸다. 오포는 포탄 없이 화약만 넣어 쏘았는데, 전쟁 도구가 생활 도구로 이용된 특이한 면모를 보여준다.

목포에서는 1909년 4월부터 경기도 광주에서 옮겨온 조선 대포로 오포를 쏘았다. 그 후 1913년에 8월 포를 일본 야포野砲로 바꾸었다. 지금까지 오포를 쏠 때 사용했던 조선 대포는 송도 신사(동

목포 시내를 바라보고 있는 오포

명동)에 보관했다. 그러나 일제 말기 태평양 전쟁 때 둘 다 녹여서 군대 무기를 제작하는 데 보태기 위해 공출되었다.

오포대 외에도 유달산에는 특별한 전쟁 체험 현장이 있다. '목포 유달산 체험 프로그램'의 한 가지로 실시되는 '천자 총통 발포 체험 현장'이 바로 그곳으로, 오포대보다 좀 더 높은 곳에 있다.

천자 총통은 최무선이 고려 말엽에 제작한 대장군포大將軍砲를 발전시킨 화포이다. 이름에 '하늘 천天'이 들어 있는 것으로 보아 조선 시대 대포 중 가장 큰 총통이라는 사실을 짐작할 수 있다. (《천자문》이 '천지현황'으로 시작되는 데 착안한 결과로, 두 번째 큰 화포는 지자 총통이다.) 천자 총통 발포 체험은 매주 토요일, 일요일, 공휴일, 축제 기간의 10시~13시에 실시된다. 참가비는 팀당 5만 원이다.

노적봉에서 바라본 유달산

목포라는 이름은 목포시 만호동 1-55 일원에 있던 목포진木浦鎭에서 왔다. 목포진은 조선 시대 수군 진영 중 한 곳으로, 1439년(세종 21) 처음으로 설치가 결정되었다. 그때 목포라는 이름이 세상에 출생신고를 했고, 그 이후 줄곧 이 지역의 이름으로 알려졌다.

목포진은, 진의 우두머리로 만호가 배치되었다고 해서 만호진이라고도 불렸다. 영산강 하구를 안고 있고, 또 바다로 연결되는 요충지에 위치한 목포는 호남과 경상 남부 지역으로 통하는 세곡稅穀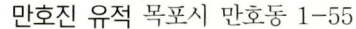(세금으로 거둔 곡식) 운반로로 사용된 길목이었다.

그 덕분에 목포는 조선 초부터 중요성이 부각되었고, 주목도 받았다. 하지만 조선 초에는 수군 장수들이 내륙에 성을 쌓고 근무한 것이 아니라 배에 탄 채 이동하며 적의 침입에 대비했다.

만호진 유적 목포시 만호동 1-55

즉, 1439년에 목포진 설치가 결정되었다고 해서 즉시 축성이 시작된 것은 아니었다. 목포진에 성의 면모가 갖춰진 때는 1502년(연산군 8)으로 전해진다. 문헌에 따르면 당초 목포진성의 규모는 석축의 둘레가 1,306척(약 392m), 높이 7척 3촌(약 2.2m)이었으며, 우물과 못이 각 1개소씩 있었다고 한다. 그러나 1702년(숙종 28) 무렵에 불이 나서 모두 타버렸기 때문에 화재 이전의 자료는 남아 있지 않다.

목포진은 설치 이후 줄곧 한반도 서남해를 방어하는 군사 요지로 역할에 충실했지만 1895년(고종 32) 폐지되었다. 그래도 건물은 부수지 않아 개항 이후 일본 영사관 등지로 활용되다가 결국 목포진 유적비만 남게 되었는데, 2014년 들어 일부를 복원함으로써 현재의 모습을 간직하게 되었다. 문화재자료 137호이다.

목포진 터 안에는 비석도 세 기 남아 있다. 그 중 가장 왼쪽의 비는 그 오른쪽에 건립되어 있는 두 빗돌을 설명하기 위해 세운 것이다. 그러므로 빗돌은 사실상 두 기로 보아야 하고, 답사자는 맨 왼쪽의 빗돌에 새겨져 있는 안내문부터 읽어야 한다.

목포지관 목포진 터

맨 왼쪽 비석에는 '이 두 석비는 왜적이 우리나라의 민족혼을 말살하고자 당(목포진) 청사의 뒤뜰에 감추어 묻었던 바 다행히 발견되었으므로 수군 절도사 신공 및 만호 방공의 좋은 치적을 후인에게 영구히 전하고자 하노라.'라는 글씨가 새겨져 있다.

가운데 빗돌은 앞면에 '行水軍행수군 節度使절도사 申候신후** 善政碑선정비', 뒷면에는 '癸未계미 三月삼월'이 새겨져 있다. 이름을 알아보기 어렵게 돌 표면이 마모되었다. 그런데 《전라 우수영지》 등의 기록을 살펴볼 때 계미년에 활동했던 신씨 성의 수군 절도사로는 신광익申光翼 뿐이다. 이 비석은 수군 절도사 신광익이 만호진의 굶주린 백성들을 구휼한 데 대한 고마움의 표시로 세워진 비석으로 추정된다.

가장 오른쪽 비석은 앞면에 '行萬戶행만호 方公방공** 德賑率덕진솔 善政碑선정비', 뒷면에 '己未年기미년'이 새겨져 있다. 이 비는 1714년에 목포 만호로 임명된 방대녕方大寧이 굶주린 백성들을 진휼한 덕을 기려 세워진 비석으로 확인된다.

목포진 터 바로 아래로 영산강이 흐른다. 영산강 마지막 하류에는 강 아닌 '영산호'라는 이름이 붙어 있다. 바다와 바로 이어지는 곳이기 때문에 더 이상 강으로 볼 수 없다는 뜻이다. 그 탓인가, 영산호에 떠 있던 조그마한 세 개의 섬 삼학도도 지금은 뭍에 붙어 버렸다.

목포진 터 바로 아래는 목포 항만이다. 바다를 건너면 고하도 선착장에 닿는다. 선착장 바로 옆 산비탈에는 「이 충무공 기념비(유형문화재 39호)」가 있다. 하지만 목포 대교 개통 이래 모두들 차량으로 고하도에 드나들기 때문에 충무공 기념비는 아주 외딴 곳에 숨어버렸다. 목포진은 영산강을 타고 내륙으로 침입하려는 왜적들이 없나 살피기에 아주 적격인 바닷가 높은 봉우리의 군사 진지였는데, 나는 지금 고하도 충무공 비가 여기서 보이나 싶어 목을 길게 뺀 채 줄곧 바다 건너편을 살피고 있다.

임진왜란 연표年表

1592년(선조 25)
04.13. 일본군 1군(소서행장), 부산 앞바다 도착
04.14. 부산진성 함락, 첨사 정발과 방어군 1,000여 명 전사
04.15. 동래성 함락, 부사 송상현, 양산군수 조영규 등 전사
04.16. 다대포 함락, 첨사 윤흥신 전사
04.20. 김해 함락, 의병장 송빈, 이대형, 김득기, 류식 전사
04.21. 대구와 경주 함락
04.22. 곽재우, 경남 의령에서 창의
04.25. 상주에서 순변사 이일이 이끄는 조선 중앙군 대패
04.28. 충주 탄금대에서 삼도순변사 신립의 조선군 대패
04.30. 선주와 조정 대신들, 한양을 버리고 북으로 피란
05.02.~05.03. 왜군 한강 도강, 한양 함락
05.07. 이순신 함대, 옥포와 합포에서 왜선 30여 척 격파
05.08. 이순신 함대, 적진포에 정박 중인 왜선 11척 격파
05.16. 부원수 신각, 양주 해유령에서 일본군 60여 명 참수
05.17. 임진강 방어선 붕괴
05.25. 곽재우, 정암진에서 왜군 격파
06.02. 이순신, 당포에서 왜선 격파
06.05. 남도 근왕병, 용인에서 왜군에 대패
06.05. 이순신 등의 조선 수군, 당항포에서 왜선 26척 격침
06.15. 평양성 함락, 13일 선조 의주로 피란
07.08. 권율, 이치에서 왜군 격퇴
07.08. 조선 수군, 한산도에서 왜선 66척 격침(임진왜란 3대 대첩)

07.09. 조선 수군, 안골포에서 왜선 20여 척 격파
07.10. 고경명, 금산 전투에서 전사
07.27. 권응수, 정세아, 정대임 등 영천 의병들, 영천성 수복
08.01. 이빈의 조선군, 단독으로 평양성 공격, 실패
08.01.~02. 의병장 조헌과 영규 대사, 청주성 탈환
08.18. 조헌과 영규의 의병 부대, 금산 전투에서 패하여 전몰
09.01. 이정암, 연안성에서 일본군 격퇴
09.01. 조선 수군, 부산포에서 왜선 100여 척 격파
09.06. 정문부, 경성 탈환, 반역자 국세필 등을 처단
09.09. 박진, 경주성 탈환. 비격진천뢰飛擊震天雷 사용
10.05.~10. 김시민, 진주 대첩(임진왜란 3대 대첩)

진주성 촉석문

1593년(선조 26)

01.08.~09. 조명 연합군, 평양성 탈환
01.27. 이여송, 고양 벽제관에서 일본군의 기습 받아 패배
02.12. 권율이 이끈 조선군, 행주산성 승리(임진왜란 3대 대첩)
04.19. 일본군 한양에서 철수, 5월 중순 후 부산 주변 주둔
06.22.~29. 2차 진주성 전투로 진주성 함락, 6만여 명 전몰

1594년(선조 27)

02.01. 훈련도감訓練都監 설치

1597년(선조 30)

01.13. 가등청정 군대, 부산 상륙
07.08. 정유재란 본격 재개
07.16. 삼도수군통제사 원균, 칠천량에서 일본 수군에 대패
08.16. 남원성 함락, 일본군의 포위 공격에 조명 연합군 패배
09.07. 명군, 직산(현 충남 천안시 직산읍)에서 왜군 격퇴
09.16. 이순신, 명량에서 13척으로 일본 함대 133척 대파
12.23.~1598.1.4. 조명 연합군, 울산 도산성 공격 실패

1598년(선조 31)

08.18. 풍신수길 사망
09.21. 명군, 울산 도산성 공격 실패
09.21. 명나라 제독 유정과 이순신, 순천 왜교성 공격 실패
11.19. 조명 연합수군, 노량서 왜선 200여 척 격파. 이순신 전사

임진왜란 壬辰倭亂 약사 略史

1. 개관
2. 일본의 침략 의도
3. 전쟁 발발
4. 의병과 수군의 활약, 명의 지원군 파병
5. 강화 교섭
6. 정유재란
7. 전쟁의 영향

1. 개관

임진왜란은 100년에 걸친 국내 통일 다툼에서 최후 승리자가 된 일본의 풍신수길豐臣秀吉(도요토미 히데요시)이 일으킨 동양 3국 국제전쟁이다. 1592년(선조 25) 일본이 조선을 침략하면서 시작된 조선·일본·명 사이의 이 국제전은 1598년(선조 31)까지 계속되었다.1)

중국과 인도를 지배하는 황제의 야욕을 품은 풍신수길은 처음에는 조선 정부에 '가도입명假道入明', 즉 '중국을 치려 하니 길을 비켜 달라'고 했다. 조선은 1392년 건국 이래 명나라에 대한 사대事大(큰 나라를 섬김)를 국가 기본 전략으로 삼아온 나라였다. 풍신수길은 조선이 결코 들어줄 수 없는 것을 요구했던 것이다.

4월 13일 부산 앞바다에 도착한 일본군은 다음날인 4월 14일 부산진성을 점령하고, 4월 15일 동래성을 빼앗았다. 그 이후 일본

---

1) 한국학중앙연구원, 《한국민족문화대백과》: 1592년부터 1598년까지 2차에 걸쳐서 우리나라에 침입한 일본과의 싸움을 임진왜란이라 한다. 1차 침입이 임진년에 일어났으므로 임진왜란이라 부르고, 2차 침입이 정유년에 있었으므로 정유재란이라고도 한다. 이 왜란을 일본에서는 '분로쿠文祿·케이초慶長의 역役'이라 하고, 중국에서는 '만력萬曆의 역役'으로 부른다.

군은 상륙한 지 불과 20일째인 5월 3일 조선의 서울 한성까지 손에 넣었다.2) 조선군은 도성을 적에게 내주면서도 전투 한 번 벌이지 않았다.

하지만 일본은 전국 각지에서 창의한 의병들, 뛰어난 전략과 전투력을 바탕으로 바다를 장악한 조선 수군, 전쟁이 자기 나라 땅에까지 번질까 두려워하여 파견된 명나라 지원군에 가로막혔다. 일본은 명나라와 강화 교섭을 하지 않을 수 없게 되었다.

강화는 이루어지지 않았고, 풍신수길은 1597년 다시 대군을 조선으로 출병시켰다. 이를 1592년의 전쟁 발발에 견주어 별도로 '정유재란'이라 부르기도 한다.

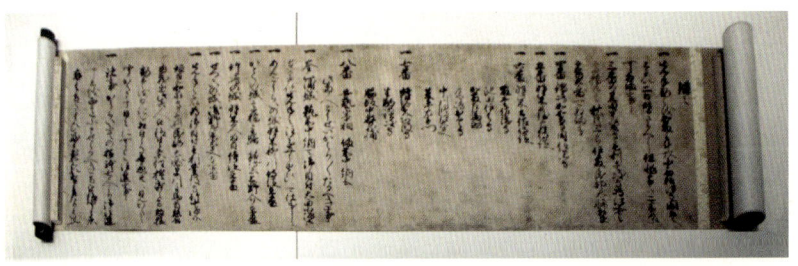

풍신수길의 정유재란 개전 명령서 (1597년 2월 21일 작성)

전쟁은 1598년 8월 18일 풍신수길이 병사하면서 사실상 끝났다. 전쟁으로 말미암아 조선은 막대한 피해를 입었고, 명도 국력이 쇠약해진 틈을 타 새로 일어난 청 세력을 막지 못하고 마침내 멸망했다. 전쟁을 일으킨 당사자인 일본만 수많은 전리품과 고급 인력 탈취를 기반으로 경제적, 문화적 발전을 이룬다.

---

2) 부산에서 서울까지의 거리는 약 442km이다. 임진왜란 당시의 일본군 침략로와 현재의 고속도로는 다른 길이지만, 대략 같다고 산정한 채 당시 일본군의 진군 속도를 헤아려보면 하루 평균 24.5km나 된다. 이는, 조금 과장하여 표현하면, 일본군들은 거의 전투 없이 행군한 것이나 다를 바 없는 속도로 서울까지 점령했다는 사실을 알게 해준다.

2. 일본의 침략 의도

임진왜란 이전 100여 년 동안 일본은 전국시대戰國時代였다. 일본을 최종적으로 통일한 세력가는 풍신수길이었다. 풍신수길은 '국내 정권의 안정을 위하여 불평 세력의 관심을 밖으로 쏠리게 하고, 아울러 자신의 정복욕을 만족시키기 위하여 조선과 명에 대한 침략을 준비하였다.'3)

풍신수길은 규슈九州 지역을 공격 중이던 1587년, 대마도 도주島主 소씨宗氏에게 조선을 일본에 복속시키는 교섭에 나서라고 명령했다. 풍신수길은 조선을 복속시킨 후, 조선을 길잡이로 삼아 중국을 침략하려는 목표를 가지고 있었다.

대마도 사람들은, 조선과 무역을 해온 오랜 경험으로 미뤄볼 때, 조선이 일본에 복속하겠다고 응할 리 없다는 것을 너무나 잘 알고 있었다. 대마도 도주는 풍신수길의 복속 요구를 통신사通信使 파견 요청으로 임의 변경, 조선과 교섭에 나섰다. 일본 사정을 파악할 필요가 있던 조선 정부는 이에 응했다.

조선은 1590년 정사 황윤길黃允吉, 부사 김성일金誠一, 종사관 허성許筬으로 구성된 통신사를 일본에 파견했다. 대마도 도주는 풍신수길에게 일본에 복속하기 위해 조선 통신사가 왔다고 허위 보고를 했다. 풍신수길은 거만한 자세로 통신사 일행을 상대했다.

---

3) 6차 교육과정 국정 《중학교 국사 교과서》의 표현이다. 같은 6차 교육과정 국정 《고등학교 국사 교과서》도 '풍신수길은 국내 정권의 안정을 위하여, 불평 세력의 관심을 밖으로 쏠리게 하고 아울러 자신의 정복욕을 만족시키기 위하여 조선과 명에 대한 침략을 준비하였다.'라고 대동소이하게 기술하고 있다. 그런데 7차 교육과정 국정 《중학교 국사 교과서》는 '불평 세력의 관심을 밖으로 쏠리게 하고 자신의 대륙 진출 야욕을 펴기 위해 조선을 침략하고자 하였다.'라고 하여 침략 대상에서 명을 제외하고 있다. 7차 교육과정 국정 《고등학교 국사 교과서》도 '일본은 전국 시대의 혼란을 수습한 뒤 철저한 준비 끝에 20만 대군으로 조선을 침략해 왔다(1592). 이를 임진왜란이라 한다.'라는 설명만 할 뿐 명은 언급하지 않았다.

통신사 일행은 귀국 후 일본의 침략 가능성에 대해 상반된 보고를 했다. 황윤길과 허성은 일본이 조선을 침략할 가능성이 있다고 했지만, 김성일은 그럴 가능성이 없다는 정반대의 의견을 제출했다. 당시 정권을 잡고 있던 동인 세력은 역시 동인인 김성일의 의견을 채택했다.

그렇다고 조선 정부가 전쟁에 전혀 대비를 하지 않은 것은 아니었다. 남쪽 지방의 성을 수리하는 등 약간의 대책은 강구했다. 하지만 그것은 얼마 가지 못했다. 개국 이래 200년 동안 평화롭게만 살아온 백성들은 노역 동원과 세금 납부에 강하게 반발했다. 공사는 중단되었고, 일본이 나라 전체의 군사력을 동원하여 대규모 전쟁을 일으킬 것이라는 사실을 예견하지 못한 조선은 거의 준비를 하지 못한 상태에서 공격을 당했다.

3. 전쟁 발발

1592년 4월 13일 소서행장小西行長(고니시 유키나가)과 종지의宗義智(소오 요시토시)를 선봉으로 한 일본군이 부산 앞바다에 나타났다. 조선군은 부산진에서 정발鄭撥이, 동래에서 송상현宋象賢이, 다대포에서 윤흥신尹興信이 맞섰으나 워낙 중과부적인 탓에 끝내 순절했다. 송상현은 '싸우려면 싸우고, 싸우지 않으려면 길을 빌려 달라.'는 일본군의 요구에 '戰死易전사이 假道難가도난', 즉 '싸워서 죽기는 쉽고 길을 빌려주기는 어렵다.'라는 뜻깊은 명언을 남겼다.

윤흥신을 기리는 부산 윤공단

일본군은 파죽지세로 북상했다. 조선군 관군은 싸우면 패했고, 그렇지 않으면 싸우지도 않고 도망쳤다. 조선군 관군 중앙군과 일본군의 첫 전투가 4월 24일 상주에서 벌어졌지만 이일李鎰이 패전했다. 조선의 최정예 부대를 이끌고 충주 탄금대彈琴臺에서 일본군을 기다리고 있던 신립申砬도 4월 28일 대패했고, 신립은 남강에 몸을 던져 스스로 죽음의 길을 갔다. 이 소식이 전해지자 선조는 피란을 결정했고, 광해군을 세자로 책봉한 후 4월 30일 한성을 탈출했다.

선조는 개성을 지나 평양성에 들었다가, 6월 5일 전라 감사 이광이 이끄는 삼도 연합군 3만이 일본군 1,600명에 참패했다는 어이없는 소식을 듣고는 압록강 턱밑의 의주까지 달아났다. 의주에 당도한 선조는 요동 지역으로 넘어가 안전을 도모하려고 했지만 명의 망명 거절과 신하들의 만류로 뜻을 이루지 못했다.

선조는 국경인 압록강까지 와서 중국에 망명하려 했지만 뜻을 이루지 못했다.

세자 광해군은 전국을 순회하면서 백성들을 위로하고 흩어진 병사들을 모았다. 의병 창의도 촉구했다. 선조는 광해군에게 종묘사직을 받들게 하고 분조分朝(조정을 둘로 나눔)했다.

이 무렵, 선조의 다른 두 아들 임해군과 순화군은 함경도와 강원도로 피란을 갔다가 가등청정加藤淸正(가토 기요마사) 군대의 포로가 되었다. 두 왕자는 회령에 머물던 중 반란을 일으킨 국경인 등에게 붙잡혀 가등청정에게 넘겨졌다. 조선 조정은 두 왕자를 구해내기 위해 명군에게 일본과의 교섭을 부탁하기도 했다.

4. 의병과 수군의 활약, 명의 지원군 파병

전쟁 판도를 뒤집으려는 움직임이 활발히 일어났다. 5월부터 전투를 개시한 이순신은 해전마다 적을 격파했다. 판옥선과 거북선, 우수한 화포로 무장한 조선 수군은 일본 전함보다 전투력에서 우위에 있었고, 이순신의 탁월한 전술까지 더해져 한산대첩 등 빛나는 전과를 쌓았다.

일본군은 서해를 통해 군수품과 보충 병력을 한양 쪽으로 수송하려던 계획을 접어야 했

전남 보성 방진관의 (친일파 그림이 아닌) 이순신 초상

다. 또 곡창 지대를 점령함으로써 군량을 현지에서 조달하려던 계획도 흐트러졌다. 수군의 연이은 승첩은 전쟁의 흐름을 바꾸었다.

행주산성 대첩비

　전쟁 초기 궤멸되었던 관군도 다시 일어섰다. 전열을 정비한 관군은 권율權慄의 행주산성, 김시민金時敏의 1차 진주성 전투에서 큰 승리를 거두었다.
　의병4)과 승병도 일어났다. 경상도에서 곽재우郭再祐, 정인홍鄭仁

---

　4) 국사편찬위원회《한국사》: 의병의 궐기는 향토와 동족의 방어를 위한 것이었고, 더 나아가 일본의 야만성에 대한 민족 감정의 발로였다. 유교적 윤리를 철저한 사회적 규범으로 하고 있었던 조선은 고려 말부터 왜구의 계속적인 약탈 행위로 인하여 일본인을 침략자로 여겼으며 문화적으로 멸시하여 '왜' 또는 '섬오랑캐'라고 불렀다. 이러한 일본으로부터 침략을 받아 민족적 저항운동으로 일어난 것이 의병의 봉기였다.
　국사편찬위원회《신편 한국사》: 일반 민중들은 관권에 의한 강제징집으로 무능한 장군의 지휘를 받아 전국의 전선을 전전하며 싸우기 보다는 평소 잘

弘, 김면金沔, 권응수權應銖, 전라도에서 김천일金千鎰, 고경명高敬命, 충청도에서 조헌趙憲, 함경도에서 정문부鄭文孚, 황해도에서 이정암李廷馣, 평안도에서 조호익曺好益, 양덕록楊德祿, 경기도에서 심대沈岱, 홍계남洪季男 등이 자발적으로 군사를 모아 일본군과 싸웠다.5) 휴정休靜 서산대사西山大師, 유정惟正 사명대사四溟大師, 영규靈圭 스님 등은 승병을 이끌고 왜란 극복에 앞장섰다. 의병들의 뛰어난 활동은 일본군들로 하여금 전쟁을 포기하고, 그 대신 강화 교섭을 시도하게 만드는 큰 역할을 했다.

조선 조정은 의주에 머물면서 명나라에 지원군 파병을 요청했다. 8월 24일 정곤수鄭崑壽는 명의 병부상서 석성을 만나 지원군을 보내주겠다는 확답을 받았다. '200년간 충성을 다해온 조선을 도와주는 것은 당연한 일'6)이라는 것이 명의 파병 논리였다.

사실 이때까지 명은 조선을 믿지 않고 있었다. 전쟁이 터진 지 보름도 되지 않아 수도를 포기하고 압록강 바로 아래까지 임금과 조정이 피란을 거듭한 것부터 이상하게 여겼다. 일본군과 연합하여 명을 공격하려고 일부러 그렇게 한 게 아닌가 의심했던 것이다.

최초의 파병 명군은 요동에 있던 조승훈 부대였다. 그러나 일본군을 가볍게 보고 제대로 준비도 없이 평양성을 공격했던 조승훈군은 크게 패전했다. 이어 명은 송응창宋應昌과 이여송李如松이 이끄는 대규모 부대 파견을 결정했다.

1593년 1월 6일, 이여송이 3만 군사를 거느리고 평양에 도착했다. 명나라 대군은 조선군과 협력하여 1월 9일 평양성을 탈환하는 데 성공했다.

알고 신뢰할 수 있는 의병장의 휘하에서 싸우기를 바랐을 것이며, 향토 주변에서 부모와 처자를 보호하기에는 관군보다 의병으로 가는 것이 유리하였다.
5) 7차 교육과정 국정 《고등학교 국사 교과서》에 거명된 대로 의병장들의 이름을 재인용했음.
6) 7차 교육과정 국정 《고등학교 국사 교과서》의 표현.

일본군은 평양과 개성을 버리고 한성으로 퇴각했다. 자신감에 찬 이여송은 소규모 부대만 이끌고 한성을 향해 진격했다. 이때 많은 병력을 한성에 집결시킨 일본군은 명군의 공격에 대비하여 복병을 깔아두고 있었다. 벽제관碧蹄館에서 일본군 복병을 만나 간신히 목숨만 건진 이여송은 군량 부족을 이유로 개성으로 후퇴했고, 그 뒤로는 전진을 꺼렸다.

5. 강화 교섭

일본군은 더 이상의 전쟁 수행이 불가능하다고 판단했다. 보급 곤란, 의병의 공격, 수군 참패, 명군과의 전투 등 모든 것들이 어려웠다.7) 그래서 부산 좌우 바닷가 일대의 점령을 유지하는 데 필요한 병력만 남기고 군대를 일본으로 철수시킨 채, 명과 강화 교섭을 벌이기 시작했다. 명도 일본군의 요동 진입을 막는 데 성공했으므로 더 이상 전쟁을 계속하고 싶지 않았다.

명에서는 심유경沈惟敬, 일본에서는 소서행장이 각각 강화 교섭 대표로 나섰다. 명은 일본군의 무조건 철수를 요구했고, 풍신수길은 조선의 왕자를 볼모로 내놓고, 조선의 남쪽 땅을 내놓으라고 했다. 합의가 될 일이 아니었다. 조선은 명이 전쟁 대신 강화 노선을 걷는 것이 불만이었을 뿐만 아니라, 강화 교섭에서 배제된 데에 분노하고 있었다.

---

7) 국사편찬위원회 《신편 한국사》: 왜군은 (1593년 1월) 평양 패전 이후 서울에 집결하였지만 개전 당시 병력의 30~40%를 전투, 기아, 질병으로 소모하여 실전의 수행 능력을 거의 상실하고 있었다. (중략) 서울에 총집결한 왜군은 이제 서울의 인근 지역에서 군량 조달을 위한 약탈 대상조차 찾아내기 어려워 심각한 군량난에 봉착하게 되었으므로, 왜군지휘부는 서울에서 철수할 것을 결정하고 풍신수길의 허락까지 받았다. 그러므로 왜군은 철군할 때 조·명군의 추격을 피하기 위해서 조·명 측과의 협상을 원하지 않을 수 없는 처지였다.

1596년 9월, 명은 풍신수길을 일본 왕으로 책봉하기 위해 사절을 오사카에 파견했다. 조선에서도 황신黃愼 이하의 사절을 딸려 보냈다. 명은 풍신수길이 왕으로 책봉해주면 군대를 철수시킬 것으로 생각했다. 그러나 풍신수길은 책봉 이외에 다른 선물이 없다는 데 분노, '조선이 명과 일본의 협상을 방해했다' 등의 이유를 들어 책임을 조선에 떠넘기면서 정유재란을 결정했다. 풍신수길은 조선의 사절과는 만나지도 않았다.

6. 정유재란

　1597년 1월부터 일본군은 다시 조선에 상륙하기 시작, 7월부터 북쪽을 향해 다시 공격을 재개했다. 정유재란 발발 직전 선조는 이순신을 의심하여 투옥하는 대신 원균을 삼도수군통제사로 임명했지만, 원균이 이끄는 수군은 칠천량 해전에서 거의 전멸당했다. 그 결과 일본군이 바다를 장악했다.

조선 수군이 거의 전멸당한 칠천량 바다

그러나 일본군은 줄기차게 북진했던 지난 임진년(1592) 때와는 달리 충청도 직산稷山에서 접전을 벌인 이후 그냥 남쪽 해안으로 물러났다. 일본군은 울산에서 순천에 이르는 바닷가에 왜성矮城을 쌓고 장기 주둔 태세를 취했는데, 오랜 기간에 걸쳐 줄기차게 조선을 괴롭힘으로써 좋은 교섭 결과를 얻으려는 풍신수길의 전략 변화 때문이었다.

주요 왜성

1 울산 2 서생포 3 기장 죽성리
4 부산진 지성 5 구포 6 물금 증산리
7 김해 죽도 8 웅천 안골 9 웅천
10 장문포 11 사천 선진리 12 순천

정유재란의 또 다른 특징은, 일본군들이 대규모로 작전을 전개했기 때문에 조선 의병들이 제대로 활약을 할 수 없었다는 점이다. 그런가 하면, 정유재란 때의 일본군은 조선인의 코와 귀를 베어서 일본으로 보내는 잔혹 행위를 일삼는 특징도 선보였다. 풍신수길이 그 수를 세어 공로를 인정하겠다고 한 탓이었다. 지금도 교토京都에는 당시 조선들의 코와 귀를 묻은 귀무덤耳塚(이총)이 남아 있다.

전쟁 재발 후 명군도 다시 조선으로 들어왔다. 명군 대장 양호는 일본군 중 강화에 가장 반대하는 강경파 가등청정의 군대를 주로 공격했다. 1597년 12월 말에 시작된 울산성 전투에서 가등청정은 거의 전사 위기까지 몰리기도 했다. 울산성 전투 후 일본 육군은 크게 세가 꺾였다.

수군 대장으로 돌아온 이순신도 명량해전鳴梁海戰에서 승리하여 해상의 주도권을 되찾았다. 그러던 중 1598년 8월 18일 풍신수길이 병사하면서 전쟁은 사실상 종료되었다. 권력을 장악한 덕천가강德川家康(도쿠가와 이에야스) 등은 철군 결정을 내렸다.

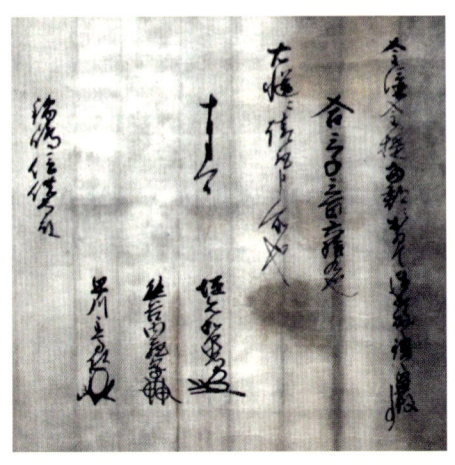

1597년 10월 1일에 발행된 '코 영수증'이다. 전라도 금구, 김제 방면에서 3,369명의 코를 벤 것을 받아서 일본의 풍신수길에게 보냈다는 내용이 기록되어 있다.

일본군들은 안전하게 철수하기 위해 명군과 교섭을 벌였다. 명군도 희생을 안아야 하는 전투를 기피하려 했다. 일본군은 명군 장수들에게 뇌물까지 주었다.

조선은 일본군의 무사 철수를 보고만 있을 수 없었다. 명군이 일본군에게 안전 철수를 약속했다는 사실을 알고 있었지만 이순신은 전함을 몰고 노량露梁으로 달려가 일본군을 대파했다. 하지만 이 마지막 전투에서 이순신은 전사의 비운을 맞았다. 순천왜성順天倭城에 머물러 있던 소서행장이 부산을 거쳐 일본으로 돌아가면서 전쟁은 완전히 끝났다.

7. 전쟁의 영향

조선은 전쟁으로 말미암아 초토가 되었다. 국토의 대부분이 농사를 지을 수 없는 땅으로 변했고, 인구도 절반으로 줄어들었다. 일본군은 수많은 조선인을 살해했고, 경복궁, 불국사 등 무수한 문화재들을 파괴했다. 일본은 포로로 잡아간 조선인들을 포르투갈 등지에 노예로 팔고, 지식인과 기술자들을 활용하여 나라의 수준을 높였다. 명나라는 임란 기간 동안 줄곧 세력을 키운 청 세력의 도전을 막지 못해 결국 멸망했다.8)

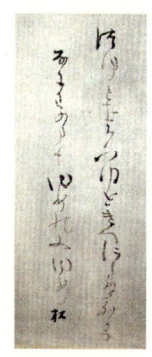

풍신수길은 "이슬과 함께 내리고 / 이슬과 함께 사라지는 내 몸인가 / 오사카의 일도 꿈 속의 또 꿈이런가'라는 내용의 '임종 시'를 남겼다.

---

8) 대구 망우당공원 「임란 의병관」 '피해와 반성' : 임진왜란은 조선과 일본, 명에 커다란 변화를 초래하였고, 급격한 동아시아의 정세 변화를 가져왔다. 가장 큰 피해는 조선에 있었다. 조선은 계속되는 전란으로 농지 면적의 2/3 이상이 황폐화되어 농민의 생활이 어려워지고 국가 재정도 고갈되었다. 많은 사상자로 인구가 줄고 가옥과 재산의 손실도 막대하였다. 민심도 흉흉해져 이몽학의 난과 같은 반란도 일어났다. 또한 양반 계층은 경제적 몰락으로 권위가 상실되기도 하였으며, 당쟁이 가속되어 양반 계층의 분화 현상도 일어나 신분 질서의 붕괴가 가속화되었다.
문화면에서는 국보급 문화재가 소실되었고, 귀중한 책과 미술품이 많이 약탈되었다. 군사 제도에서는 군정 기관인 비변사의 기능이 강화되고, 훈련도감이 신설되었으며, 전략과 무기 체계에 많은 변화를 가져왔다.
일본은 풍신수길이 사망하고 권력 구조의 변화가 일어나 이후 덕천가강德川家康(도쿠가와) 막부가 성립되었다. 전란 중에 조선에서 약탈한 문화재와 인쇄술, 무기, 금속공예품, 도자기 기술 등의 전파로 일본 문화 발전에 크게 기여하게 되었다. 또한 서적의 약탈과 유학자의 납치 등으로 선진 유학과 접촉하게 되어 에도江戶 유학의 발전에 큰 밑거름이 되었다.
명은 임진왜란에 참여하면서 막대한 비용을 소모하여 국고를 고갈시켰으며, 이를 타개하기 위해 군비를 감축하여 군사력의 약화를 초래하였다. 그 결과 명은 각지에서 일어난 민란을 진압하지 못하고, 북방 여진족의 침략을 받아 멸망하게 되었다.

남해안 임진왜란 유적

전국 임진왜란 유적 답사여행 총서 2

저자 : 정만진
010-5151-9696
clean053@naver.com
출판사 : 국토
발행일 : 2017년 음력 9월 16일
(명량 해전 420주년 기념일)
농협 01051519696-08 정만진(국토)

ISBN 979-11-962149-2-0 04980
ISBN 979-11-962149-0-6 04980 (전 10권)

17,500원

「이 도서의 국립중앙도서관 출판예정도서목록(CIP)은 서지정보유통지원시스템 홈페이지(http://seoji.nl.go.kr)와 국가자료공동목록시스템(http://www.nl.go.kr/kolisnet)에서 이용하실 수 있습니다.(CIP제어번호: CIP2017027269)」